대학생활과 정보활용

이경호, 오선경 공저

대구대학교출판부

국립중앙도서관 출판시도서목록(CIP)

대학생활과 정보활용 / 지은이: 이경호, 오선경. -- 경산 : 대구대학교 출판부, 2011
p. ; cm

ISBN 978-89-7794-573-9 93020 : ₩14000

정보 활용[情報活用]

025.25-KDC5
025.524-DDC21 CIP2011003717

머리말 Preface

현대사회는 컴퓨터와 통신기술이 발전됨에 따라 정보와 지식이 개인, 기업, 국가의 경쟁력을 좌우하는 핵심요소이자 가치창출의 원천이 되었다. 이에 개인과 사회는 지식정보의 속성을 이해하고 필요한 지식정보를 신속하게 찾아내어 효율적으로 활용할 수 있는 능력을 필요로 하게 되었다. 특히, 도서관과 정보센터는 정보의 총괄적인 서비스 기관으로서, 연구자들이 필요로 하는 정보를 입수할 수 있도록 도와주어야 한다.

그러나 우리나라의 교육은 입시위주로 편성·운영되고 있어, 초·중·고등학교에서 도서관 이용에 대한 최소한의 교육도 이루어지지 않았기 때문에 대학에 들어와서도 도서관에 대한 기본적인 지식조차 부족한 상태이다. 그래서 대학생들의 도서관 이용은 기껏해야 열람실이나 자료대출 정도가 전부이다. 이렇게 도서관 이용에 대한 전문적인 교육이나 이용경험이 없었기 때문에 대부분의 대학생들이 대학도서관을 제대로 이용할 능력이 부족한 것은 어쩔 수 없는 우리의 현실이다.

그렇지만 대학은 진리를 탐구하는 학문의 장이고, 대학생은 자기 스스로 필요로 하는 정보와 자료를 찾고 이용할 수 있는 능력을 가지고 있어야 대학생활을 잘 할 수 있게 된다. 대학생이 자기가 필요로 하는 정보를 제대로 찾지 못한다면 대학생활을 하는 동안 불편한 점이 한 두 가지가 아닐 것이다. 물론 우리나라의 교육제도가 잘못된 점도 있지만은 도서관을 두려움의 대상에서 자유로운 정보 활용의 생활공간으로 인식을 전환시킬 필요가 있다.

이 책은 대학생들이 도서관 이용을 통하여 필요한 정보를 스스로 입수할 수 있도록 강의 위주로 편찬한 것이다. 다시 말하자면, 학술정보검색과 관련하여 필요한 정보를 찾고자 하는 대학생들의 시간과 노력을 절감시키고 이들이 필요로 하는 가치 있는 학술정보를 신속하게 검색하고 이를 효율적으로 활용할 수 있는 능력을 향상시켜 그들의 학업에 도움이 될 수 있도록 하기 위함이다. 학생들의 성공적인 학업 여부는 도서관을 통한 효과적인 학술정보의 이용에 달려 있다.

이 책은 전체 8개의 장으로 구성하였고 주요 수록내용을 구체적으로 살펴보면, 제1장 정보와 사회, 제2장 정보활용의 개념과 과정, 제3장 정보매체와 정보원, 제4장 지식정보사회에서 도서관의 역할, 제5장 도서관 자료의 목록과 분류, 제6장 정보검색의 개요, 제7장 인터넷 학술정보원, 제8장 학술논문작성법에 대해서 다루고 있다. 한마디로 대학생활과 정보활용은 대학생들이 각 전공을 본격적으로 공부하기에 앞서, 그들의 학문과 관련된 학술정보를 어떻게 효율적으로 탐색할 것인가에 초점이 맞추어져 있다.

이 책이 대학생활을 처음 시작하는 학생들에게는 도서관 이용의 안내서가 되고 이들을 가르치는 교수진에게는 유용한 도구가 되었으면 한다. 이 책의 다소 부족한 부분은 계속적으로 개정을 통해 수정·보완해 나갈 것이다.

2011년 8월 저자

차례 Contents

3 정보매체와 정보원 39

4 지식정보사회에서 도서관의 역할 71

5 도서관 자료의 목록과 분류 105

8 학술논문작성법 219

CHAPTER 1

정보와 사회

1. 정보의 이해

현대사회는 컴퓨터와 통신기술이 발전됨에 따라 정보의 축적·처리·전달능력이 획기적으로 증대되면서 정보와 지식이 개인, 기업, 국가의 경쟁력을 좌우하는 핵심요소이자 가치창출의 원천이 되었다. 따라서 21세기 지식정보사회에서 개인이나 사회는 지식정보의 속성을 이해하고 필요한 지식정보를 얼마나 잘 수집하여 활용하는지가 중요하다. 그렇다면 정보란 무엇인가.

정보는 모든 주제 분야에 걸쳐서 존재하고 다종다양한 형태를 가지고 있다. 게다가 농경사회의 토지와 노동 또는 산업사회의 자본과 에너지와 같이 중요한 자본이고 기술이며 재화의 역할을 한다. 지식정보화사회에서 가장 중요한 정보의 정의, 특징, 유형, 가치에 대해서 살펴보면 다음과 같다.

1.1 정보의 정의

오늘날 우리에게 정보라는 용어는 일상적이고 보편화된 개념이며 인간생활의 거의 모든 영역에서 사용되고 있다. 하지만 정보라는 용어에 대한 개념은 해석 관점에 따라서 다양하기 때문에 어느 누구도 한마디로 규정할 수 없다. 게다가 사회가 발전하고 정보사회가 고도화됨에 따라 그 개념이 계속 변화하고 있기 때문에 더욱 규정하기가 어렵다.

일반적으로 정보는 원래 라틴어인 'informatio'에서 유래된 것으로, 어떠한 구성, 형상, 교시를 의미하였다. 그러므로 정보의 어원적 해석은 '형상을 내면화하는 행위'로 정의할 수 있다. 여기서 말하는 형상의 내면화는 시각과 청각 및 촉각적인 모든 외부 형상이 개인의 지식체계를 이루고 있는 내면적 표준형상과 일치 혹은 유사한 형태로 의미를 부여하는 것이다.[1)]

커뮤니케이션 관점에서 정보는 어떤 것에 대한 메시지로 개인이나 조직의 의사결정 혹은 행동을 위하여 사용되는 의미 있는 내용이라 할 수 있다. 다시 말하자

---

1) 강해영, 이태영, 서진원, 최상기, 이승채, 신경훈, 정보활용의 이해(대구 : 태일사, 2007), p.13-4.

면, 정보는 판단이나 의사결정을 위하여 불명확, 불확정 및 불명료한 것을 감소시키고 보다 나은 판단이나 의사결정에 유용한 것이라고 할 수 있다. 이러한 정보를 이루는 몇 가지 기본요건에 대해 살펴보면 다음과 같고, 이것은 <그림 1-1>과 같이 나타낼 수 있다.

- 커뮤니케이션이 존재해야 한다.
- 송신자와 수신자가 있어야 한다.
- 양자간의 상호통지(相互通知)가 이루어져야 한다.

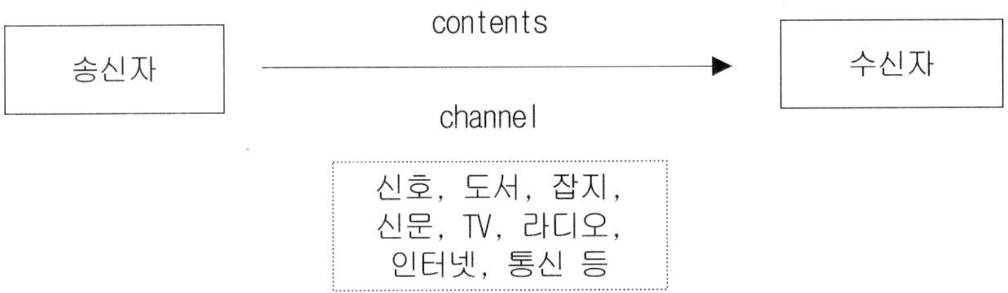

<그림 1-1> 정보의 기본요건

1956년 Shera와 Kent 그리고 Perry는 도서관·정보학 분야의 관점에서 정보란 어떤 특정한 사실, 대상, 현상에 대한 지식이고 전달 가능한 형식을 갖는 것이며 기존의 지식에 어떤 것을 추가하거나 변화시키는 것이라고 규정하였다. 이러한 정보의 필요조건을 살펴보면 다음과 같다.[2)]

- 정보는 목적을 가지고 의미 있는 커뮤니케이션을 하는 것이어야 한다.
- 정보는 인간과 사회적 커뮤니케이션으로서 설명할 수 있어야 한다.
- 정보는 필요하거나 요구하는 것을 대상으로 해야 한다.
- 정보는 받는 쪽에 영향을 미치는 것이어야 한다.
- 정보는 발생하는 쪽과 받는 쪽 모두의 지식현상에 관계있어야 한다.
- 정보는 개인적인 것을 일반화시킬 수 있는 것이어야 한다.

---

2) 한상완, 이지연, 이재윤, 최상희, 지식정보사회에서의 정보활용(서울 : 도서관협회, 2005), p.6.

그리고 정보의 개념을 데이터와 지식과 구별하여 사용하기도 하는데 이를 살펴보면 <표 1-1>과 같다. 이 외에도 내용의 확실성에 따라 가장 상위개념으로 지식을, 그 다음 정보, 데이터로 구분할 수 있다. 여기에서 지식은 자료에 대한 일반적인 평가이며, 정보는 자료에 대한 특정 상황에서의 평가, 데이터는 평가되지 않은 메시지로 해석된다.

<표 1-1> 데이터, 정보, 지식의 개념

구분	개념
데이터	· 정보를 구성하는 요소로 현실세계의 관찰이나 측정을 통해 수집된 단순한 사실, 수치 · 정보가 체계화되지 않은 자료
정보	· 데이터를 인간에게 보다 유용한 형태로 해석하거나 가공한 것으로서 인간과 인간, 인간과 기계 등의 의사전달을 위한 유용한 수단으로 사용되는 것 · 어떤 목적이나 문제해결을 위해서 해당 자료들 중에서 관련성이 있거나 유용하고 필요한 부분을 선택·분석·평가하여 새롭게 생성된 자료 · 정보는 데이터의 가공으로 획득되며 데이터는 정보의 원료가 됨
지식	· 정보들이 집합되어 서로 유기적으로 체계를 이루고 있는 것으로서 기본적인 인과적 구조가 갖추어진 형태 · 의사결정 및 행동을 통한 가치창출에 도움을 주는 일정 규모의 체계화된 정보 · 특정 사람, 특정 상황에서만 가치를 가지는 것이 아니라 보편적으로 모든 사람, 모든 상황에 비슷한 가치를 가지는 정보 · 지식은 객관화된 인식을 의미하고 정보는 객관화되기 이전의 인식요소를 의미

이들의 관계를 도시하면 <그림 1-2>와 같다.

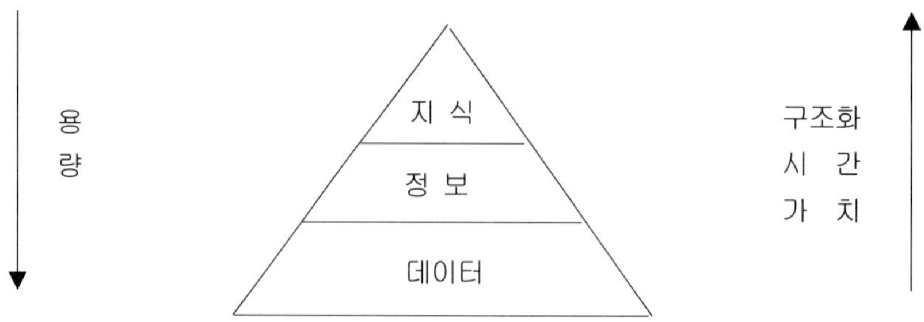

<그림 1-2> 데이터, 정보, 지식의 관계

요컨대 정보는 인간과 인간 사이에 전달되는 일체의 기호로 특정 상황에 놓여진 가치가 평가된 데이터라고 정의할 수 있다.

1.2 정보의 특성

정보는 누구에게나 유용할 수 없고 개인의 요구에 따라 달라지며 복제가능성으로 인하여 지적소유권의 문제가 발생한다. 그리고 정보는 필요할 때에 신속하게 제공되어야 하며 제공된 정보는 다양하게 응용되고 새로운 정보를 발생시키게 된다. 이러한 정보의 특성은 다양하게 해석될 수 있는데, 먼저 Canton과 Dordick은 정보자원을 다음과 같이 설명하였다.[3]

첫째, 정보자원은 다른 자원의 적절한 기능을 위해 필수 불가결한 것이다. 다시 말하자면, 정보자원은 하나의 지식으로서 다른 자원의 응용과 평가에 필요한 것이다.

둘째, 정보자원은 분배해도 줄어들지 않는다. 오히려 새로운 사용자가 생김으로써 그 가치는 더욱 증대한다.

셋째, 정보는 하나의 상품이다. 이것은 생산되고 또 판매된다. 정보가 시장에 나오지 못한다면 그것은 하나의 측정 불가능한 지식에 불과하다.

---

3) Belindor Canton & Herbert S. Dordick, “Information Strategies and International Trend Policy,” Pacific Telecommunication Conference, Article 1982; 곽동철, 노영희, 학술정보의 탐색과 활용(고양 : 조은글터, 2008), p.61-2에서 재인용.

넷째, 정보의 능력과 영향은 정책결정 분야에서 잘 나타난다. 정보를 통제하고 분산하는 사람들은 사회 내에서 세력을 지닌 집단이며 새로운 정보계층을 탄생시키고 있는 사람들이다.

다섯째, 정보는 새로운 형태의 취약점이 생긴다. 정보교환을 느끼지 않는 생활이란 존재하지 않기 때문에 이러한 교환을 억제시킬만한 힘을 가진 자원이 존재하지 않는다.

여섯째, 정보는 역동적이다. 정보는 교환이라는 형식을 지니지 않을 수 없는 유일한 자원이기 때문이다.

일곱째, 정보는 자기 규제적이고 자체 조직적이어서 정보간의 융합이 쉽다.

여덟째, 정보는 사회 내에서 무한한 성장가능성을 가진다. 왜냐하면 정보는 소멸되거나 완전히 통제받을 수 없는 것이며, 이것은 오히려 더 많은 정보와 지식개발을 가져다주기 때문이다.

한편, Robinson은 정보를 다른 경제상품과 비교하여 다음과 같이 설명하였다.

첫째, 정보의 가장 두드러진 특징은 정보가 자산권(property rights)에 대한 경제적·법적 개념에 완전하게 적용이 안된다는 것이다. 정보의 절도행각은 발각되기 어려우며, 그것을 증명하기는 더욱 어렵기 때문에 한 사람이 정보를 소유하기는 어려운 것이다. 하지만 최근 정보에 대한 자산권이 점차 인정·강화되어 가고 있다.

둘째, 어떤 정보는 매우 낮은 가격으로 무한히 생산될 수 있다.

셋째, 정보는 사용함에 따라 감가 삭감되지 않는다.

넷째, 인간의 서비스와 달리 정보 서비스는 저장될 수 있다.

요컨대 정보의 특성은 <표 1-2>와 같이 요약할 수 있다.

<표 1-2> 정보의 특성

구분	개념
시한성	재화로서의 정보는 최신정보일수록 그 가치가 높기 때문에 최신성이 떨어지면 가치를 상실하게 된다. 그래서 정보입수시기와 속도가 중요하다.
비이전성	정보는 타인에게 전달해도 없어지지 않고 본인에게 그대로 남아있다.
축적효과성	정보는 생산되고 그것이 축적되면 될수록 가치가 높아지게 된다.
신용가치성	정보를 입수하거나 구매할 때 정보원의 신용이 가장 중요한 판단기준이 된다. 신뢰도가 높은 정보원으로부터 획득된 정보가 높은 가치를 지닌다.
무한가치성	정보는 이용자의 수를 제한하지 않고 필요로 하는 모든 사람에게 그 가치를 발휘하게 된다.
무형성	정보 그 자체가 물리적 형태를 갖추고 있지 않기 때문에 표현된 매체에 의존하여 전달된다.
보편다재성	정보는 모든 분야에 걸쳐 생산될 수 있고 다루어질 수 있다.
매체의존성	정보 그 자체는 물리적인 형태를 갖추고 있지 않기 때문에 표현된 매체에 의존하여 전달된다.
표현다양성	정보는 무형적이고 매체의존적이기 때문에 표현양식이 다양하다.
매체전환성	사회가 변화함에 따라 정보기술이 발전하게 되고 정보내용을 수록하는 매체의 전환이 불가피하다.
개별성	특정 이용자에게는 유용할 수 있으나 제3자에게는 그렇지 않을 수도 있다.
기밀성	최대 효용도를 높이기 위해서 수용자에 의해서 비밀리에 수집, 생산되고 독점적으로 사용될 수 있다.
공개성	일반에게 널리 알려져 충분히 주지될 때에 그 효용이 최대한 발휘된다.

1.3 정보의 유형

정보는 구분하는 기준을 어떻게 설정하느냐에 따라 여러 유형으로 구분된다. 먼저 정보의 인식 및 입수방법에 따라 시각정보, 청각정보, 후각정보, 촉각정보, 미각정보로 구분되고, 정보의 발생지역(생산장소)에 따라 국내정보와 국외정보 또는 내부정보와 외부정보로 구분되며, 정보의 전문성에 따라 전문정보, 일반정보, 생활정보로 구분할 수 있다. 그리고 정보의 이용주체가 기관이나 조직 또는 개인인지에 따라 공공정보(국가 및 기관정보)와 사적정보(개인정보)로 구분할 수 있다. 또한 정보의 가공정보에 따라 1차 정보, 2차 정보, 3차 정보로 세분할 수 있다.

한편, 정보전달방식이 직접적인가 아니면 간접적인가에 따라 직접정보와 간접정보로 나눌 수 있다. 직접정보는 대화, 면담, 강의, 강연, 회의, 세미나, 심포지엄 등을 통하여 전달대상에게 정보를 직접적으로 전달해 주는 것을 말하며, 구두정보라고도 한다. 간접정보는 매체를 이용하여 전달하는 것으로 전화, 매스컴(신문, TV, 라디오 등)이나 학술지, 단행본, 네트워크 등을 통해서 전달되는 정보를 말하며, 기록정보(문자 또는 화상정보)라고도 한다. 그리고 정보의 내용에 따라 경제정보, 시장정보, 과학기술정보, 교육정보, 오락정보, 생활정보, 학술정보로 구분된다.

1.4 학술정보

학술정보는 학문연구나 창작, 저술 또는 교육과 같은 인간의 지적활동이나 학술활동에 쓰이게 되는 모든 정보를 말한다. 따라서 학술정보는 어떤 연구자 집단에 의해 생산되거나 그 집단에서 연구영역의 성과로서 인정한 전문정보라 할 수 있다.

학술정보는 축적·유통매체에 따라 인쇄정보, 전자정보, 온라인정보, CD-ROM 정보 등으로 구분되고, 자료의 이용이나 이용목적에 따라 일반자료와 참고자료로 나누어지며, 생산과 유통경로에 따라 상업출판물과 비매품으로 구분할 수 있다. 상업출판물은 출판업자가 이윤을 목적으로 생산하여 일반 판매·유통경로를 통해 보급하는 자료이다. 한편, 비매품은 정보나 공공기관, 비영리 공익단체, 학회 등이 비영리적 목적으로 생산하는 자료로 생산여부를 파악하거나 수집하는데 사서의 관심과 노력이 필요하다.

그리고 학술정보의 중요한 특징은 상대성이다. 정보는 전달되는 기호열이 동일하더라도 보내는 사람과 받는 사람이 놓여진 상황이나 환경에 따라 그 의미, 가치, 효과가 완전히 달라진다. 여기서 말하는 상황이나 환경이란 미시적으로는 보내는 사람의 발신 의도, 받는 사람의 수신 목적, 양자(兩者)가 획득하고 있는 지식과 추론 능력, 전달방법과 시간지체(time lag) 등이며, 거시적으로는 전달이 이루어진 시대배경, 사회정서, 문화상황 등이다.[4] 이것은 학술정보가 고정된 것이 아니라 유동적인 것, 즉 전달되고 소비된다는 것을 의미한다.

또한 학술정보는 전문정보의 일종이다. 전문정보란 한정된 내용에 대하여 집중적으로 학습하여 획득한 전문적인 지식이나 기능이 있어야 비로소 이해할 수 있는 정보, 즉 전문적인 지식을 전제로 하여 전달되는 정보이다. 전문정보는 직업적인 전문가 집단이나 취미적인 전문가 집단 등 다양한 연구자 커뮤니티에서 인정한 정보로, 그 요체는 학술정보이다. 그래서 학술정보는 학술적인 근거도 중요하지만 연구자 커뮤니티에서의 인정이 더 중요하다. 그러므로 정보의 수신자인 연구자 커뮤니티의 구성원에게 학술정보라고 인정되어야지만 비로소 학술정보가 된다. 학술정보의 특징은 다음과 같이 정리할 수 있다.[5]

(1) 내용적인 특징

▪ 정합성

학술정보는 고유한 절차와 양식에 따라 체계적이고 논리적으로 구성된 정합성을 가진다. 다만, 정합성을 평가하는 절대적인 기준이 정해져 있는 것이 아니라 연구자 커뮤니티의 판단에 의존하기 때문에 시대에 따라 다르고 지역에 따라 달라지는 경우도 있다.

---

4) 오동근, 배영활, 조도희, 학술정보론(대구 : 태일사, 2001), p.22.
5) 상게서, p.32-51.

▪ 언어의 특수성

학술정보는 전문용어로 대표되는 특별한 언어가 사용되는데, 전문용어 중에는 일상어를 다른 의미로 사용하고 있는 것이 많다. 예를 들면, 수학에서의 '집합', 화학에서의 '환원'과 같은 경우이다.

▪ 참신성

학술정보는 내용의 참신성이 중요하다. 즉 다른 사람이 고안해 낼 수 없을 것 같은 독자적인 발상 또는 방법으로 생산하는 독창적인 일차정보가 중시된다. 그래서 연구자 커뮤니티는 과거의 연구 성과와 정합성을 계속 유지하면서 어떤 정보를 새롭게 부가하는 것을 성과로 평가한다.

(2) 유통상의 특징

학술정보의 생산은 연구자에게 독점되고 있다. 다시 말하자면, 학술정보를 작성하여 발표하는 것이 연구자로 제한되고 있다. 예를 들면, 생물학의 논문은 생물학자 외에는 쓸 수 없다. 경우에 따라서 약학, 의학 등 인접하는 영역의 연구자가 쓸지도 모르겠으나, 연구자 커뮤니티에 속하지 않는 일반 시민으로서는 생물학 논문을 쓸 수 없다. 그리고 학술정보의 일차적인 소비는 거의 연구자에게 한정되고 있다. 생물학 논문을 읽고 이해하기 위해서는 그 논문을 작성할 때와 마찬가지로 생물학에 관한 전문적인 지식과 기능이 필요하기 때문이다.

이러한 두 가지 특징은 학술정보의 생산과 일차적인 소비가 동일 집단에 의해 이루어지고 있다는 것을 보여준다. 학술정보는 연구자가 발신하고 연구자가 수신하는 정보, 연구자가 중간 연구자를 향하여 보내는 정보이다. 따라서 학술정보의 유통에 관하여 빈번히 언급되는 특징은 생산, 전달, 소비라는 프로세스가 기본적으로 연구자 커뮤니티 내부에서 자기 충족적으로 이루어지고 있다는 점이다. 대부분의 정보생산은 독점되나, 소비는 누구나 할 수 있다. 소설은 소설가에 의해, 예술은 예술가에 의해 생산되지만, 그것을 소비하는 것은 일반 대중이다. 이에 대해 학술정보는 생산도 소비도 독점되고 있다.

그리고 학술정보는 일차적인 소비의 목적이 학술정보의 생산에 있다. 다시 말하자면, 학술정보는 새로운 학술정보를 작성하기 위하여 이용되고 있다. 즉, 학술정보는 자기 증식적인 성격을 갖추고 있어서 일차적인 소비에 망라적으로 이용되는 경향이 있다. 그래서 학술정보가 연구활동에서 이용되는 경우는 단편적인 것이 아니라 관련되는 정보를 모두 수집한 후에 이용되는 경향이 있다. 나와 자와는 의식적으로 정보가 요구되는 경우의 정보요구(needs)[6]를 연상 인식을 위한 정보요구, 문제해결을 위한 정보요구, 망라적·철저적인 정보요구의 세 종류로 대별하고 있다. 이 중에서 학술정보에 대하여 발생하는 정보요구는 기본적으로 망라적이며 철저한 정보요구이다. 이것은 '특정의 과제 또는 테마에 관한 정보(원)를 망라적이며 동시에 철저하게 탐색하고 그것에 바탕을 두고 더 정확한 판단을 내리고자 하거나 새로운 안목을 얻고자 하는 경우'의 정보요구라고 설명하고 있다. 게다가 학술정보는 일차적인 소비에 즉시적으로 이용되는 경향이 있다. 학술정보가 연구활동에 이용되는 경우 정보의 신선함이 요구되며, 그것이 공표·전달되어 곧바로 이용되는 경향이 있다.

마지막으로 학술정보는 그 유통이 고유의 정보 미디어에 의해 맡겨지는 경향이 있다. 연구자 커뮤니티에는 학술정보만을 기록·전달하는 특별한 정보 미디어가 있어서 비학술정보와 다른 경로로 유통하고 있다. 신문이나 일반 주간지, 텔레비전이나 라디오에서는 학술정보를 뉴스적으로 해설한 기사나 보도는 있어도 그 전문성을 훼손하지 않고 전달하는 경우는 없다. 학술정보 고유의 정보 미디어로서 인쇄미디어는 학회지나 논문집 등의 학술잡지와 레터지, 리뷰지, 기술보고서, 단행본 등이 있고, 구두 미디어로는 학회 주최의 연구회, 연구대회, 학술적인 국제회의 등이 있다.

(3) 수량적인 특징

정보의 증감과 분포라는 수량적인 측면에서 살펴보면, 학술정보의 특성은 계량 서지학이나 계량 정보학에서 연구되고 있다.

학술정보는 시간적인 변화에 관하여 증가율이 증대하면서 성장해 가는 '증식'의 패턴과 이윽고 증가율이 서서히 감소해 가는 '포화'의 패턴을 보이는 경향이

6) 정보요구의 수준(level)은 표현하는 요구(demands)와 직접적으로 표현되지 않는 요구(needs)로 구분할 수 있다. demands는 도서관의 참고질문과 같이 표현되는 것이어서 측정하여 분석할 수 있는 반면, needs는 demands의 개념보다 훨씬 추상적이기 때문에 측정이 어렵다.

있다. 그리고 학술정보는 공간적인 분포에 관하여 소수자에게 대부분 편중되어 있다고 하는 '집중'의 패턴과 다수자에게 나머지가 널리 퍼져 있다고 하는 '분산'의 패턴을 나타내는 경향이 있다.

Lotlca는 학술논문의 집필이라는 연구활동의 아웃풋에 대해서 일정기간 동안 특정 주제 영역에서 발표된 논문을 논문 수와 연구자 수의 관계로 기술하였다. 그 결과 소수의 연구자가 아주 다수의 논문을 발표하고 있는 반면, 한편의 논문을 발표하고 있는 연구자가 아주 많았다. 상술하면 'n편의 논문을 생산하는 사람들의 수는 $1/n^2$에 비례'한다는 사실을 밝혀내었다. Price는 이것을 토대로 어떤 특정의 기간 내에 1편의 논문을 발표한 사람이 100명이 있을 경우, 2편의 논문을 발표하는 저자 수는 25명, 3편을 발표하는 저자 수는 11명으로 될 때, 생산성이 높은(10편 이상의 논문을 발표하는) 상위 10명의 저자에 의해 전체 논문의 절반 정도가 생산되고 있다고 기술하였다. 이러한 로드카법칙은 '논문의 생산성에 관한 반비례법칙'이라고도 하고, 여러 주제분야를 대상으로 연구가 행해지고 있다. 이른바 '80/20의 법칙'[7]도 여기에 포함된다. 또한 Price는 공동연구가 증가하고 있음을 명확하게 밝혀내면서, 다수의 연구자와 공동연구를 행하는 연구자가 논문의 생산성이 비교적 높다는 사실을 입증하였다.[8]

1.5 정보의 가치

정보의 가치는 정보가 인간의 행동에 어떻게 동기를 부여하고 효과적인 정책결정에 기여하였는가에 의해 결정된다. 다시 말하자면, 정보는 시간성(필요한 때), 공간성(필요한 장소에), 편리성(필요한 형태로), 진실성(진실한 내용을 갖추었을 때) 등을 갖추었을 때에 진정한 정보로서의 가치를 가진다. 즉, 정보의 내용이 이용자가 원하는 내용과 일치하고 이용자가 원하는 시간에 제공될 수 있어야 질적 가치가 높다.[9]

7) 80/20의 법칙 : 대출량의 80%가 약 20%의 장서에 의해 만족한다. 다시 말하자면, 도서관에 소장된 2할의 장서가 8할의 대출을 지원한다.
8) 이경호, 오선경, 학술정보의 이해(대구 : 대구대학교출판부, 2005), p.111-2.
9) 유양근, 지식정보사회의 이해와 정보활용 방법(파주 : 한국학술정보, 2009), p.70-3.

(1) 정보의 경제적 가치

▪ 공공재적 특성

전파에 의해 전송되는 정보의 경우(라디오, TV 등)는 소비의 비경합성(non-rivalry)과 비배제성(non-excludability)을 갖는 공공재적 특성을 지닌다. 여기에서 비경합성은 특정인이 재화를 소비해도 다른 사람의 소비 가능성이 감소하지 않는 것이고, 비배재성은 누구나 재화를 향유할 수 있다는 것을 의미한다. 따라서 이용자(A)가 소비하더라도 이용자(B)를 소비로부터 배제할 수 없고 서로 경합하지 않는 정보를 의미한다.

▪ 사유재적 특성

향후 뉴미디어에 의해 전송되는 정보는 적합한 단말기, 적정한 요금 등을 지불하고 정보를 구입하는 경합성과 배제성이 큰 사유재적 특징이 강화될 전망이다.

▪ 클럽재적 특징

사유재와 공공재의 양 특성을 동시에 갖는 정보이다.

(2) 중간재로서의 정보

중간재로서의 정보는 물질의 생산에서 투입되는 정보재이다. 기계공정에서 수치제어에 관계되는 정보는 생산재(공장기계)를 생산하기 위해 사용하는 중간재이다.

(3) 수단재로서의 정보

수단재로서의 정보는 목적지향적 행동선택에 유용한 정보재를 의미한다. 기업의 경영진이 경영전략의 결정을 위해 경제재로서 컴퓨터 정보를 사용했다면 그 정보는 수단재이다. 또한 그 경제적 효과는 기업제품에 직접 영향을 미치는 것이 아니라 해도 경영 전체를 통해 이윤의 형태로 실현된다. 그리고 TV정보는 정서적·감정적으로 소비하는 소비재로서의 특성이 강하나 컴퓨터 정보는 오락

게임 등의 소비재적 정보와 중간재적 정보의 특성을 동시에 지닌다. 즉, 컴퓨터 정보는 신문이나 TV정보와는 달리 개별적 요구에 알맞은 정보가 축적되어 있기 때문에 유력한 수단재로 될 가능성이 높다.

지금까지 수단재로서의 정보는 거의 생산되지 않았으나 앞으로는 각 가정에 가정용 PC의 보급으로 레저안내, 물가, 긴급의료, 진로지도, 재교육 정보 등에 이르기까지 수단재로서의 정보가 양산될 것이다.

2. 정보사회의 전개와 특징

인류는 인류역사에 있어서 기술에 바탕을 둔 4가지 혁명을 거치게 되었는데, 이는 곧 인간의 커뮤니케이션 역사라고 할 수 있다. 커뮤니케이션의 새로운 형태는 <표 1-3>과 같이 사회변화의 중재자 역할을 하였다.[10]

<표 1-3> 기술에 기반을 둔 4가지 혁명

종류	특징
말하기 혁명	수렵과 채집을 하던 원시인의 공동목표 추구에 필요한 신호
쓰기 혁명	지식과 기술을 기록·보관하고 전달하는 기초 고대 농경사회에서 도시가 정착되도록 하는 토대
인쇄 혁명	식자층의 대규모 확산과 대중교육의 기반 산업사회의 중심
텔레커뮤니케이션 혁명	정보혁명의 토대

인류의 문명사는 <그림 1-3>과 같이 수렵사회 이후 목축과 농경이 정착된 농경사회에서 산업혁명으로 인한 산업사회로, 그리고 컴퓨터와 정보통신기술의 발달 등의 정보혁명으로 인한 정보사회로 이동하였다. 현재의 정보사회는 정보의 양적 및 질적 팽창에 따른 사회변동의 잠재력이 정보의 처리·축적·전달기술을

10) 남권희, 이천효, 노진구, 유인순, 학술정보조사법(대구 : 정림사, 2001), p.66-7.

발전시키고 그로 인하여 정보자원이 공유화 또는 체계화되는 동시에 정보통신망이 유기적으로 형성되어 산업 및 취업구조가 정보화를 지향하는 사회이다. 다시 말해서, 유형자원(물질, 에너지)의 비중이 무형자원(정보)으로 전가됨으로써 정보의 부가가치가 상대적으로 중시되는 사회를 말한다.[11)]

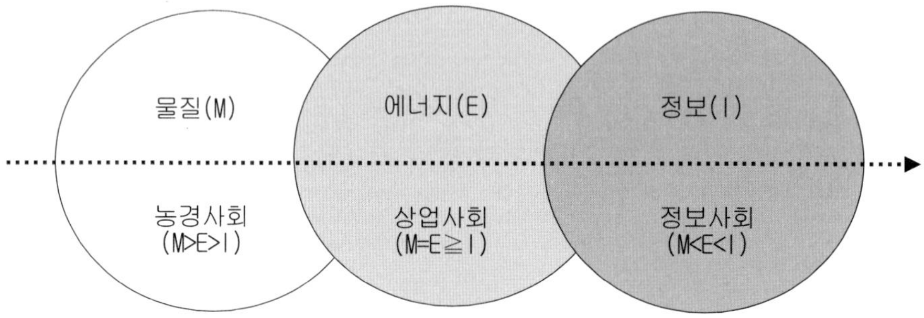

<그림 1-3> 사회변동에 따른 자원의 전가과정

20세기 후반, 지식정보사회가 나타나게 된 배경은 무엇보다 정보통신기술의 출현에 따른 기술적인 변화로 정보와 지식의 대량 유통이 가능하였기 때문이다. 그러나 사회의 역사적인 발전과정을 고려할 때, 기술은 생산방식, 사회구조, 사회적 가치 및 개인의 인식에 이르기까지 광범위한 사회변화를 유발해 왔다. 따라서 지식정보사회가 나타나게 된 배경을 규명하기 위해서는 기술적인 요인 뿐만 아니라 사회적, 경제적 요인들을 분석하여 이들간의 관계를 살펴보는 것이 필요하다.[12)]

▪ 기술적 배경

컴퓨터와 뉴미디어, 통신기술 등을 포함하는 정보기술의 발달로 경제 분야에서 뿐만 아니라 정치, 사회, 문화, 가치관, 개인의 일상생활 등 사회 전반에 광범위한 변화를 일으켰다. 이것은 더욱 가속화되어 지능화, 분산화, 개인화, 개방화의 추세로 발전해 나가고 있다.

---

11) 윤희윤, 대학도서관 경영론(대구 : 태일사, 2002), p.33.
12) 한상완, 이지연, 이재윤, 최상희, 지식정보사회에서의 정보활용(서울 : 도서관협회, 2005), p.124-9.

▪ 사회적 배경

정보기술의 발전이 지식정보사회의 기반을 마련했다면, 이를 촉진시키는 역할을 한 것은 정보에 대한 사회적 욕구의 증대였다. 산업사회가 진전되면서 물질적 충족이 어느 정도 만족되자, 현대인들은 기본적인 욕구를 넘어서는 다양한 사회적 욕구와 자아실현을 추구하게 되었다. 이는 대중매체의 다량적이고 획일적인 정보를 거부하고 좀더 자신의 개성과 취향에 맞는 정보를 선택하려는 경향을 보여준다. 또한 교통과 통신의 발달로 인한 사회의 통합과 확장으로 불확실성을 극복하기 위한 정보수요가 증가하였다.

이러한 정보수요의 증가현상은 새로운 기술과 방식을 요구하게 되었고 정보의 관리·저장을 위한 데이터베이스 기술, 통신기술, 정보처리를 위한 컴퓨터 기술 등이 핵심기술로 등장하였다.

▪ 경제적 배경

시장의 세계화, 산업의 세계화, 금융의 세계화, 커뮤니케이션의 세계화로 인하여 정보처리와 정보유통방식이 변화되었다. 그래서 정보소비자는 정보의 즉각적인 접근과 입수를 위한 장비가 필요하고, 정보제공자는 전달을 위한 통신기술이 요구되었다.

2.1 정보사회의 특징

과학기술의 발전은 생산성의 향상, 노동시간의 감소, 여가시간의 증대와 같은 사회적인 변화로 개인의 삶을 질적으로 높여주었다. 하지만 환경오염, 생명공학의 발달로 인한 인간의 유전자 처리와 인간 복제, 인간을 대신할 컴퓨터들이 생기면서 점차 인간의 자리를 잃어가고 정보유출에 따른 프라이버시의 침해, 컴퓨터 범죄, 정보접근 및 이용의 불평등에 따른 정보격차 등의 사회적 문제가 발생하였다. 따라서 정보사회는 종래의 사회구조와 다른 다음과 같은 몇 가지 특징을 가지고 있다.

▪ 육체적 노동의 양이 가치를 결정하는 시대에서 정신노동의 질이 가치를 결정하는 시대로 변화되었다.

▪ 공간적, 시간적, 인식 차원의 거리소멸현상이 나타난다. 즉, 모든 사람들이 초고속 통신 네트워크로 연결되어 원하는 시간, 공간, 방법적 제약 없이 접근이 가능하게 되었다.

▪ 전자문서교환(EDI: Electronic Data Interchange)이나 전자상거래(EC: Electronic Commerce) 등의 도입과 응용은 부문간, 조직간, 산업간 경계를 무너뜨리고 영역간 경계를 줄였다.

▪ 컴퓨터가 인간의 두뇌가 하는 판단 및 제어기능을 부분적으로 수행하고, 지식정보와 정보기기의 수명이 단축되고 유동적이다.

▪ 정보사회는 창조성을 기초로 한 지식집약형 및 고부가가치형 산업으로 전환되어 경제 노동력 구조가 변화되었다. 즉, 상품의 생산보다는 서비스업에 주로 종사하고 에너지 보다 전문적 지식이 더욱 중요시 되었다.

▪ 정보사회는 열린사회인 동시에 경쟁사회이다. 정보사회는 세계와 지역과 개인을 하나로 엮어 그들간의 자유로운 의사소통과 경쟁을 가능하게 하였다.

▪ 정보사회는 윤리적인 문제가 더욱 심각하게 제기되는 사회이다. 익명성과 신뢰성의 문제들은 개인의 정체성을 위협하고 윤리문제를 심각하게 제기하고 있다.

2.2 정보사회의 긍정적인 측면

정보사회는 컴퓨터와 통신기술의 발달로 시간과 장소의 제약을 극복하고 대량의 정보를 편리하게 유통할 수 있게 한다. 그래서 전자우편, 전자상거래, 사이버금융 등은 인간생활의 편리성과 합리성에 기여한다. 이러한 정보사회의 긍정적인 측면을 살펴보면 다음과 같다.

▪ 시간과 장소에 상관없이 지식정보망을 편리하게 이용할 수 있고 쌍방향 커뮤니케이션이 가능하며 독자적으로 공간을 운영한다.

▪ 시간과 비용부담 없이 자신을 노출시키지 않고 정치참여와 시민 민주주의

가 가능한 전자 민주주의를 실현한다.

▪ 국가민원서비스를 신속·정확하고 효율적으로 처리하는 전자정부는 관료제의 완화, 조직구조의 수평적 분화, 행정조직의 분권화와 같이 행정조직의 형태를 변화시킨다.

▪ 사법정보의 전산망을 구축하여 부동산 등기, 법령, 판례 등의 법률정보를 원격으로 제공한다.

▪ 경영 혁신, 글로벌 경영, 품질경영과 고객만족 등 기업환경이 변화한다.

▪ 전자금융(은행, 증권, 보험), 전자상거래, 재택근무, 홈오토베이션 등으로 생활환경이 편리해지고 여성의 경제활동 참여가 증가한다.

▪ 영상회의, 영상전화, 쌍방향 TV 등과 같은 뉴미디어 서비스가 등장하여 실생활과 업무 등에 이용한다.

▪ 사이버 공간에 가상 커뮤니티를 형성하여 관심사가 같은 사람들이 시공간의 제약 없이 자유롭고 평등하게 문화 활동을 즐길 수 있다.

▪ 교육방법이 온라인 교육, 열린교육, 가상대학 등으로 다양해지고 정보활용능력이 강조된다.

2.3 정보사회의 부정적인 측면

정보사회는 삶의 질을 향상시키기도 하였지만 다른 한편으로는 많은 부작용을 가져왔다. 사무자동화로 인한 실업, 개인의 사생활 침해, 정보격차 등의 문제를 발생시켜 중요한 사회문제가 되었다.

▪ 개인정보가 각종 데이터베이스에 저장·관리·유통되고 전자상거래 및 전자금융의 보편화로 자기도 모르게 정보가 누설되거나 부당하게 사용될 수 있다. 따라서 개인정보 보호를 위한 법적·제도적 장치와 강력한 규제책을 강구하고 시스템 관리와 안전성을 확보하며 수집·축적된 정보의 유지·관리를 강화해야 한다.

▪ 정보활용능력과 정보인프라의 차이로 인해 개인간의 정보격차가 심화되고 정보빈자의 열등감과 소외감으로 인해 사회통합이 저해된다.

▪ 기하급수적으로 늘어나는 정보과잉의 문제로 대부분의 정보들이 활용되지

못하고 버려지거나 부정확하고 편견적인 정보는 이용자의 판단을 흐리게 한다. 그래서 이용자는 정보에 무감각하고 무기력해지며 오히려 스트레스와 갈등을 일으켜 현실도피와 환경부적응 등의 역기능을 초래한다.

▪ 국제적인 문화교류가 활발해짐에 따라 강대국 문화가 그들이 주도하는 미디어를 통해서 편파적으로 전파되어 민족적 정체성과 문화적 고유성이 상실된다. 특히, 미국의 코카콜라와 맥도날드로 대변되는 소비주의의 확산은 다양성이 존중되는 세계문화의 발달에 저해된다. 그러므로 민족적 정체성의 재확립과 자주성 있는 생활태도가 요구된다.

▪ 컴퓨터와 통신망을 이용한 범죄의 유형이 다양해지고 그 피해가 심각하다. 각종 행정전산망이나 인터넷을 통한 범죄는 기존의 법체계와 제도로는 효과적으로 대처하기 어려우므로 법적 처벌규정이 정비·강화되어야 하고 정보 보안과 시스템 안전에 대한 조치를 철저하게 해야 한다. 그리고 컴퓨터 및 정보화와 관련된 윤리교육을 강화해야 한다.

▪ 전자공간에서의 비대면성, 개별성, 확장성이 일상생활과 가족생활에도 영향을 주어 가족적 유대관계가 약해지고 개인주의가 만연하게 되는 가족의 해체로 이어진다. 그래서 독신생활, 동거생활, 결혼 후에도 개인의 자율성과 독립성을 최대한 보장하는 개방결혼, 이혼 등이 만연해지고 가족 내의 부양활동도 위축된다.

▪ 사무자동화기기의 도입, 생산시스템의 자동화, 로봇의 사용이 증대됨에 따라 기업 내의 단순생산노동력이나 단순사무인력의 고용감소가 일어난다. 이러한 실업문제 뿐 아니라 계약직, 임시직과 같은 불안정한 고용비중이 증가한 이유는 기술혁신의 속도가 빠르고 시장수요의 가변성이 높기 때문이다. 그래서 기업은 핵심인력을 제외한 나머지 단순인력은 가급적 비정규 노동력으로 고용하여 시장수요에 탄력적으로 대응하고자 한다.

CHAPTER 2

정보활용의 개념과 과정

1. 정보활용의 개념

1.1 정보활용의 의미

리터러시(literacy)는 '읽고 쓰는 능력(the ability to read and write)'을 말하는데, 우리나라에서는 통상 문해(文解)로 번역하고 '문자를 읽고 쓰는 능력'으로 해석한다. 이와 더불어 문해능력을 갖추지 못한 사람 즉, 문자를 읽고 쓰지 못하는 상태를 문맹(文盲)이라 하며, 학생들의 문해력 신장을 위한 교육활동을 문해교육(literacy education)이라 한다.

그러나 이 개념은 사회발전과 더불어 점차 범위가 확대되어 한 사회를 살아가는데 필요한 기본적인 기능, 능력 혹은 소양이라는 의미로 사용하고 있다. 산업사회의 리터러시를 대변하는 3R(Reading, wRiting, aRithmatic)의 범위에 정보활용능력이 추가되어 3R+I(information)를 포괄하는 의미로 확대되었다. 미국의 대표적인 교육연구소인 NCREL(North Central Regional Educational Laboratory)에서는 21세기 디지털 시대에 반드시 갖추어야 할 소양으로서 언어 리터러시(basic literacy), 과학 리터러시(scientific literacy), 경제 리터러시(economic literacy), 기술 리터러시(technological literacy), 시각 리터러시(visual literacy), 다문화 리터러시(multi-cultural literacy), 컴퓨터 리터러시(computer literacy), 디지털 리터러시(digital literacy)와 더불어 정보활용능력을 들고 있다.[1)]

이와 같이 정보 리터러시라는 말은 '읽고 쓰는 능력'에서 출발하여 사회발전에 따라서 다양한 의미로 범위가 확대되어 왔기 때문에 'Information Literacy'를 정보문해 혹은 정보소양으로 번역해서는 안된다. 문해라는 말은 오랫동안 문자를 해독하고 읽고 쓰는 능력의 의미로 사용해 왔기 때문에 영상, 전자정보와는 무관한 것으로 오해하기 쉽고 학교교육에 있어서 언어교과의 영역으로 한정될 가능성이 있기 때문이다. 따라서 정보활용능력은 기본적으로 텍스트 정보, 시각정보, 오디오, 비디오 등 정보의 형태에 관계없이 필요한 정보를 탐색, 분석, 종

---

1) Lemke, Cheryl, *enGauge 21st Century Skills: Digital Literacies for a Digital Age*(IL : North Central Regional Educational Laboratory(MCREL), 2002), p.32. <http://www.ncrel.org/engauge/skills/skills.htm>

합하여 새로운 지식과 정보를 창출할 수 있는 능력이라는 의미를 포괄하고 있기 때문에 정보문해 혹은 정보소양 보다 구체적이고 의미를 분명하게 전달할 수 있다.

정보활용능력이란 용어는 1974년 Zurkowski가 미국도서관정보위원회에 제출한 보고서에서 처음 사용하였다. 이 보고서에서는 정보활용능력을 '문제해결을 위한 모델링으로써 광범위한 정보도구는 물론 1차 정보원을 활용하는 기법과 기능'이라고 정의하였다.[2] 그 이후에 여러 학자와 기관에 의해 다양한 개념으로 정의되었지만, 구체적·실질적인 관점에서는 정보활용능력이 있으려면 정보탐색능력, 정보평가능력, 정보분석능력 등 세부적으로 필요한 능력을 열거하는데 초점을 두고, 포괄적·추상적인 관점에서는 정보활용능력이 궁극적으로 무엇을 위한 것인가 즉, 문제해결능력, 비판적 사고력, 평생학습능력 등과 연관되어 있다. 이를 종합하여 정리하면 정보활용능력은 '자신의 정보요구를 파악하여 정보과제를 명확히 설정하고, 과제해결에 필요한 정보를 탐색, 분석·해석하고, 종합·표현하여 새로운 지식과 정보를 창출하여 전달하는 과정을 통해 문제를 해결하는 능력이다'라고 할 수 있다. 이를 요소별로 구분하여 살펴보면 다음과 같다.

▪ 정보활용능력은 기능(skill)[3]의 집합이다. 자신의 정보요구를 파악하고 정보과제를 설정하는 기능, 필요한 정보를 탐색하는 기능, 정보를 분석·해석하는 기능, 분석한 정보를 종합·표현하는 기능, 새로운 지식과 정보를 창출하여 전달하는 기능의 집합이다. 정보활용능력은 도서관이나 인터넷 자료의 탐색기능에 그치지 않고 탐색한 이후에 정보를 분석·해석하고 종합·표현하여 새로운 지식과 정보를 창출하기까지 일련의 기능을 포괄한다.

▪ 정보활용능력은 단순히 기능의 집합에 그치지 않고 기능의 적용 순서와 단계를 자신의 문제해결에 적용하는 과정(process)에 대한 능력까지 포함한다.

---

2) P. G. Zurkowski, *The Information Service Environment Relationships and Priorities*(Washington D.C. : NCLIS, 1974), p.6.

3) 기능(skill)이란 조직화된 행동형태로서 일을 일관성 있게 처리하는 기술이나 능력을 말한다. 보통 기능이라 하면, 타이핑이나 수영, 공구 다루기 등 물리적이고 기술적인 능력만을 생각하기 쉬우나 책을 읽을 때 문단나누기, 내용 분류하기, 추론하기와 같은 정신적인 기술이나 능력도 기능에 포함된다.

▪ 정보활용능력은 특정 정보매체에 관계없이 정보의 관점에서 인쇄자료에 대한 독서능력, 화상자료에 대한 시각정보활용능력(visual literacy), 전자자료에 대한 컴퓨터 리터러시 및 디지털 리터러시 등을 포괄한다.

▪ 정보활용능력의 기능과 과정은 문제해결능력, 비판적 사고능력의 기능과 과정이 일치하기 때문에 정보활용능력을 통해 평생학습능력, 자기주도적 학습 및 학습하는 방법의 학습, 문제해결 능력, 비판적 사고 및 창의력을 신장할 수 있다.[4)]

요컨대 정보활용능력은 정보기기에 대한 이해나 최신 정보기술이 제공하는 주요 기능, 특성에 대한 이해 능력만 포함하는 것이 아니라 정보가 필요하다는 문제상황을 인지할 수 있는 능력, 문제해결에 적합한 정보를 찾고 선택할 수 있는 능력, 찾은 정보를 문제해결에 적용할 수 있는 능력 그리고 윤리의식을 가지고 합법적으로 정보를 활용할 수 있는 능력 등 다양한 능력을 포함한다.[5)] 따라서 정보활용능력을 갖추었다는 것은 학습하는 방법을 터득하였다는 것을 의미한다. 정보활용능력 소지자들은 지식을 조직하는 방법, 정보를 찾는 방법, 정보를 사용하는 방법을 알기 때문에 학습하는 방법을 알 수 있는 것이다. 이런 능력을 갖춘 사람들은 어떠한 과제나 의사결정을 위하여 필요한 정보를 항상 찾을 수 있기 때문에 평생학습을 위한 준비가 되어 있다고 할 수 있다.[6)]

1.2 정보활용능력의 범주

1994년 Doyle은 정보활용능력을 갖춘 사람의 특성을 다음과 같이 제시하였다.[7)]

▪ 정보의 필요성을 인지한다.
▪ 의사결정의 기본은 정확하고 완전한 정보라는 것을 인식한다.

---

4) 이병기, 정보활용교육론(고양 : 조은글터, 2006), p.19-23.
5) 한상완, 이지연, 이재윤, 최상희, 지식정보사회에서의 정보활용(서울 : 도서관협회, 2005), p.25.
6) 박명규, 학교도서관 중심의 정보교육과 교육과정 모형, 박사학위논문 (연세대학교 대학원, 2004).
7) Doyle, Christina S., *Information Literacy in an Information Society: A Concept for the Information Age*(Syracuse. NY : ERIC Clearinghouse in Information & Technology, 1994)

- 정보요구에 맞는 정보검색질문을 생성할 수 있다.
- 잠재적인 정보원을 확인한다.
- 검색전략을 개발한다.
- 정보기술을 통해 정보원에 접근한다.
- 정보를 평가할 수 있다.
- 상황에 맞게 정보를 적용하기 위해 정보를 조직한다.
- 기존의 지식체계에 새로 검색한 정보를 통합할 수 있다.
- 비평적 사고를 가지고 문제해결을 위해 정보를 사용한다.

위와 같은 능력을 가지기 위해서는 정보기술에 대한 이해와 정보를 활용하는데 필요한 사항을 교육해야 한다. 흔히 정보활용교육은 컴퓨터 기술교육으로 오해하기 쉬우나 이것은 단순한 기술교육보다는 정보자체에 대한 이해와 정보를 활용하는 과정과 환경에 대한 학습을 위주로 한다. 1996년 Shapiro와 Shughes가 제안한 정보활용능력 교육에서 다루어져야 하는 범주를 살펴보면 다음의 <표 2-1>과 같다.8)

<표 2-1> 정보활용능력 교육의 범주

정보활용능력	개념
도구활용능력 (Tool Literacy)	소프트웨어, 하드웨어와 멀티미디어를 포함하는 정보기술의 실제적이고 개념적인 도구를 이해하고 이해하는 능력
자원활용능력 (Resource Literacy)	정보원에 접근하는 방법과 정보의 소장위치, 형태와 형식을 이해하는 능력
사회구조인지능력 (Social-structure Literacy)	정보가 어떻게 생산되고 사회적으로 어떻게 위치하고 있는지를 인지하는 능력
연구능력 (Research Literacy)	학자들의 연구업적과 관련된 정보기술 도구를 이용하고 이해하는 능력
출판능력 (Publishing Literacy)	전자형태로 연구결과를 출판하는 능력
신기술활용능력 (Emerging Literacy)	정보기술 분야에서 지속적으로 새롭게 선보이는 기술을 이용하고 평가하고 이해하고 적용할 수 있는 능력
비판·평가능력 (Critical Literacy)	정보기술의 이익과 비용, 잠재적인 가치와 제한점, 지적이고 사회적인 강점과 약점을 비판적으로 평가하는 능력

8) 한상완, 이지연, 이재윤, 최상희, 지식정보사회에서의 정보활용(서울 : 도서관협회, 2005), p.26.

1.3 정보활용교육의 필요성

학교교육에 있어서 정보활용교육의 필요성이 부각되고 있는 이유로는 지식정보사회에 따른 리터러시의 변화, 교육환경의 변화, 평생학습능력의 요구 등 3가지로 구분할 수 있다. 이를 구체적으로 살펴보면 다음과 같다.[9)]

(1) 지식정보사회에 따른 리터러시의 변화

전통적인 산업사회에서는 3R로 대변되는 읽고, 쓰고, 셈하는 기본적인 능력만 있으면 살아가는데 큰 문제가 없었으나, 지식과 정보가 일상생활은 물론 정치, 경제, 사회, 문화의 중심이 되고 있는 지식정보사회에서는 이를 활용하여 문제를 해결하고 새로운 지식과 정보를 만들어 내는 지적 창조력이 요구되고 있다.

Smith 등은 21세기 지식정보사회에서 갖추어야 할 기본적인 능력을 다음과 같이 7가지로 제안하였다.[10)]

- 자신의 사고 및 학습을 조절, 통제할 수 있는 능력
- 다양한 지식과 정보를 이해하고 수용하는 능력
- 다양한 관점에서 문제를 검토하는 능력
- 새로운 정보를 선택, 조직, 해석, 종합하는 능력
- 다른 문화 혹은 다양한 의견의 사람들과 상호협력하는 능력
- 문제해결에 관한 지식을 다른 사람과 공유하는 능력
- 지식과 정보를 비판적으로 분석하고 평가하는 능력

(2) 교육환경의 변화

지식기반사회에 의한 사회의 변화는 학교교육의 내용과 방법은 물론 교육환경의 변화에 많은 영향을 끼치고 있다. 전통적인 산업사회의 교육은 보편타당한

---

9) 상게서, p.23-6.

10) M. C. Smith et al., "What Will be the Demands of Literacy in the Workplace in the Next Millennium?", *Reading Research Quarterly*, 35(2000), pp.378-83.

절대적 지식을 교과서에 수록하여 고정된 교실환경에서 교사가 일방적으로 전달하는 획일적인 방식이었다. 그러나 지식·정보의 폭증과 가치관이 다양화된 지식정보사회에서는 이런 방식의 교육은 더 이상 바람직하지 않으며, 다음과 같은 교육환경의 변화가 요청되고 있다.[11)]

▪ 학교체제 : 수요자 중심의 학교체제로 전환, 교육 수요자의 학교 선택권 강화, 평생교육 체제 구축, 네트워킹 학습사회 구축, 가르치는 사회에서 배우는 사회로 전환

▪ 교육방법 및 내용 : 지식전달의 행위가 아니라 지식창조의 행위, 다양한 유형의 교육방법 적용, 교육의 주체는 교사가 아닌 학생, 정보통신기술 활용교육의 정착으로 학교 내에 모든 정보를 공유할 수 있는 지식관리시스템이 도입, 기존의 일방적인 교수학습보다는 교육활동에서 쌍방향적인 교류 촉진

▪ 교육과정 : 교육 수요자 중심의 다양한 교육과정이 운영, 교과중심의 교육과정에서 학생경험 중심의 교육과정 운영

▪ 교육주체 : 지식의 창조자로서의 학습자 역할이 강조, 교사의 역할은 안내자, 조언자, 조정자로 변화

▪ 학교행정 : 미래의 학교는 정보통신기술을 도입하여 지식경영 수행, 미래 지식정보사회에서는 학교 스스로 자율적인 발전을 도모

▪ 교육공간 : 틀에 박힌 교육공간이 사라지고 사이버 공간의 활용이 대중화, 학교는 지역사회의 학습센터, 성인학습관, 평생교육센터의 역할 수행, 학교의 시설·설비는 최첨단 정보통신기기로 인텔리전트화

이러한 교육환경의 변화는 단순한 지식습득이 아니라 비판적, 문제해결력, 창의력 등의 고등정신능력이 강조되고 있으며, 이러한 능력을 신장하기 위한 방안으로서 정보활용교육의 필요성이 대두되고 있다.

---

11) 김영애, 지식정보사회에서의 미래 학교 구상(서울 : 한국교육학술정보원, 2000), p.8.

(3) 평생학습능력의 요구

급격히 변화하는 지식정보사회에서 도태되지 않고 지속적으로 성장, 발전하기 위해서는 평생학습능력을 필요로 한다. 평생학습은 학교교육에 그치지 않고 전 생애에 걸쳐 자신의 직업세계와 생활영역에서 당면한 문제를 해결할 수 있는 능력을 말한다. 이러한 평생학습능력은 곧 정보의 활용과 직결되기 때문에 평생교육의 차원에서 정보활용교육에 대한 중요성이 부각되고 있다.

2. 정보활용의 과정

정보활용과정은 정보요구단계, 탐색수행단계, 적합성판정단계, 종료단계로 구분할 수 있다.[12]

2.1 정보요구단계

정보가 필요하다고 인지하는 것은 정보요구의 첫 번째 단계에 속한다. 자신에게 정보가 부족하면 문제를 해결할 수 없고 의사결정을 올바르게 할 수 없다는 것을 파악할 수 있는 능력을 키워주는 것이 정보활용교육의 첫 단계라 할 수 있다. 따라서 정보활용과정의 첫 단계인 정보요구단계는 문제의 불명료함, 지식이나 이해의 결여, 불확실한 감정을 인식하면서 발생하게 된 정보요구가 상황이 변화함에 따라 그 변화도 변화하는 매우 상황의존적인 특성을 지니고 있다.

Taylor는 이러한 이용자의 정보요구단계, 즉 정보의 필요성을 인지하여 표현하는 과정을 네 가지 수준으로 나누어 설명하였다.

(1) 본능수준

본능수준(visceral level)은 현재 처한 문제 상황을 해결하기 위해 정보가 필요

12) 곽동철, 노영희, 학술정보의 탐색 및 활용(고양 : 조은글터, 2008), p.71-80.

하다는 것을 인지하는 단계이다. 이 경우는 막상 정보가 많이 필요하다는 것은 알지만 어느 분야의 어떤 정보가 얼마만큼 필요한지 구체적으로 표현할 수 없는 수준이다.

(2) 인식수준

인식수준(conscious level)은 아주 구체적이지는 않으나 적어도 어떤 분야의 어떤 정보가 필요하다는 것은 인지하는 단계이다. 정보에 대한 막연한 필요성을 어느 측면에서라도 조금씩 좁혀가는 과정이다.

(3) 구체화 수준

구체화 수준(formalized level)은 인식수준에서 설정한 정보의 범위 내에서 필요한 정보가 무엇인지 고민하면서 찾아가는 과정이다. 범위를 설정한 정보영역 내에서 여러 가지 주요 개념 및 세부 주제 분야들을 고려하면서 필요한 정보와 필요하지 않은 정보를 가려내는 것이 이 수준에서 수행하는 활동이다.

(4) 탐색수준

탐색수준(compromised level)은 구체화된 정보요구를 실제 정보탐색과정에 적용할 수 있도록 표현하는 단계이다. 찾고자 하는 정보를 특정 용어(키워드)로 표현하고 정보원을 선정하는 단계이다.

2.2 탐색수행단계

탐색수행단계는 이용자의 특정 주제에 관한 지식상태를 확장시키기 위해 정보를 찾아내는 활동을 말한다. 이 과정에서 이용되는 정보탐색 기술 및 지식의 정보는 정보이용행위의 결과에 결정적인 영향을 미치게 되며, 특히 이용자의 요구와 정보자료 및 정보시스템을 효과적으로 연계시켜 주는 정보사서의 역할이 강조되는 과정이기도 하다.

(1) 탐색유형

① 기존지식탐색

기존지식탐색(known-item search)은 이미 알고 있는 것을 탐색하는 것으로서 서지정보 데이터베이스 탐색이나 도서관 OPAC 탐색이 여기에 속한다. 즉 이미 알고 있는 출판물의 도서관 청구번호나 세부적인 서지정보의 탐색이다.

② 사실탐색

사실탐색(factual search)은 특정한 사실을 찾는 것으로서 예를 들어 '미국의 대통령은 누구인가?', '경주의 불국사는 언제 만들어졌나?'와 같은 질문의 답을 찾는 것이다. 여기에서 가장 중요한 것은 적절한 정보원을 선택하는 것이다.

③ 주제탐색

주제탐색(subject search)은 기존지식탐색이나 사실탐색과는 달리 종결점을 찾기가 쉽지 않다. 이것은 어느 한 주제에 관한 정보를 찾는 것이다. 이용자는 일반적으로 처음부터 무엇을 검색할 수 있는지 생각할 수 없고, 적합한 모든 것이 찾아졌는지도 알지 못하기 때문에 탐색의 종결점이 없다.

(2) 정보탐색방식

① 브라우징 방식

브라우징(browsing) 방식은 검색대상을 훑어보면서 필요한 정보를 골라내는 것으로 웹 디렉토리 방식이 대표적이다. 이용자는 주어진 디렉토리를 따라 정보공간을 항해하면서 정보를 찾는다. 브라우징은 이용자가 찾고자 하는 정보가 명확하지 않을 때 정보를 찾는 시작점을 제공한다.

② 키워드 탐색 방식

키워드 탐색(key-word search) 방식은 특정 탐색어를 검색시스템에 입력하여 해당하는 자료를 찾아내는 방식이다. 이용자는 원하는 정보를 찾는데 적절하다고 생각되는 용어를 생각해내서 그 용어를 직접 입력하여 탐색을 하게 된다.

(3) 정보탐색도구

① 도서관 온라인 목록

도서관이 디지털 환경으로 변화하면서 대부분의 도서관에서는 자관이 소장하고 있는 자료의 목록을 전산화하여 온라인 목록(OPAC: Online Public Access Catalog)으로 제공하고 있다.

② 도서관 분류

도서관의 서가는 주제분류번호별로 배열되어 있기 때문에 서가를 브라우징함으로써 원하는 주제분야의 자료를 한꺼번에 발견할 수 있다.

③ 웹 디렉토리

웹 디렉토리는 포털사이트에서 웹 정보자원을 주제별, 유형별, 지역별 등 여러 가지 기준으로 분류해 놓은 것이다. 웹 디렉토리는 특정 주제의 상하위 개념을 찾아볼 수 있게 한다.

④ 웹 검색엔진

웹 검색엔진은 인터넷에 등록된 제반 정보를 미리 수집하고 이를 체계적으로 수집하여 데이터베이스로 구축한 후, 사용자가 원하는 정보를 수시로 찾을 수 있도록 해 주는 일종의 데이터베이스 시스템이다.

2.3 적합성 판정단계

적합성 평가는 정보탐색의 주요 과정으로서 검색된 결과가 원래 찾고자 하는 정보에 맞는지를 판단하는 과정이다. 이용자가 검색된 정보가 자신이 가진 정보요구에 맞는 정보라고 판단하면 정보탐색과정은 끝나게 된다. 만약 정보탐색결과가 만족스럽지 않다면 탐색전략 및 탐색과정에 대한 평가기준을 참조하여 다시 검색전략을 세워 재탐색하게 된다.[13)]

---

13) 한상완, 이지연, 이재윤, 최상희, 지식정보사회에서의 정보활용(서울 : 도서관협회, 2005),

(1) 탐색전략 및 탐색과정에 대한 평가기준

- 찾고자 하는 정보가 검색되었는가?
- 정보량이 충분한가?
- 탐색에 소요된 시간이 적절한가?
- 중복된 정보가 많은가?
- 정보요구에 변화가 있었는가?
- 정보요구가 구체적으로 충분히 표현되었는가?

(2) 탐색결과의 평가기준

탐색된 결과를 평가하는 기준은 이용자에 따라 여러 가지가 있을 수 있는데, 보편적으로 적용되는 요소는 저자, 정확성, 최신성, 객관성, 범위 등이다.

① 저자

저자(author)는 정보원을 판단하는데 있어 매우 중요한 평가기준이 된다. 저자의 직위, 교육적 배경, 참여 과제 등은 저자가 제공하는 정보의 신뢰도를 파악하는데 중요하다. 저자와 관련된 평가척도는 다음과 같다.

- 다른 정보원이나 참고문헌에서 저자가 인용된 횟수
- 해당 주제 분야 사람들의 저자 인지도
- 저자가 속한 학회나 기관 등의 인지도
- 추가 연락처 제공 유무
- 기관인 경우, 기관의 이념, 활동 등을 소개하는 페이지의 제공 유무
- 기관 주소, 위치, 연락처, 담당자 등의 제공 유무

② 정확성

저자가 아닌 이용자가 정보원 내용의 정확성을 판단하는 것은 쉽지 않다. 특히 찾은 정보가 하나밖에 없어 비교대상이 없거나 내용이 수시로 바뀌고 교정

---

p.84-7.

이나 평가과정을 거치지 않은 웹 정보원의 정확성(accuracy)을 판단하는 것은 더욱 어렵다. 일반적으로 정확성을 평가하는 척도는 다음과 같다.

- 정보원의 대상 독자가 누구인가? 독자가 전문가 집단이라면 정확성을 좀 더 보장할 수 있다.
- 참고문헌과 같이 제공하는 정보의 내용을 검증할 수 있는 정보원과 연결되어 있는가?
- 정보내용에 대한 책임의 범위가 밝혀져 있는가?
- 특정 정보원의 일부인가? 아닌가? 이 경우 정보가 왜곡되어 있을 수 있다.

③ 최신성 및 출판 시기

검색결과에서 유사한 정보가 중복되어 그 중 몇 개를 선별해야 한다면, 정보의 출판 시기나 업데이트 시기가 하나의 평가기준이 될 수 있다. 가장 최근에 출판된 정보가 상대적으로 정확한 정보를 제공할 수 있기 때문이다. 최신성(currency)을 평가하기 위해서는 다음의 사항을 활용할 수 있다.

- 업데이트 날짜의 표시 유무
- 업데이트 간기의 표시 유무
- 외부로 연결된 링크 가운데 연결이 안되는 것이 있는지
- 해당 주제 분야의 정보원 반감기[14] 유무
- 개정판의 유무, 개정판의 역사가 길고 횟수가 많을수록 해당 분야의 기본 정보원이 된다.

④ 목적 및 객관성

정보제공의 목적(purpose)을 파악하는 것은 정보의 성격과 내용을 이해하는데 중요하다. 같은 주제의 정보가 정치적, 교육적, 오락적, 상업적 목적에 따라 다르게 표현될 수 있기 때문이다. 제공되는 정보의 객관성(objectivity)을 판단하기

14) 특정 문헌의 이용건수 비율이 전체 이용의 반으로 줄어드는 시기

위해서는 정보제공의 목적과 그 내용이 의견 제시인지 아니면 사실 전달인지를 파악하는 것이 중요하다.

- 정보기술에 사용된 언어가 자극적, 도발적, 선동적이지는 않는지
- 다른 사이트에 링크가 많이 되어 있는지
- 제공되는 정보가 광고는 아닌지

3. 정보활용능력의 평가

지식정보사회에서 정보활용능력이 매우 중요하게 인식됨에 따라 세계 여러 나라에서는 이를 평가하기 위한 기준을 개발·제시하였다. 먼저, ACRL(Association of College and Research Libraries)은 대학생을 위한 정보활용교육에 대하여 5개의 기준과 정보활용능력 향상을 위한 수행지표(performance indicators)를 제시하였다.[15)]

① 기준 1 : 필요한 정보의 범위와 본질을 파악한다.
<수행지표>
- 정보의 필요성을 정의하고 규명한다.
- 잠재적 정보원의 유형과 형태의 다양성을 식별한다.
- 필요한 정보의 입수를 위한 비용과 이로움을 고려한다.
- 정보요구의 본질과 범위를 재평가한다.

② 기준 2 : 필요한 정보에 효율적이고 효과적으로 접근한다.
<수행지표>
- 필요한 정보에 접근하기 위한 가장 적절한 연구방법과 정보검색시스템을

15) 윤상림, 정보활용능력을 위한 온라인 튜토리얼 모형에 관한 연구, 석사학위논문 (연세대학교, 2005)

선정한다.

- 효과적으로 설계된 탐색 전략을 구축하고 시행한다.
- 다양한 방법의 온라인 혹은 인적 서비스를 이용한 정보검색을 한다.
- 탐색 전략을 세밀하게 구현한다.
- 정보와 정보원을 추출 및 기록하고 관리한다.

③ 기준 3 : 정보와 정보원을 상세하게 평가하고 자신의 지식기반과 가치체계에 선택된 정보를 통합한다.

<수행지표>

- 수집한 정보 중에서 추출된 주요 개념을 요약한다.
- 정보와 정보원을 평가하기 위한 기준을 적용하고 표현한다.
- 새로운 개념을 만들기 위한 주요 개념을 통합한다.
- 추가된 가치나 모순, 다른 개별 정보의 특징을 결정하기 위한 새로운 지식과 이전 지식을 비교한다.
- 새로운 지식이 개개의 가치 시스템에 영향을 미치는지를 결정하고 차이점을 조정하는 단계를 거친다.
- 주제전문가나 실무자 등 다른 사람과의 토론을 통해 정보의 해석과 이해를 정당화한다.
- 최초의 질의어 수정여부를 결정한다.

④ 기준 4 : 개인적으로 혹은 그룹별로 특정한 목적을 수행하기 위해 효과적으로 정보를 이용한다.

<수행지표>

- 특정한 연구성과 및 수행을 위해 새로운 정보와 기존의 정보를 적용한다.
- 연구성과와 수행을 위한 개발과정을 수정한다.
- 연구성과와 수행에 관해 타인과 효과적으로 의사소통한다.

⑤ 기준 5 : 정보의 이용을 둘러싼 많은 경제적·법적·사회적 쟁점을 이해하고 윤리적·법적으로 정보에 접근하고 이용한다.

<수행지표>

- 정보와 정보기술을 둘러싼 윤리적·법적·사회적·경제적 쟁점을 이해한다.
- 정보자원의 접근과 이용에 관련된 법률, 규칙, 기관정책과 관습을 따른다.
- 연구성과와 수행의 커뮤니케이션에 있어 정보자원의 이용을 바르게 판단한다.

그리고 미국의 ALA는 고등교육의 정보활용능력 기준인 'Information Literacy Competency Standards for Higher Education'을 발표하였고, 호주의 대학도서관협의회에서는 2001년 'Information Literacy Standard'를 발표하였으며, 영국의 대학도서관사서협의에서도 'Information Skill in Higher Education'에 관한 기준을 만들었다. 대학생의 정보활용능력 평가를 위해 제시된 기준은 다음의 <표 2-2>와 같다.[16)]

16) 이정현, "대학생의 정보활용능력 평가모형 개발에 관한 연구," 정보관리학회지, 22, 제4호 (2005), pp.35-9.

<표 2-2> 대학생의 정보활용능력을 평가하기 위한 기준

영역	내용
정보자원	· 정보자원의 종류와 특징을 아는지 · 정보생성의 유통구조를 알고 정보자원을 활용할 수 있는 능력 · 도서관(정보센터)의 기능과 서비스를 알고 내·외부자원을 활용할 수 있는 능력
정보요구	· 요구정보를 표현, 요구주제의 명확화, 요구정보 개념의 조직화, 정보요구의 절차를 인지하고 다양한 커뮤니케이션을 통하여 표현하는 능력
정보검색	· 정보 위치로의 접근능력 · 물리적 공간에서 온라인 목록의 검색과 정보의 획득능력 · 가상공간에서 웹 검색엔진 및 데이터베이스의 정보검색과 원문에 접근하여 획득할 수 있는 능력
정보분석	· 정보의 신뢰성, 정확성, 적시성 기준을 적용하는 능력 · 정보자원의 시간과 비용을 평가하고 검색된 정보의 적합여부를 정확하게 해석하여 주제와의 관련성 여부를 판단하는 능력
정보관리	· 정보원을 정리·분류하고 다양한 매체를 이용하여 가공·기록·관리할 수 있는 능력 · 정보처리 및 분석과정을 유지하고 이를 체계화시키기 위하여 올바른 서지인용법을 활용하여 관리·제공하는 능력
정보기술 및 표현	· 기본적인 컴퓨터 활용능력을 포함하여 인터넷 및 네트워크 기술과 응용프로그램을 활용할 수 있는 능력 · 정보커뮤니케이션 기술을 통하여 정보의 수신 및 발신을 용이하게 할 수 있는 능력

CHAPTER

정보매체와 정보원

3

1. 정보매체의 개념과 특성

인류의 기록(정보)매체는 인간의 기록문화, 커뮤니케이션의 역사, 지식문화 그리고 도서관과 밀접한 관련이 있다. 특히, 문자의 발견과 전파는 인류의 사상과 지식을 축적·공유하고 전달하는 과정에 필수적인 수단이었기 때문에 기록문화의 역사와 불가분의 관계가 있다. 비록 최근에 종이책의 사멸, 도서관의 무용론 등이 거론되고 있지만, 기록매체의 역사는 계속될 것이다.

1.1 정보매체의 개념

정보매체는 정보를 기록하여 담는 그릇이며 정보의 전달을 가능하게 하는 수단이다. 정보매체는 커뮤니케이션의 발달이라는 측면에서 세 단계에 걸친 패러다임의 이동현상으로 설명할 수 있다. 제1단계는 문자발명과 더불어 커뮤니케이션 수단이 청음과 각사(listening & inscribing)에서 필사와 기록(writing & copying)으로 발전하였고, 제2단계는 종이와 인쇄술의 발명으로 필사위주의 기록에서 인쇄와 독서(printing & reading) 환경으로 전환되었으며, 현재의 제3단계는 인터넷 정보바다를 항해(surfing & browsing)하는 상황에 있다.

먼저 태초의 인류가 사용한 커뮤니케이션 수단은 동작이나 표정 또는 소리였을 것이다. 그 이후에 이것이 지니는 기억력·전달력·보존성의 한계를 극복할 의도로 그림이라는 표현방법을 고안하였으며, 이어 그림의 구체성·다양성·기록성을 강조하는 그림문자(pictograph)가 등장한 것으로 추정된다. 그리고 그림문자를 기록한 인류 최초의 매체는 동굴 및 바위의 암벽이었다.

다음으로 고대인들이 그림이나 그림문자에서 구체적이고 보편적이며 단순한 의미를 전달할 목적으로 창안한 대표적인 문자는 사물의 형상을 모방한 상형문자(hieroglyph)이다. 인류 최초의 문자로서 B.C. 3100년부터 약 3,000년간 사용된 상형문자는 표의문자(ideogram)로 진화되었고 다시 표음문자(phonogram)를 파생시켰다. 이들을 대표하는 예는 <그림 3-1>과 같이 주로 석판이나 파피루스에 기록한 고대 이집트의 상형문자인 로제타 스톤(Rosetta Stone), 점토판에 쐐기형으로 기록한 메소포타미아지방의 설형문자(cuneiform), 그리고 거북의 등이나 짐승의 뼈에 새긴 중국 은대의 갑골문자를 들 수 있다.

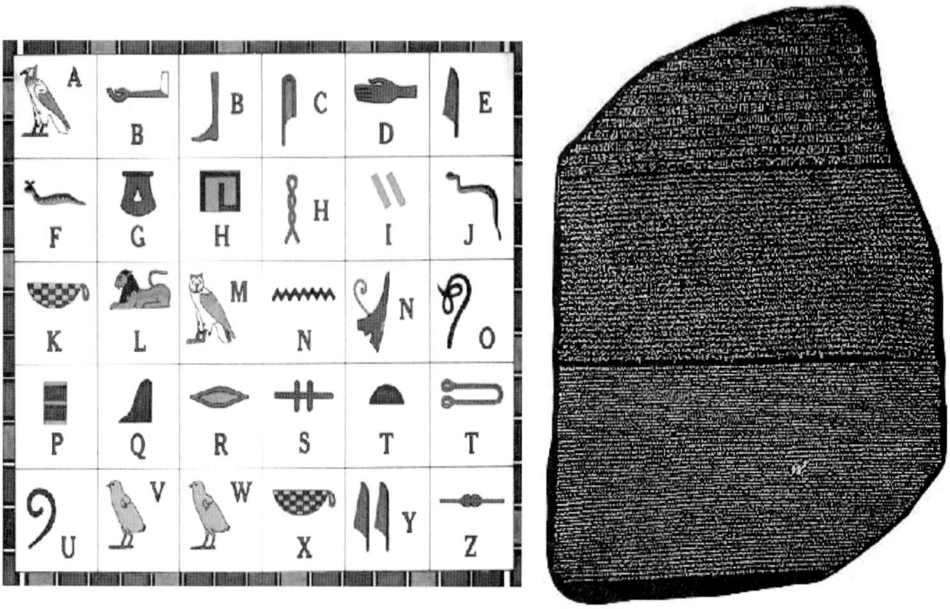

<그림 3-1> 상형문자의 현대적 의미와 로제타 스톤

결국 세계 각국에서 현재 사용하는 문자는 4대 문명의 발생지인 이집트와 지중해의 상형문자, 메소포타미아지방 수메르인의 설형문자, 인더스강 유역의 산스크리트문자, 그리고 황하 주변의 갑골문자를 기점으로 확산·진화한 결과이다. 그 종류는 무려 3,000종을 상회한다.

동서양을 막론하고 B.C. 4000년에서 A.D. 2000년대까지 지식정보를 기록·보존하고 전달·유통시키는데 사용된 점토판에서 최근의 전자자료에 이르기까지의 시계열적 변용과정을 도시하면 <그림 3-2>와 같다.[1]

요컨대 정보매체는 정보가 표현되는 방식과 특성에 따라 형태와 기능을 발전되어왔는데 정보는 그 표현방식에 따라 크게 문자정보, 음성정보, 그림과 이미지정보, 멀티미디어정보로 구분할 수 있다.[2]

1) 윤희윤, 장서관리론(대구 : 태일사, 2007), p.35.

c.4000 BC : 석재, 점토판(Sumer인) 발견	c.4000 BC	c.3500 BC : 파피루스(papyrus), 墨檀의 書板, 碑文
c.2000 BC : 獸骨, 龜甲, 貝殼(ostraca), 青銅	c.2000 BC	c.1800 BC : 이집트「死者의 書」(Book of the Dead) 발견
c.1384 BC : 竹簡 등장	c.1000 BC	c.1729-1686 BC : 함무라비법전 c.668-626 BC : 앗슈르바니팔도서관(니네베 소재) 설립
c.300 BC : parchment(양, 염소의 가죽), vellum(송아지 가죽)	c.500 BC	c.5세기 BC : 책방 등장(아테네) c.309-246 BC : 알렉산드리아도서관 창설(Ptolemairs Philadelphos)
c.200 BC : 비단조각으로 만든 종이 사용 c.100-50 BC : 木簡 사용	c.200 BC	c.213 BC : 진시황의 焚書坑儒 c.207 BC : 寫字生(Scribes)조합구성 c.131 BC-14 AD : 최초신문(Acta Diuma-그리스) 등장
105 : 종이발명(後漢 蔡倫) -재료(樹皮,무명조각,어망)	c.100 BC	
593(?) 종이유입(한국) 590-640 : 목판인쇄술 등장(수,당)	c.500 AD	751년 이전 : 세계 최초 각판 인쇄술「무구정광대다라니경」석가탑에서 출토
8세기 : 닥종이(楮紙)생산(한국) 1041-1048 : 활판인쇄술(중국 畢昇) 12세기 : 파피루스 제조중단 ; 유럽에서 종이 제조(하티바) 1300년대 : 금속활자 발명(고려)	c.1000 AD	1284 : 독서용 안경발명(Venice, Plprence) 1377 : 世界 最古의 金屬活字本「佛祖直指心體要節」간행 1456 : 42행성서(구텐베르크성서) 출판
1455 : 인쇄술 발명(구텐베르크) 1799 : 최초의 종이제조기계 발명(프랑스의 Nicholas-Louis Robert) 1839 : 사진술 발명(LJ. Daguerre) 1840 : 목재원료의 종이출현 ; 인쇄매체에 사진술 응용 1853 : 마이크로필름 발명(J.B Dancer)	c.1500 AD	1540 : 최초의 금서목록(Index of Forbidden Books) 간행(독일) 1609 : 최초 주간신문 2종(Relation, Aviso Relation oder Zeitung-독일) 1665 : 학술지 창간(Joumal des Scavans(프랑스) Philosophical Transactions(영국) 1777 : 최초의 문고본 발간(The Poets of Great Britain)
1930년대 중반 : 마이크로자료 출판(Eastman Kodak사가 New york Times의 소급 분을 마이크로와)	c.1900 AD	1906 : 출소사진식 책자 간행 -MF자료 출발점 1913 : 국내 최초의 문고판 발간(崔南善의 六錢小說)
1969 : 인터넷 전신ARPANET개시 1971 : 인터넷 전자우편 시작	c.1950 AD	1960년대초 : 최초의 마이크로 잡지(Wildlife Diseases) 출현
1982 : CD-ROM 등장 (필립스 & 소니사)		1985 : 상업용 CD-ROM Bibliofile 출시(Library Corporation, Inc.) 1996 : 인터넷2 프로젝트 착수
1991 : Gopher; 1994 :WWW 등장	c.2000 AD	Next Generation Internet/Web 2.0

<그림 3-2> 기록(정보)매체의 변용연표

2) 한상완, 이숙희, 정보조사제공학(서울 : 연세대학교 출판부, 2007), pp.45-7.

(1) 문자정보

문자는 정보를 표현하는 가장 기본적인 수단이며 가장 일반적인 의사소통의 수단이다. 지난 수 천 년의 인류 역사가 거의 문자로 보존되고 있는 만큼 정보원 중 가장 큰 비중을 차지하고 있다. 도서, 학술지, 회의록, 신문기사, 특허 등이 여기에 속한다.

(2) 음성정보

음성정보는 녹음방식이 완성되기 전까지 구전형태로 정보가 보존되어 왔으나 최근에는 아날로그 혹은 디지털 형태로 저장이 가능해졌다. 레코드, 사운드 테이프, 라디오 등이 여기에 속한다.

(3) 그림과 이미지정보

인간의 커뮤니케이션에서 정보를 정확히 전달하는데 긴 문장의 표현보다 한 장의 그림이 더 유용한 경우가 있다. 그러나 디지털 정보의 전달 측면에서 보면 이미지 정보가 문자정보 보다 훨씬 많은 정보량을 필요로 하기 때문에 정보의 전달 비용이 많이 들 수 있다.

(4) 멀티미디어정보

멀티미디어정보는 문자, 음성, 동영상 정보가 모두 포함되어 있는 총체적 정보이다. 이것은 디지털 형태로 데이터를 생성, 저장, 처리, 표현하고 복수의 미디어를 통해 전달한다. 그래서 효율적인 검색을 하기 위해서는 그 속성상 텍스트 형식의 정보위주로 개발된 검색엔진과는 다른 정보접근방식과 검색도구를 필요로 한다.

특히, 전자매체에 기록된 정보를 네트워크를 통해 물리적 제한 없이 전달할 수 있게 된 디지털 정보환경은 기존의 문자정보 위주에서 벗어나 멀티미디어정보의 생산과 수요를 증대시키고 있다. 정보기술의 발전은 정보를 기록하고 저장하여 전달하는 다양한 정보매체의 발전을 주도해 왔으며 정보매체의 발전은 인쇄매체와 수작업 방식에 의존한 종이도서관(paper library)에서 인쇄매체 중심의

자료를 컴퓨터 방식으로 자동화한 자동화도서관(automated library) 그리고 전자매체와 컴퓨터 방식의 디지털도서관(digital library)에 이르기까지 도서관의 발전과정에 직접적인 영향을 미쳐왔다.

1.2 정보매체별 특성

정보의 저장과 이용방법에서 차이를 가져오는 각 정보매체별 특성을 시계열적으로 살펴보면 다음과 같다.

(1) 점토판

점토판(clay tablet)은 현존하는 기록매체 중에서 그 역사가 가장 오래된 것으로서 <그림 3-3>과 같이 고대 수메르인이 B.C. 4000년경부터 메소포타미아 지방과 그 주변에서 출토되는 양질의 진흙을 대개 직사각형(보통 폭 2~3인치, 길이 3~4인치, 두께 1인치 정도)으로 빚은 다음에 갈대의 줄기로 설형문자를 새겨 햇볕에 말리거나 구운 흙판을 말한다. 기록매체로서 재료가 풍부하고 보존성이 가장 뛰어난 반면에, 각사에 많은 시간이 걸리고 부피가 크고 무거우며 방대한 수장공간을 필요로 하였다.

(2) 파피루스

파피루스(papyrus)는 고대 이집트의 나일강 유역(델타지대)에 무성하게 자라는 갈대의 일종으로 B.C. 3500년경부터 기록매체로 사용되었다. 점토판보다 가볍고 휴대가 용이하였으며, 특히 여러 장을 연결한 표준규격(높이 9~11인치, 길이 5~9인치, 두께 0.221mm인 낱장 20매를 연결한 두루마리)에 나무 막대기로 필사하였기 때문에 획기적인 서사재료로 인정되어 페니키아, 그리스, 로마를 비롯한 동방제국에 수출되었다. 그러나 내습력이 약해서 방습장치가 없으면 장기간 보존하기 어려웠다.

<그림 3-3> 수메르인의 점토판과 이집트 나일강 유역의 파피루스

(3) 죽간목독

죽간목독(竹簡目牘)은 중국에서 B.C. 1384년부터 A.D. 3～4세기까지 약 1800년간 널리 사용된 서사재료로 <그림 3-4>와 같이 대나무 조각(bamboo slivers)이나 나무조각을 얇게 깎아 표면에 석묵(石墨)으로 필사하고 실로 꿰어 묶은 것을 죽간(竹簡) 또는 목간(木簡)이라 한다. 하나의 죽편(竹片)이나 목편(木片)을 간(簡)이라 하고 여러 개의 간을 견사로 편하고 가죽끈 등으로 엮은 것을 책(策, 冊)이라 하였다. 죽간의 대체적인 규격은 길이 22cm, 폭 1.2cm, 두께 1mm 정도지만, 실제로는 폭 1～20cm, 길이 12～60cm까지 다양하다. 반면에 목독은 대개 30cm의 정방형이다. 이들은 주로 왕의 칙어나 관청의 명령을 기록하였는데, 대체로 짧은 문장은 간(簡)에, 긴 문장은 책(策)에 기록하였다. 죽(竹)은 질이 견고하고 세밀하며, 불에 구웠기 때문에 충해방지에 유리하고 내구성이 강하였으나, 기록하기 어렵고 재료의 무게로 인하여 열람하는데 불편하였다.

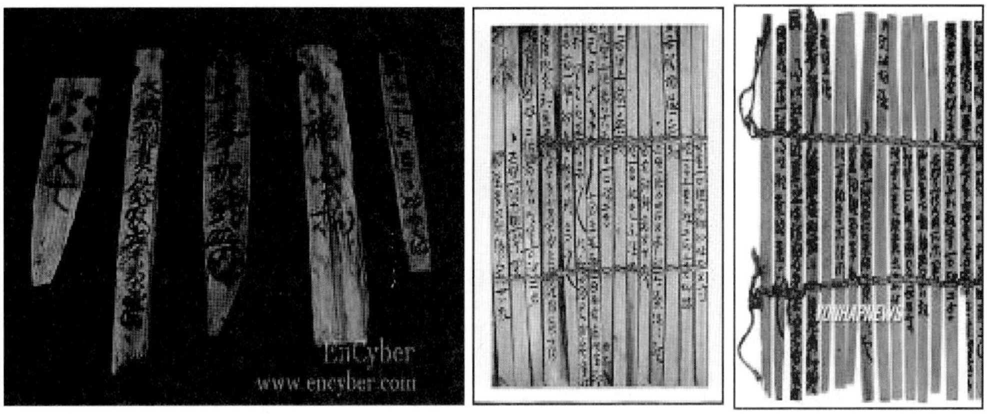

<그림 3-4> 죽간과 목독

(4) 양피지

양피지(parchment)는 고대 그리스와 로마를 중심으로 B.C. 500년경부터 사용되기 시작하였고 희랍어인 'charta pergamenum'(페르가몬 종이)에서 유래하였으며, 양·염소·소 등의 가죽으로 만든 서사재료이다. 엄밀한 의미로는 양이나 염소의 가죽을 양피지, 생후 6주 이내의 송아지 가죽을 독피지(vellum)로 지칭하지만, 대개 구별하지 않는다. 양피지는 재료가 제한적이어서 고가일 뿐만 아니라, 성경을 전부 각사하려면 양 5,000마리의 가죽이 필요할 정도로 대량 필사에 적합하지 않았다. 그럼에도 불구하고 내구력이 뛰어나 장기보존이 가능하였고 자유자재로 접거나 양면을 사용할 수 있었기 때문에 당시에는 가장 우수한 서사재료로 인식되었다.

(5) 종이

인류의 기록문화와 지식대중화에 절대적인 영향을 미친 종이(paper)는 A.D. 105년 후한에서 수피, 마, 무명조각, 어망을 혼합하여 만든 채후지(蔡候紙)에서 기원한다. 그리고 종이는 인쇄기술의 발명으로 대중화가 촉진되었다.

종이는 이용하는데 별도의 도구가 필요 없는 편리함과 촉감이나 형태가 주는 감각적 안정성 때문에 꾸준히 이용되고 있으며, 다른 매체와 비교하여도 해상도가 높고 가독범위 또한 넓다. 그러나 훼손이나 변질되기 쉬워 보존에 취약하고 부피와 무게에 따른 이동과 보관상의 문제가 있으며 한번 갱신하는데 많은 시간과 비용이 요구되어 최신성이 떨어지고 정보를 검색하는데 비효율적이라는 단점이 있다.

(6) 마이크로폼

마이크로폼(microform)은 인쇄문헌, 입체사진, 그래픽 등을 고도로 축소 촬영하여 축적·전달하는데 사용되는 광학적 매체로 부피가 크고 무거운 종이매체를 대체하는 수단으로 사용되었다. 이것은 종이책과 비교할 때 공간절약, 문헌의 안정성, 복제 및 복원의 용이성, 반영구적인 보존성, 배포의 경제성 등이 우수하기 때문에, 도서관은 고가의 가독장비(카메라, 가독기, 리더프린터)를 구비해야 하는 부담에도 불구하고 정보의 수요가 적거나 예측하기 어려운 자료, 희귀본, 절판본 또는 이전에 출판된 적이 없는 문서나 필사본에 마이크로필름(microfilm)과 마이크로 피시(microfiche) 형태로 활용하고 있다.

(7) CD-ROM

CD-ROM(Compact Disk - Read Only Memory)은 표면을 알루미늄 재질로 처리한 직경 120mm, 두께 1.2mm의 플라스틱 원형디스크에 레이저빔을 이용하여 디지털 정보를 고밀도로 축적한 대용량 기록매체이다. 비록 CD-ROM이 인쇄자료보다 보존수명이 짧고 온라인 DB에 비하여 최신성이 떨어지지만, 축적성과 내구성이 강하고 텔레커뮤니케이션과는 독립적으로 작동할 수 있기 때문에 정보 축적 및 제공매체로 활용되고 있다.

(8) 온라인 가상매체

온라인 가상매체(cyber media)는 인터넷을 통하여 접근·이용할 수 있는 일체의 디지털 정보자료를 말한다. 이를 지칭하는 다른 용어로는 전자출판물(전자자료), 인터넷(웹) 정보자료(자원), 네트워 자료(출판물), 온라인 정보자원 등이 있다. 이 중에서 도서관 및 정보센터에서 자료수집 및 보존의 측면에서 고려해야 할 전자출판물을 개략적으로 구분하면 다음과 같다.

① 전자도서

전자도서(electronic or cyber book)는 인쇄도서에 비하여 아직 출판종수가 적지만 컴퓨터 관련자료, 문학작품, 참고자료를 중심으로 꾸준히 증가하는 추세이다. 그 유형은 독립형(전자버전으로만 출시된 것), 양립형(인쇄판과 전자버전의 동시 출간), 대체형(인쇄판의 전자버전)이 있다.

② 전자잡지

전자출판물의 대부분을 차지하는 전자잡지(electronic journal)는 다양한 버전으로 출시되고 있다. 인쇄물의 전자 복제형, 부분 복제형, 완전 전자판(영구형), 일시형이 있으며, 축적매체에 따라 HTML, PDF, XML 등으로 구분할 수도 있다.

③ 데이터베이스

데이터베이스(database)는 대개 온라인과 오프라인으로 구분되는데, 전자는 정보네트웍으로 유통되는 전문정보(잡지, 학위논문, 보고서)나 서지정보 등의 집합체로서 온라인 전자잡지의 패키지가 대표적이다. 후자는 출판목록, 색인(인용)지, 초록지, 법령집, 참고도서 등의 패키지 형태로 제공하는 CD-ROM이 주종을 이룬다. 그 유형은 단일의 컴퓨터에 장착하여 한 사람만 이용하는 싱글버전(stand-alone 버전), 여러 사람(3～4명)이 동시에 이용하는 네트웍 버전(LAN 버전), 복수의 사이트(대개 2～3개)를 연결하여 원격접근이 가능한 사이트버전(WAN 버전) 등이 있다.

④ 웹 정보자원

인터넷 홈페이지나 웹사이트에 등장하는 다종다양한 자료(OPAC, 참고자료, 전자잡지, 연구프로젝트, 회의자료, 통계데이터, 법령자료 등)로서 가장 많은 비중을 차지하는 전자출판물이다. 상술한 DB나 전자잡지는 구독 또는 라이선스의 방식으로 수집하는데 비하여 웹 정보자원은 인터넷을 통하여 무료로 다운받거나 이용할 수 있다.

⑤ 인터넷 링크자료

일반적으로 웹자료는 인터넷에서 정보 그 자체 또는 정보가 수록된 매체에 접근하는 경우를 말한다. 반면에 링크자료는 서지정보나 원문정보의 소재처(URL)를 링크한 사이트 정보이다. 대개 홈페이지의 주제게이트웨이 화면이나 특정 논문(보고서)의 참고문헌에서 링크정보를 많이 볼 수 있다.

⑥ 기타 전자출판물로는 메일링 리스트(mailing list), 토론그룹(discussion groups), 전자우편(e-mail), NetNews, List servers 등이 있다.

그 외에도 최근에 웹 2.0 시대가 도래함에 따라 온라인 디지털 정보가 급격히 증가하고 있다. 일반적으로 온라인 가상매체는 생산자 또는 제작자가 디지털 정보를 제공하는 측면이라면, 웹 2.0 서비스는 <표 3-1>처럼 불특정 다수의 사용자가 디지털 정보를 창출하는 새로운 양태의 인터넷 정보유통서비스에 해당한다. UCC(사용자 제작 콘텐츠), 블로그(개인 홈페이지), 공개 백과사전인 위키피디아(Wikipedia)[3] 등이 대표적인 웹 2.0 서비스다. 한국의 사례로는 싸이월드 미니홈피나 네이버 지식검색 서비스 등이 있다.

3) 위키피디아는 하와이어로 '빨리 빨리'를 의미하는 위키(wiki wiki)와 백과사전(encyclopedia)을 합성한 이름이다. 한국판은 위키백과라는 이름으로 서비스된다.

<표 3-1> 웹 2.0의 개념과 디지털 정보서비스

대표적인 서비스	개념과 의미
UCC (User Created Contents)	일반대중, 즉 사용자가 콘텐츠를 제작하여 인터넷으로 유통시키는 동영상, 사진, 글 등을 말한다.
Blog	블로그는 인터넷 접속을 뜻하는 웹로그(Web Log)의 축약어로서 자신의 관심사항을 작성한 온라인 일기인 동시에 1인 미디어이다.
Long Tail	파레토 법칙(80/20)의 반대논리로서, 단절되지 않는 긴 꼬리처럼 소수의 또는 단편적인 정보조각이라도 많이 모으면 중요한 의미를 갖는다는 것이다.
Collective Intelligence	불특정 다수가 의견을 교환하고 협업하는 것으로 온라인 공개백과 사전인 Wikipedia, Naver의 지식검색 서비스 등이 대표적이다.
Open Source	주요 프로그램을 무료로 공개함으로써 누구나 자유자재로 이용할 수 있도록 한 자원을 말한다. 구글의 지도정보서비스, Adobe Reader가 대표적이다.
Social Tagging	정보검색 전문업체가 아닌 일반인이 검색어(태그)를 붙이는 행위로서, 참여하는 인원수가 많을수록 검색어의 정확도가 높아진다.

2. 정보원의 개념과 유형

정보원(information source)은 이용자가 필요로 하는 정보를 담고 있는 그릇이며 정보의 전달을 가능하게 하는 수단이다. 그래서 인간의 창조적 활동에서 생산된 새로운 지식이나 사실을 전달하는 커뮤니케이션 수단이며 그 결과이다. 정보원은 정보 커뮤니케이션의 방식에 따라 공식 정보원과 비공식 정보원으로 나눌 수 있으며, 정보매체의 특성에 따라 인쇄정보원과 전자정보원으로 구분할 수 있다. 전자에는 도서(단행본), 인쇄잡지, 마이크로자료, 각종 회색문헌인 학위논문, 연구보고서, 회의자료, 통계, 백서 등이 속하며, 후자에는 아날로그 자료의 디지털 버전(CD-ROM, 웹 DB, 전자잡지 등)과 처음부터 디지털 자료로 출시되는 전자잡지, 전자형 학위논문, 파일형식의 각종 세미나 및 회의자료 등이 포함된다. 한편 정보원은 수록정보의 속성에 따라 1차 정보원, 2차 정보원, 3차 정보원으로 나눌 수 있는데, 이를 유형화 하여 살펴보면 다음과 같다.

2.1 1차 정보원

1차 정보원(primary sources)은 독자적인 연구 성과를 기록한 새로운 정보로서 해석이나 요약 또는 평가 등 원문내용에 대한 가공과정을 전혀 거치지 않은 원저작물을 의미한다. 즉, 다양한 정보 가운데에서 종래에는 없었던 새로운 정보, 본질적인 정보 혹은 독창적인 정보로 한 저자의 창작물이나 연구보고서와 같이 처음으로 만들어진 기록물이다. 이것은 색인이나 서지, 초록과 같은 2차 정보원을 통해 접근·이용된다.

대표적인 1차 정보원의 유형에는 단행본, 학술지, 학위논문, 기술·보고서, 회의자료, 규격, 특허, 통계 등이 있는데, 이 중에서 출판이라는 공식적인 정보유통 채널을 통해 배포되지 않는 학위논문, 회의자료, 기술·연구보고서, 규격, 특허, 통계 등은 다시 미출판 정보원으로 구분된다. 미출판 정보원은 회색문헌(gray literature)이라고도 불리는데, 최신성이 높아 이용가치가 높은 정보원이지만 그 양적 규모가 방대하고 유통경로의 파악이 어려워 입수에 어려움이 있다.

(1) 단행본

단행본(monographs)은 도서 중 비정기적이며 단독으로 간행되는 도서(book)를 말한다. 가장 일반적인 의미는 1964년 유네스코 총회에서 규정된 '인쇄자료 중에서 49페이지 이상(표지는 제외)의 분량을 가진 비정기간행물'이다. 그리고 49페이지 미만은 소책자(pamphlet)로 구분하고 있다. 단행본은 한 주제에 대해서 보편적이고 개론적인 내용이나 이론 설명 등을 파악하는데 적합하다. 그러나 특정 정보가 단행본으로 발행되어 유통될 때 까지 많은 시간이 소요되기 때문에 학술지나 기타 매체에 비해 신속성이 떨어지는 단점이 있다.

다만 인터넷 정보기술이 대중화되고 온라인 접근패러다임이 강조됨에 따라 도서의 기록방식과 출판양태도 오디오북, CD-ROM 도서, 전자도서(E-book) 등으로 발전하고 있다. 전자도서를 구성하는 요소는 다음과 같다.

- 책 내용(e-book contents) : 책 내용을 담은 파일
- 뷰어(viewer) : 전자도서를 읽을 수 있는 소프트웨어
  ex) 아크로뱃 리더, 익스플로어 등
- 단말장치(device) : 전자책 파일과 소프트웨어를 가동시킬 수 있는 장치
  ex) PC, 핸드폰 등

전자도서는 음향 및 영상과 같은 멀티미디어를 텍스트와 결합할 수 있도록 지원하고 있어 언어교재 등은 발음을 듣거나 동영상을 보면서 학습할 수 있을 뿐 아니라 특정 단어를 찾는 키워드 검색기능, 책갈피 기능, 하이라이트 기능 등을 제공한다. 하지만 최근 책의 내용이 불법적으로 유출되는 등 저작권 침해 문제가 발행하여 복사기능을 제한하는 경우가 많다.

(2) 학술지

정기간행물은 내용의 성격에 따라 대중적인 읽을거리를 제공하는 교양지(magazine)와 특정 주제분야의 학술정보를 제공하는 학술지(journal)로 구분된다. 학술지는 동일한 지명아래에 권호(통권)나 연도(월차)를 표기하면서 분책형태로 발간되는데, 해당 주제분야의 권위 있는 심사위원들의 평가를 거쳐 출판되는 공신력 있는 정보원이고 연구자들의 핵심 정보원이며 도서관의 핵심장서이다. 또한 학술지 논문은 연구자들의 업적을 평가하는 주요 지표가 되어 사회적 기능을 수행하기도 한다.

학술지가 출판되는 간기는 보통 계간(quarterly), 월간(monthly), 격월간(bi-monthly), 주간(weekly), 격주간(bi-weekly) 등이 있다. 한 학술지는 보통 1년에 4～12호를 발간하며 각 호마다 약 5～20편의 학술논문을 싣고 있고 각각의 학술논문에 독립적인 제목과 저자가 있다. 따라서 학술지에 실린 논문을 찾아내려면 학술지(학술지명, 출판사, 출판간기), 각 호(권/volume, 호/number, 목차), 학술논문(논문저자, 논문제목, 초록, 수록쪽수) 등의 정보가 필요하다.

그러나 학술지는 출판에서 정보입수에 이르기까지의 시간지연, 구독비용의 부

담문제, 축적공간과 네트워크 접근 한계 등의 문제점을 내포하고 있다. 이를 해결하는 대안으로 각 학문분야의 핵심잡지나 학문별 주요 학술지의 전문을 수록한 단독형 및 패키지형 CD-ROM, 온라인 시스템 및 인터넷에서 검색·이용할 수 있는 전자잡지(electronic journal, digital journal, online journal)까지 등장하였다. 인터넷 정보기술의 발달과 대중화에 편승하여 등장한 전자잡지는 원고의 제출, 심사, 편집에 이르는 모든 과정이 전자적으로 처리·배포되고 접근·이용할 수 있는 잡지를 말한다. 전자잡지는 필요한 서지 및 원문정보를 컴퓨터에서 신속하게 확인·이용할 수 있고 검색기능이 우수하며 소장공간을 최소화하는데 유리하다. 반면에 하드웨어와 소프트웨어를 확보해야 하고 정보해득력을 필요로 하며 그래픽 정보가 제한적이고 불안정할 뿐만 아니라 과월호의 이용여부가 불확실하다. 특히 오픈 액세스 잡지(open access journal)는 수록정보의 신뢰성이 약하다. 전자잡지를 인쇄잡지와 연계하여 구분하면 다음과 같다.

- 인쇄잡지의 출판을 중단하고 완전한 전자버전으로 대체한 형태
- 인쇄잡지와 동일한 포맷과 내용으로 공존하는 형태(동시 출간형, 인쇄잡지가 출판된 후에 나온 전자버전, 전자잡지가 출시된 후에 간행된 인쇄버전)
- 잡지의 기본포맷은 전자버전이지만 수록된 논문을 인쇄물로 주문해야 하는 형태
- 인쇄잡지에 수록된 내용의 일부(목차, 초록 등)만 전자버전으로 제공하는 형태

학술지의 주요한 기능을 살펴보면 먼저, 학자들에게 공식적인 발표의 장을 제공하여 한 분야의 학문적 발전을 공개적으로 기록·축적함으로써 연구현황을 알려주는 현행주지의 기능을 한다. 다음으로 정기적으로 빈번하게 간행됨으로써 공식적인 매체로서는 다른 어느 매체보다도 속보성을 가져 최신정보주지요구를 충족시켜 주는 기능을 한다. 마지막으로 논문심사제를 채택함으로써 잡지문헌의 내용을 질적 수준이 확인된 객관적 가치를 갖게 한다. 이는 학술지의 사회적 기능과 관련된 것으로서 발표자는 권위 있는 잡지에 기고하여 연구의 독창성에 관한 우선권 확보와 함께 동료사회로부터 인정받게 됨으로써 학문 공동체 안에

서 사회적 보상을 얻게 된다. 출판사 역시 질적 수준이 높은 잡지를 출판함으로써 권위 있는 출판사로서의 명성을 쌓게 된다.

특히, 학술지는 학문의 변화속도가 빠른 과학, 공학분야에서 대단히 큰 학술적 가치를 가지는데, 그 이유는 학술지 논문이 가지는 공개성, 객관성, 속보성 때문이다.

(3) 학위논문

학위논문(dissertation, thesis)은 대학원 석박사과정을 이수한 다음에 학위(degree 또는 diploma)를 취득할 목적으로 제출하여 통과된 학술논문이며 대표적인 미출판 정보원이다. 북미에는 대체로 'dissertation'을 박사학위논문으로, 'thesis'를 석사학위논문으로 구분하는 반면, 영국에서는 'thesis'를 학위논문의 범용어로 사용하고 있다.

학위논문은 각 주제 분야의 최신 연구동향을 보여주며 참신하고 독창적인 연구방법을 담고 있을 뿐만 아니라 비판·수정·확장하는 차원에서 작성되므로 질적으로 우수한 연구논문이다. 그리고 페이지의 제한이 없고 여러 전문가의 수차례에 걸친 심사과정을 통과해야 하므로 학술지보다 더 상세한 연구절차와 과정, 데이터가 수록되어 있다. 또한 광범위한 참고문헌 및 각주를 포함하고 있어서 해당 분야의 2차 정보원의 기능을 수행하기도 한다. 하지만 학위논문은 비공개 간행물인 동시에 제출부수가 제한되어 있어 공식적인 유통경로로 입수하기가 곤란하였다. 그러나 최근에 학위논문의 디지털화와 전자형 파일의 제출이 보편화되어 접근·이용의 신속성과 편의성에 기여하고 있다.

미국의 UMI(Universal Microfilms International)는 북미와 유럽의 박사학위논문을 마이크로화한 다음에 출력본, 마이크로형태, CD-ROM으로 판매하여 왔으며, 최근에는 웹버전도 제공하고 있다. 국내의 경우도 대다수 대학도서관이 학위논문의 인쇄본과 디스켓으로 제출받은 다음에 디지털 형태로 변환하여 DB를 구축하고 공개동의를 허용한 경우에 한하여 인터넷 무료접근 및 이용서비스를 제공하고 있다. 한국교육학술정보원(KERIS)은 <그림 3-5>의 'RISS 서비스'를 구축하여 학위논문의 원스톱형 검색·이용서비스를 제공하고 있다. 그리고 대학에서 생산되는 학술연구정보를 온라인으로 제출하여 서비스하는 dCollection(Digital

Collection)을 통해서도 학위논문의 전문을 제공하고 있다.

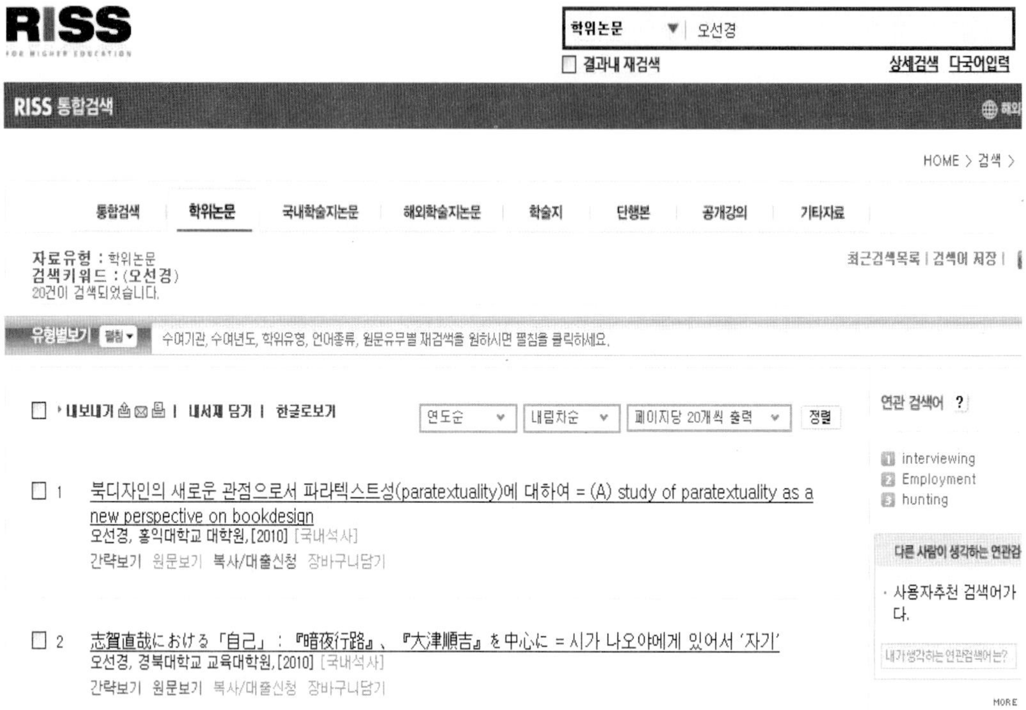

<그림 3-5> KERIS의 국내 학위논문 포털검색서비스 사이트

(4) 기술 · 연구보고서

기술·연구보고서(technical·research reports)는 연구소나 대학, 학회, 협회 또는 개인 연구자가 연구주제를 신청하거나 용역을 받아 연구를 수행한 후, 연구결과나 진행과정을 논리적으로 서술하여 연구를 주관하였던 기관 또는 개인이 연구비 지원기관에 제출하는 것이다. 학술지가 거쳐야 하는 심사, 편집, 인쇄, 배포 과정을 거치지 않아 학술지보다 더 신속한 정보를 전달해 주며, 과학기술, 교육, 경제, 국방 등 주제영역도 광범위하여 정보의 신속성과 구체성을 모두 갖추고 있다. 하지만 보고서의 분량이 너무 방대하여 생산된 보고서를 모두 입수하는 것 자체가 어려운 작업이며, 입수된 자료라 해도 대부분 서지사항을 완벽하게 갖추고 있지 않아 색인이나 초록서비스가 체계적으로 제공되지 못하는 단점을 지니고 있다. 게다가 이러한 기술·연구보고서는 통상 1책 1논문의 체제를 유지하지만, 발행기관이나 배포기관의 일련번호가 부여되고 기밀자료가 많으며 정상적인 출판 및 판매형식을 취하지 않는 비정기간행물이라는 특징을 가지고 있다. 그러나 기술·연구보고서는 연구활동이나 기술개발에 중요한 대표적인 회색문헌이기 때문에 최근에는 각각의 연구기관들이 결과물을 <그림 3-6>와 같이 온라인으로 공개하고 있다.

<그림 3-6> 한국정보화진흥원의 각종 조사연구보고서 검색·이용 사이트

(5) 회의자료

회의자료(conference materials, proceedings)는 학회·협(의)회·기타 단체가 학술대회, 총회, 강연회, 심포지엄, 세미나 등을 개최할 목적으로 생산하는 사전의 기획자료에서 사후의 결과물까지를 포괄하는 개념이다. 이 자료에 수록된 정보는 통보성과 시사성이 강하기 때문에 신속한 입수와 제공이 중요하다.

대다수의 회의자료는 회의나 대회가 개최되는 시점을 중심으로 사전자료와 사후자료로 나눌 수 있다. 전자에는 연구집회의 개최계획을 알리는 카렌더(calender, meeting schedule 등), 발표자를 모집하기 위한 논문모집요강(call for papers), 구체적인 일정과 내용을 알리는 프로그램(technical program), 전문이나 전문에 가까운 분량을 수록한 출판전 배포 기사(preprint) 또는 발표예정인 논문을 요약한 요지집(advanced abstracts) 등이 포함된다. 후자에는 발표논문과 토론내용을 수록한 회의록 또는 발표자료집과 추후에 배포하는 결과보고서 등이 있다.

모든 회의자료는 학회나 세미나, 총회 등에 참가하는 회원에게 회의정보를 배포하는데 목적이 있다. 그러므로 주관단체나 개최일정이 변경되기도 하고 단행본이나 학술지와 같은 공식적인 서지사항을 표기하지 않으며 발행부수도 극히 제한적이다. 그래서 최근에는 인터넷이나 웹을 통하여 회의정보를 공지하고 관련 자료를 배포하는 사례가 급증하고 있다. 요컨대 회의자료는 해당 주제 분야의 최신정보를 제공하는 정보원임에도 불구하고 접근이 어려워 정보원의 가치만큼 이용률이 높지 않다.

(6) 정부간행물

정부간행물(government documents, public documents)은 정부기관이나 그와 관련이 있는 정부산하기관에서 정부의 예산으로 출판되는 각종 간행물을 의미한다. 즉, 정부간행물은 국가가 직접 생산, 배포하는 공식출판물로서 정부의 활동과 국정에 대한 홍보기능, 국민의 알 권리를 충족시켜 주는 기능, 그리고 정부와 국민사이의 의사소통 수단으로서의 기능을 수행한다. 정부간행물의 종류와 형태는 다양한데, 백서, 법률 및 법령, 청문회 기록, 연설문, 총서나 단행본, 연속간행물 성격의 통계자료나 연감을 비롯하여 목록, 편람, 서지, 명감도 생산된다. 정보원의 형태도 인쇄자료뿐 아니라 필름, 지도 또는 디스켓이나 CD-ROM과 같은 전자매체 등이 있다.

정부간행물은 정부기관의 신뢰성과 보편성을 반영하고 있어 권위있는 정보원으로 인정받고 있으며 사회생활의 여러 현상과 변화를 파악할 수 있는 척도가 된다. 그리고 학문 전 분야의 학술적인 정보뿐 아니라 실생활과 관련된 실용성이 많은 정보를 담고 있어 잠재적 이용 가능성이 높다. 따라서 정부와 행정기관은 국가안보, 정부정책의 계획 및 집행, 행정행위 등에 지장을 주지 않는 모든 정부간행물을 공개해야 한다. 또한 행정기밀을 유지하거나 개인의 프라이버시를 적극 보호해야 하는 자료를 제외하고는 적극적으로 공표해야 한다. 다만 지금까지의 관행을 감안하면 정부간행물의 발행부수가 제한적이고 비매품이어서 공식적인 유통경로를 통하여 입수하기가 쉽지 않다. 그것은 도서관이나 정보센터가 정부간행물의 수집 및 보존활동에 주력하여 접근·이용의 중심기관이 되어야 한다는 것을 의미한다.

(7) 특허

특허(patents)는 신발명(신개발)을 한 개인 또는 기관에게 국가가 일정기간 동안 독점권을 부여하여 보상해 주는 특허제도(공업 소유권제도)에서 발생한 정보원이다. 산업체나 연구기관에서 새로운 연구를 착수하기 이전에 기본적으로 탐색하게 되는 특허정보는 구체적인 신기술 내용의 수록, 기재양식의 표준화, 공개제도에 의한 조기공개로 새로운 기술동향을 신속하게 파악할 수 있게 한다. 그리고 일반 과학기술 정보원과 비교해 수명이 길고 질적 수준과 신뢰성도 높을 뿐 아니라 생산자에 대한 법적 보호수단으로서의 역할을 지니고 있다. 특허정보는 특허명세서, 실용신안, 의장, 상표로 구성되어 있다.

(8) 표준 및 규격

표준 및 규격(standards)은 제품과 봉사의 질적 수준과 성능에 대한 최소 수준과 최적의 조건들을 규정한 것이다. 그래서 제품의 호환성이나 품질의 균등성 및 안정성을 추구할 목적으로 국제적 공인기관, 국가, 지역이 지정한 양, 질, 형태, 단위 등에 대한 표준화 정보를 담고 있으며 과학기술, 산업, 보건 분야에 주요 정보원으로 이용되고 있다. 그리고 규격 정보는 유효기간을 지니고 있어서 만료된 규격은 발행기관에 의해 대체되거나 폐지되므로 규격 정보의 신규제정이나 개정 또는 폐지에 대한 변동사항에 유의해야 한다. 표준 및 규격의 역할에 대해서 살펴보면 다음과 같다.

- 과학기술의 연구를 재현가능하게 하고 연구결과의 정확성과 신뢰성을 보장한다.
- 합리화와 자동화를 이루어 생산과정에서 비용절감의 효과를 가진다.
- 대량생산을 위한 연속작업을 가능하게 한다.
- 상품의 품질을 향상시킨다.
- 건강안전관리에 관한 규정을 표현함으로써 인간의 생명과 안전을 보호한다.
- 정확한 표현 또는 강제적인 성격을 가지므로 유사시에 법적 소송을 중재하고 해결하는데 근거가 된다.
- 생산자와 소비자 사이의 의사전달수단을 제공하고 국제적으로 중요한 문제를 해결하기 위해 이용된다.

표준은 인증기관에 따라 국제표준, 국가표준, 지역표준 등이 있다. 대표적인 국가규격으로는 우리나라의 KS국가규격(Korean Industrial Standards)과 미국의 ANSI(American National Standards Institute), 영국의 BSI(British Standards Institution), 독일의 DIN(Deutsches Institut fur Normumg), 일본의 JIS(Japanese Industrial Standards), 프랑스의 AFNOR(Association Francaise de Normalisation)이 있다. 대표적인 국제기관으로는 국제표준기구(ISO : International Standard Organization)와 국제전자기술위원회(IEC : International Electronical Commission)가 있다. 우리나라의 대표적인 규격기관에는 공업진흥청, 공업표준심의회, 한국공업표준협회가 있다. 특히 한국공업표준협회는 우리나라의 KS국가규격의 주요 서지도구이며 목록집인 'KS총람'을 연간 간행하며, 최신규격정보를 보완하기 위해 '표준화정보'를 월간으로 발행한다.[4)]

(9) 통계

통계(statistics)란 복잡한 어떤 상황을 이해하고 특징짓는데 이용되는 하나의 방법론으로서, 통계정보는 복잡한 현상의 결과를 양적으로 기술한 과학적이고 객관적인 데이터를 제공한다. 특히 사회, 경제, 무역 등 사회과학 연구에 기초적

---

4) 이경호, 오선경, 학술정보의 이해(대구 : 대구대학교출판부, 2005), p.75-6.

인 정보원이며 즉답형 정보질문을 해결하는데 유용한 정보원으로 많이 활용된다. 통계정보의 조사와 작성은 주로 정부기관에서 수행하고 있으며 통계 업무를 담당하는 전담기구를 통해 이용이 이루어진다. 통계청은 <그림 3-7>과 같이 통계청을 비롯한 정부기관, 지방자치단체, 민간단체들이 생산한 국내 주요통계와 국제기구에서 생산한 국제통계 등을 폭넓게 싣고 있다.

<그림 3-7> 통계청의 통계정보 검색화면

(10) 지도

지리정보원은 통계와 학술적인 해설을 겸하고 있어서 역사학이나 지리학 분야는 물론 사회과학 전 분야의 연구에 필수적인 정보원이다. 여러 개의 낱장 지도를 함께 제본하여 책의 형태로 만든 것은 지도첩(atlases)으로 구분한다. 지형이나 위치에 관한 일반지도 뿐 아니라 군사지도, 지질도, 지적도, 인구분포도,

산업지도, 교통지도, 문화지도, 여행안내 지도 등 다양한 주제별 지도정보원이 생산되고 있다.

(11) 신문

신문(newspapers)은 정치, 경제, 사회, 과학, 문화 등 거의 모든 분야에 대한 최대 정보량을 가지고 있다. 비록 오락성이 높고 객관적인 요소나 학술적 요소가 상대적으로 떨어지기는 하지만, 신조어나 최신 개발된 기술, 유행어에 대한 정보를 찾고 싶을 때나 상식적 수준의 정보를 구하기에 적합한 정보원이다. 그러나 신문의 논조나 기자의 학술적 전문성의 문제로 신뢰성이 떨어지는 단점이 있으므로 반드시 다른 정보원과 비교 평가하는 과정이 필요하다. KINDS(Korean Integrated News Database System)는 <그림 3-8>과 같이 원하는 기사를 쉽고 빠르게 찾아주는 국내 최대 최고의 뉴스전문검색사이트로 모든 매체(종합일간지, TV방송뉴스, 인터넷신문, 지역신문, 각종 전문지 등)에 대한 통합검색을 제공한다.

<그림 3-8> KINDS의 기사통합검색 화면

(12) 상품 안내자료

모든 종류의 재료, 제품, 서비스의 생산업체나 판매업자들이 제품, 처리공정, 재료, 서비스에 대한 적절한 정보를 제공하고 판매를 촉진시키기 위하여 간행하는 문헌이다. 이들은 일반적으로 신제품 안내자료, 상품자료, 상품목록, 상품정보 등으로 불리어지며, 이들 용어들은 특별한 구분 없이 사용되고 있다. 이들 문헌에는 각 상품에 대한 설명과 특징, 고유한 성질과 응용범위, 가격 등에 대한 정보를 포함하고 있으며, 때로는 그림이나 사진이 포함되기도 한다.

(13) 웹 정보자원

인터넷상에 전자형태로 되어 있는 단행본, 전자저널, 회의자료 등은 유통방식만 다를 뿐 정보의 내용과 속성은 인쇄매체와 크게 다르지 않는 경우가 많다. 이와는 달리 인터넷에서만 생산·유통되는 주제별 사이트, 기업/기관 사이트, 개인 홈페이지/블로그, 전자상거래 사이트, 인터넷 신문 및 방송, 커뮤니티/게시판/질의응답 사이트 등이 웹 정보자원에 해당한다.

웹 정보자원의 장점은 첫째, 웹정보는 출판과 이용에 제한이 없어 정보의 개방성을 최대한 보장하고 다양한 계층과 배경을 가진 사람들이 제공하는 다양한 수준의 정보이다. 둘째, 정보수정을 실시간(real time)으로 할 수 있어 정보갱신이 용이하다. 셋째, 웹정보는 시간적 제약과 물리적 공간(국경이나 지역적 제한)의 한계를 넘어 이용할 수 있다. 넷째, 웹정보는 쉽게 복제할 수 있고 문자, 도형, 이미지, 애니메이션, 음성 등의 멀티미디어적인 요소들로 구성되어 있어 다양한 버전으로 제공된다. 다섯째, 웹문서는 관련정보를 하이퍼링크로 연결하여 이용가능하다. 여섯째, 인터넷으로 연결되는 여러 사람들이 공동으로 참여하여 정보생산이 가능하다.

웹 정보자원의 단점은 첫째, 아무나 쉽게 정보를 생산할 수 있기 때문에 정확성과 객관성을 보장하기 힘들고 정보를 신뢰하기 어렵다. 둘째, 웹문서의 주소나 내용이 빈번하게 변경되어 소재를 추적하거나 지속으로 이용하기가 어렵다. 셋째, 웹문서가 하이퍼링크로 분산되어 있는 경우, 그 페이지에 연결된 전체 정보의 양이나 깊이를 파악하기가 어렵다.

이밖에 출판전 배포자료(preprint)[5], 별쇄본(reprint)[6], 필사본, 그림, 사진, 악보

---

5) 출판전 배포자료(preprint)는 학술논문 저자에 의해 잡지간행 이전에 극히 제한된 연구자에게 배포되는 보고서로, 이것의 주된 목적은 정보전달 보다는 동료집단으로부터 비판적인 피드백을 얻는 동시에 선취권을 주장하기 위함이다.

6) 별쇄본(reprint)은 출판전 배포자료와는 반대로 학술지에 발표된 후의 별쇄를 말하는 것으

등도 1차 정보원에 포함된다.

2.2 2차 정보원

2차 정보원(secondary sources)은 어떤 목적을 위해 1차 정보원의 내용을 가공하거나 재편성한 정보원이다. 이것은 다양하고 방대한 1차 정보원에서 적합한 정보를 확인하고 선택하는데 도움을 주는 접근 도구로 이용되거나 해답 그 자체를 제공해 주는 즉답형 참고정보원이 되기도 한다.

2차 정보원의 유형에는 이용자에게 다양한 접근점을 제공하는 색인, 초록, 목록, 서지와 같은 대용물(surrogation)과 사전, 편람, 연감, 교과서 등을 포함한 편집물(repackaging), 비평서나 안내서와 같이 해당 주제 분야의 문헌에 대한 분석과 논평을 해주는 요약물(compaction)이 있다.[7] 전통적으로 2차 정보원은 1차 정보원의 생산 이후에 별개의 과정을 거쳐 생산되므로 정보의 최신성이 떨어진다는 지적이 있었으나, 정보기술의 발전으로 1차 정보원과 2차 정보원의 출판과정이 통합되어 1차 정보원의 편집과정에 색인어가 부여됨으로써 바로 2차 정보원이 생산되고 있다.

- 1차 자료를 효과적으로 찾아보기 위한 자료 - 색인지, 서지, 목록 등
- 1차 자료에 포함되어 있는 정보를 압축, 정리해서 읽기 쉬운 형태로 제공하고 있는 자료 - 백과사전, 텍스트북, 핸드북, 데이터집 등
- 양자의 기능을 겸하고 있는 자료 - 초록, 리뷰논문 등

(1) 색인지

색인(index)은 1차 정보원의 소재를 알려주는 체계적인 목록이다. 문헌 전체에 대한 정보를 제공해 주기보다는 학술지나 논문집에 실린 개별 기사나 논문에 대한 서지사항과 위치정보를 알려준다.

로 동료 연구자에게 배포되는 비공식적인 기록미디어이다.

7) 한상완, 지식정보사회와 지식정보의 활용(서울 : 구미무역, 2001), p. 280-5.

색인지(indexes)는 이러한 색인정보를 수록하여 연속간행물 형태로 간행한 것이다. 즉 물리적으로는 하나의 문헌이지만, 내용적으로는 여러 개의 개별문헌을 한 문헌 내에 함께 수록하고 있는 학술지, 논문집, 신문, 잡지에 실려있는 하나하나의 기사나 논문, 전집이나 편집물의 일부로 발간되는 개별 작품 등에 대하여 서지정보와 그것이 실린 저작물의 이름을 알려주는 것이다.

(2) 초록지

초록(abstract)은 보다 발전된 형태의 색인으로서 문헌의 내용을 요약한 것이다. 색인이 주는 서지정보[8]와 위치정보 뿐 아니라 문헌 내용에 대한 요약정보를 제공해 주어 자료의 적합성 여부를 결정하는데 유용한 정보원이다. 이러한 초록을 모아 놓은 것이 초록지(abstracts)이다.

(3) 목록

목록(catalog)은 어떤 도서관이나 기관이 실제 소장하고 있는 장서에 관한 기록이다. 즉, 한 도서관에 소장된 문헌이거나 한 출판사에서 판매를 위해 간행한 출판물의 리스트, 한 전시회에서 전시된 자료 등과 같이 반드시 현존하는 문헌에 대한 리스트이고 필요한 자료를 검색하기 위한 도구로도 사용된다. 목록의 기본 정보는 1차 정보원에 관한 서지사항들이며 둘 이상의 도서관이 소장한 장서목록인 경우에는 종합목록이라고 한다.

- 장서목록(library catalog) : 단일 도서관에 소장되어 있는 자료에 관한 서지정보를 제공하는 것으로 필요한 자료가 그 도서관에 소장되어 있는지 알 수 있다.
- 종합목록(union catalog) : 2개 이상의 도서관에 소장되어 있는 자료에 관한 서지정보를 제공하는 것으로 필요한 자료가 어느 도서관에 소장되어 있는

8) 서지정보는 개개의 자료를 명확히 식별할 수 있도록 저자, 표제, 출판사항(출판지: 출판사, 출판년), 쪽수, 크기 등의 형태사항, 가격 등의 정보를 완전하게 또는 선택적으로 기술한 것이다.

지를 알 수 있다.

(4) 서지

서지(bibliography)는 특정 기관이 소장여부와는 무관하게 어떤 문헌에 관한 서지정보를 체계적으로 정리하여 편집해 놓은 리스트이다. 서지는 주로 저작물의 정확한 서지정보를 알고자 할 때, 특정자료를 소장하고 있는 기관이 어디인지 알고자 할 때, 도서관 장서개발을 위한 자료를 선정해야 할 때에 사용된다. 한 국가에서 출판된 모든 자료에 대한 정보를 수록하고 있는 국가서지에서부터 출판사나 서점이 도서판매를 위해 발행하는 상업적인 서지 그리고 단행본이나 학술지 논문, 백과사전의 말미에 실린 참고문헌 또는 인용문헌에 이르기까지 그 종류와 규모가 다양하다.

- 세계서지(universal bibliography) : 어떤 주제나 형식을 제한하여 범세계적인 차원의 자료를 망라적으로 수록·기록한 서지로써 1545년 Gesner가 출판한 'Biblitheca Universalis'가 세계 최초이다.
- 국가서지(national bibliography) : 국내의 출판물을 망라적으로 수록·기록한 서지이다.
- 판매서지(trade bibliography) : 국내의 상업출판물을 수록·기록한 서지이다.
- 주제서지(subject bibliography) : 어떤 특정 주제에 관한 문헌을 수록·기록한 서지이다.
- 인물서지 : 그 인물이 쓴 문헌을 수록한 것(저작목록)과 그 인물에 대하여 쓰여진 문헌을 수록한 것으로 나눌 수 있다.
- 서지의 서지(bibliography of bibliographies) : 서지, 목록 등의 서지류를 수록·기록한 서지로서 서지를 탐색하기 위한 도구가 된다. 따라서 각 주제 분야의 서지유무를 확인할 수 있다.
- 해제서지 : 수록되는 각 자료의 주제범위와 취급방법을 제시하고 그 해당 자료의 유용성에 관한 논평을 수록한 서지이다.

(5) 명감

명감(drectory)은 인명이나 기관에 관한 정보를 제공하는 정보원을 말하는데 각종 명부와 인명정보원, 주소록 등이 여기에 포함된다. 개인이나 기관의 주소, 활동범위, 특성, 업적을 담고 있으며 명감 자료 중 매년 출판되는 자료는 연감 정보원으로 구분된다.

명감은 보통 알파벳순 또는 분류순으로 배열하여 개인의 주소, 약력을 소개하거나 기관의 주소, 임원, 기능 및 기타 정보를 제공하는데, 그것이 수록하는 정보의 내용에 따라 특정지역에 소재하는 인물이나 기관에 대한 정보를 수록하는 지역명감, 정부기관 또는 지방행정안내정보를 수록하는 정부명감, 학교·재단·도서관·박물관 등의 기관정보를 수록하는 기관명감, 각 기업체에 대한 안내정보를 수록하는 기업명감, 각 주제 분야와 관련된 전문적인 기관들에 대한 안내정보를 수록하는 전문명감 등으로 나뉜다.

(6) 연감

연감(yearbook)은 연표(almanac)와 연보(annuals) 등을 통칭하며 백과사전식 연감이나 통계연감, 주제별 연감 등이 있다. 연감은 매년 발행되고 주제의 시사성이 높아 신속한 정보의 참조를 돕는 사실정보원이다. 특히, 특정 분야에 대한 한 해 동안의 연구나 활동의 진보상황, 현황과 추이 파악에 유용하다.

- 백과사전연감 : 백과사전 발행자가 백과사전 간행이후 본판의 내용을 보완하기 위하여 연감형식으로 간행하는 일종의 백과사전 보유판을 말한다.
- 일반연감 : 보통 발행전 1년간의 국가, 개인, 사건 등에 대한 유용한 데이터와 통계정보를 수록한다.
- 주제연감 : 특정 주제 분야의 연간 동향, 추이 등을 기록·해설하고 있기 때문에 그 분야의 상세한 정보와 통계를 얻는데 유용하고, 특히 백과사전이나 전문사전에서 얻을 수 없는 최근의 정보를 깊이 있게 제공한다.
- 통계연감 : 일반연감이 연간의 주요 사건이나 사실에 대해 개요를 제공하는 것에 목적을 두고 통계자료는 부차적으로 취급하는 것과는 달리, 통계자료

를 수집하여 종합함으로써 통계정보의 체계적 이용을 목적으로 하고 해설 기사는 중요하게 취급하지 않는다.

(7) 편람

편람(handbook)은 한 주제 분야에 관한 이론적 해설과 실무적 데이터를 제공하기 위하여 실례, 도표, 그림, 통계 등을 많이 사용하여 비교적 실무에 적용하는데 편리하도록 용어나 각종 전문사항을 간결하게 설명한 것으로 풍부한 정보가 압축되어 있다. 즉, 편람은 특정분야에 대한 축약적인 개념이나 절차 및 기법 등에 대한 기초자료에 접근할 수 있는 일종의 요약서(compendium)로서 각 분야 전문가에 의해 작성된다. 영어로는 핸드북(handbook), 매뉴얼(manual), 가이드북(guide book), 다이제스트(digest) 등으로 불리며, 우리나라의 경우에는 요람(要覽), 안내(案內) 등으로 표현되고 있다. 원래 취급하기 간편한(handy) 책이라는 특징을 지니고 있었으나 점차 부피가 대형화되어 가고 있다.

(8) 교과서

교과서(textbook)는 특정 주제 분야의 전문가가 그 분야의 연구결과들을 통합하여 일반화시킨 지식을 학습용 교재로 편성한 정보원이다. 어떤 주제를 처음 공부하는 사람들에게 사실적인 정보를 제공해 주는 교육정보원이지만 원 정보에서 교과서의 발행까지 소요되는 정보의 시차가 크다.

(9) 사전

사전(dictionary)은 언어에 관한 모든 정보를 제공하는 정보원으로 단어의 의미나 절차, 음절, 발음 등 모든 구조적 형태 및 어원을 알아볼 수 있는 가장 용이한 도구이다. 그리고 단순한 단어뿐 아니라 주요 지명, 사람, 역사 및 동의어, 반의어, 약어, 방언 등 많은 내용을 포함하고 있다.

사전은 특정 언어의 의미나 발음 등을 다루고 있는 언어사전과 언어나 사물의 특정한 측면을 다루는 특수사전으로 구분된다. 언어사전은 한 언어의 낱말을 자모순으로 열거하고 발음, 철자법, 음절, 품사명, 의미, 유래, 용법 등 단어에 대한 기본적인 지식을 제공해 준다. 특수사전에는 발음사전, 동의어사전, 반의어사전, 속어사전, 인명사전, 지명사전 등이 있으며 문화나 동물, 신화와 같은 특정 주제를 다룬 주제사전도 있다. 특수 분야에서 사용하는 전문적이고 기술적인 용어를 해설해 놓은 용어집(glossary)나 시소러스(thesaurus)도 여기에 포함된다.

(10) 백과사전

백과사전(encyclopedia)은 모든 주제 분야에 걸쳐 인간의 활동에 필요한 지식을 요약·정리해서 자모순이나 부문별로 재편성한 것으로 특정 주제에 관한 깊은 지식이 없을 때 일차적으로 이용할 수 있다.

백과사전에서 유용하게 찾아볼 수 있는 정보는 첫째, 사실과 수치 정보로 사람, 장소, 물건, 사건과 관련된 질문에 대한 답을 제공한다. 예를 들어 경복궁의 건립연도나 넓이 같은 사실형 정보를 찾는데 유용하다. 둘째, 특정 주제에 대해 역사나 배경을 찾아보는데 유용하다. 예를 들어 인터넷의 유래, 역사 등에 대해 찾아보고 싶다면 백과사전부터 시작하는 것이 좋다. 셋째, 어떤 주제의 체계적인 윤곽을 잡는데 유용하다. 백과사전에서는 한 주제를 설명하면서 하위 주제분야나 상위 주제분야, 관련 주제분야를 연계해서 설명한다. 특히, 인터넷 백과사전에서는 하이퍼링크를 제공하여 연관 주제분야에 대한 설명을 참조하면서 자신이 찾는 주제가 어느 영역에서 어떤 체계로 설명되는지 파악할 수 있다.

(11) 안내서

안내서(guides)는 자료의 이용을 돕기 위한 문헌 안내 뿐 아니라 특정 주제 분야의 연구계획을 세우는데 참고할 수 있는 정보원으로서 장서개발의 평가도구로도 활용된다. 독자를 위한 안내서(reader's guide)는 문헌들을 비평적으로 취급하여 독자에게 관련 주제분야의 자료들을 제공하며 서지나 목록보다 융통성 있고 보다 자세한 정보를 제공한다. 연구안내서(research guide)의 경우에는 연구조사의 도구로서 참고자료 뿐 아니라 학술지, 논문, 단행본의 해제, 줄거리와 이용방법, 분야별 연구방법론, 최근 연구동향에 관한 정보를 담고 있다.

(12) 비평서

비평서(critical materials)는 원저작물을 분석하고 논평한 정보원으로서 단행본 형태나 학술지의 논문기사 또는 문학비평의 형태로 출판된다. 비평서는 성격상 1차 정보원에 근거한 것이므로 2차 정보원의 특성을 지니고 있으나 문학작품을 비평한 문헌인 경우, 비평가의 독창적 문학성향이 돋보이면 그 비평가의 창작저술로 판단하여 1차 정보원으로 구분하기도 한다.

2.3 3차 정보원

3차 정보원(tertiary sources)은 2차 정보원을 다시 가공하고 재편성한 정보원으로 서지의 서지, 편람의 편람, 문헌안내서 등이 있다. 특히 문헌안내서는 참고정보원의 안내서로서 주요 2차 정보원에 대한 서지정보와 서평, 용도, 역사, 편집방침, 관련 학술지나 전문단체에 대한 안내를 해주며 용어해설을 제공해 준다.

따라서 정보요구가 발생한 이용자는 바로 1차 정보원에 접근할 수도 있고 2차 정보원의 탐색과정을 거쳐 1차 정보원에 접근할 수도 있으며 3차 정보원에서 자신의 정보문제를 해결하는데 적합한 2차 정보원을 탐색하여 해결하거나 다시 1차 정보원의 소재를 확인하고 원정보를 입수하기도 한다. 즉 단계별 정보원의 이용은 정보질문의 성격, 정보원의 구성과 이용자의 탐색에 대한 지식, 탐색도구의 이용경험, 정보사서의 개입여부에 따라 다른 양상을 보이게 된다.

CHAPTER 4

지식정보사회에서 도서관의 역할

1. 도서관의 유형

도서관은 다양한 정보원에 담겨진 많은 지식정보 중에서 필요한 것을 수집·정리·분석·보존하여 공중에게 제공함으로써 정보이용·조사·연구·학습·교양·평생교육 등에 이바지하는 시설을 말한다. 도서관이 수집·정리·보존하는 자료는 인쇄자료, 필사자료, 시청각자료, 마이크로형태자료, 전자자료, 그 밖에 장애인을 위한 특수자료 등 지식정보자원 전달을 목적으로 정보가 축적된 모든 자료(온라인 자료를 포함한다)이다. 그래서 도서관은 이러한 자료와 시설을 활용하여 공중에게 대출·열람·참고서비스, 각종 시설과 정보기기의 이용서비스, 도서관자료 입수 및 정보해득력 강화를 위한 이용지도교육, 공중의 독서활동 지원 등 일체의 유·무형서비스를 제공하거나 지원한다.

과거의 전통적인 도서관은 개별 도서관을 중심으로 인쇄자료와 시청각자료를 주로 봉사하던 기관이었으나, 오늘날의 도서관은 인쇄자료와 함께 많은 전자정보자원을 입수·가공하여 자동화 방식으로 처리한 다음, 이용자에게 자료제공 및 참고봉사는 물론 정보접근 및 검색, 원문전달서비스를 실시하고 있다. 게다가 도서관 네트워크를 통하여 전자정보의 원격접근과 검색을 통한 원문제공서비스에 치중하는 게이트웨이로서의 역할을 하고 있다.

도서관은 설립주체에 따라 국립도서관(국립중앙도서관, 국회도서관), 공립도서관(특별시, 광역시, 도 및 시·군·구 등의 지방자치단체나 기관, 공립교육기관의 도서관), 사립도서관(사립대학도서관, 사립교육기관의 학교도서관, 기업이나 각종 단체의 전문도서관)으로 구분할 수 있으며, 설립목적과 봉사대상에 따라 국가대표도서관, 공공도서관, 대학도서관, 학교도서관, 전문도서관으로 구분할 수 있다.

1.1 국가대표도서관

국가대표도서관은 국가 문헌의 수집, 납본[1], 문헌의 국제교환, 국내 도서관들

1) 「도서관법」 제20조(도서관자료의 납본)에 따라 누구든지 도서관자료(온라인 자료를 제외)

에 대한 지도 및 지원, 국가서지 간행, 서지정보봉사 등의 기능을 수행하고 있는 도서관을 말한다. 보통 국가도서관은 그 나라의 모든 문헌을 소장하고 전국의 모든 도서관 네트워크의 중심체 역할을 하기 때문에 '도서관을 위한 도서관', '최후로 찾아가는 도서관'이라고도 한다. 우리나라에서는 국립중앙도서관이 그 역할을 수행하고 있다. 국립중앙도서관이 제공하고 있는 서비스에 대해서 살펴보면 다음과 같다.

- 국내외 자료의 수집·정리·분석·보존·축적 및 공중에의 이용
- 국내 자료의 대출관리
- 타도서관과의 자료 유통
- 각종 서지작성 및 표준화, 국제표준자료번호제도의 운영
- 국가문헌정보체제 및 도서관 협력망의 지도·지원
- 외국도서관과의 협력 및 자료의 국제교류
- 문화활동 및 평생교육에 대한 지도·지원
- 독서 생활화를 위한 정책 수립 및 실시
- 도서관에 관한 조사·연구
- 도서관의 직원연수
- 기타 국가대표도서관으로서의 기능 수행에 필요한 업무수행

1.2 공공도서관

공공도서관은 공중의 정보이용·문화활동·독서활동 및 평생교육을 위하여 국가 또는 지방자치단체가 설립·운영하는 도서관(공립 공공도서관) 또는 법인(「민법」이나 그 밖의 법률에 따라 설립된 법인), 단체 및 개인이 설립·운영하는 도서관(사립 공공도서관)을 말한다. 그리고 공공도서관은 지역주민에게 무료로 봉사하

를 발행 또는 제작한 경우, 그 발행일 또는 제작일로부터 30일 이내에 그 도서관자료를 국립중앙도서관에 납본하여야 한다. 또한, 장애인을 위한 독서자료·학습교재·이용설명서 등의 변환·제작을 목적으로 디지털 파일형태로 납본을 요청할 경우, 특별한 사유가 없는 한 납본에 응하여야 한다.

여 지식정보에 대한 평등한 접근권리를 보장한다. <표 4-1>의 시설은 「도서관법」 제2조 4호의 규정에 따라 공공도서관 범주 안에 포함한다.

<표 4-1> 공공도서관 범주 안에 포함되는 시설

유형	내용
작은도서관	공중의 생활권역에서 지식정보 및 독서문화 서비스의 제공을 주된 목적으로 하는 도서관으로서 공립 공공도서관의 시설 및 자료기준에 미달되는 소규모의 비영리 독서시설
장애인도서관	장애인에게 도서관 서비스를 제공
병원도서관	의료기관에 입원중인 사람이나 보호자 등에게 도서관 서비스를 제공
병영도서관	육군, 해군, 공군 등 각급 부대의 병영내 장병들에게 도서관 서비스를 제공
교도소도서관	교도소에 수용중인 사람에게 도서관 서비스를 제공
어린이도서관	어린이에게 도서관 서비스를 제공

1.3 대학도서관

대학도서관은 「고등교육법」 제2조에 따른 대학 및 다른 법률의 규정에 따라 설립된 대학교육과정 이상의 교육기관에서 교수와 학생, 직원에게 도서관 서비스를 제공하는 것을 주된 목적으로 하는 도서관을 말한다. 즉, 대학도서관은 소속된 대학의 교육이념 실현과 교육목적 달성을 위하여 구성원들의 교육 및 연구활동에 필요한 학술정보와 자료를 수집·관리·제공하여 학문연구와 대학수업을 지원한다.

대학도서관은 설립주체에 따라 국립대학도서관, 공립대학도서관, 사립대학도서관으로 나눌 수 있고, 학제에 따라 전문대학도서관, 단과대학도서관, 종합대학도서관으로 나눌 수 있으며, 자료의 성격 및 주된 이용계층에 따라 학부도서관, 연구도서관, 보존도서관, 종합도서관으로 구분할 수 있다.

1.4 학교도서관

학교도서관은 「초·중등교육법」 제2조에 따른 고등학교 이하의 각급 학교에서 교사와 학생, 직원에게 도서관 서비스를 제공하는 것을 주된 목적으로 하는 도서관을 말한다. 즉 초등학교, 중학교, 고등학교에 설치되어 교사들의 수업활동에 필요한 참고보조자료를 확보·제공하고 학생들의 학습활동과 예능활동, 여가활동에 도움을 주는 각종 자료를 직·간접적으로 지원하여 평생교육의 기초를 다지는 중요한 역할을 하고 있다. 그러나 우리나라의 학교도서관은 대부분 대학입시 위주의 교육, 교과서 중심의 교수법, 도서관에 대한 인식부족 등의 여러 요인이 복합적으로 작용하여 제 기능을 못하고 있다. 학교도서관의 주요 업무는 다음과 같다.

- 학교교육에 필요한 자료의 수집·정리·분석·보존·축적 및 이용
- 독서지도 및 도서관 이용지도
- 시청각자료의 개발·제작 및 이용
- 기타 학교도서관으로서의 기능 수행에 필요한 업무

1.5 전문도서관

전문도서관은 그 설립 기관·단체의 소속 직원 또는 공중에게 특정 분야에 관한 전문적인 도서관 서비스를 제공하는 것을 주된 목적으로 하는 도서관을 말한다. 특정 분야의 전문자료를 중점적으로 수집, 관리하여 연구자들에게 제공하기 때문에 설립기관(단체)의 성격에 따라 그 종류와 규모가 다양하다. 보통 공공 연구기관이나 기업체 연구부서의 정보센터로서의 역할을 담당하는 도서관이다. 전문도서관이 일반적으로 수행하고 있는 기능은 다음과 같다.

- 소속된 기관이나 연구소의 구성원들에게 정보이용 봉사
- 신착자료를 평가, 비평기사·초록 등을 작성하여 관련 연구자에게 제공
- 전문도서관과의 네트워크를 구성하여 다양한 정보제공

2. 도서관의 기능과 업무

도서관의 기능은 설립목적이나 성격에 따라 차이가 있으나, 기본적으로 자료의 수집, 조직, 축적, 제공기능으로 나눌 수 있다. 이러한 기능을 수행하기 위한 도서관의 업무는 다음과 같다.

2.1 자료수집업무

국내외에서 출판되는 도서, 연속간행물, 시청각자료, 회색문헌, 서지정보 및 원문정보를 수록한 데이터베이스, 그리고 웹정보자원 등을 선정·구입·기증·교환·링크의 방식으로 수집하는 업무이다. 즉, 교육 및 연구활동에 필요한 자료들을 엄선하여 적시에 수집하고 인터넷 가상공간에 탑재된 디지털 정보를 검색하여 홈페이지에 링크하거나 다운받아 주제별 또는 분류순으로 데이터베이스를 구축한다.

그리고 급증하는 정보량, 제한된 도서관 예산, 자료비의 인상 등의 어려움을 해결하기 위하여 도서관은 자관의 실정에 맞는 장서개발정책[2]을 수립하거나 '희망도서신청제도'를 마련하여 이용자들이 신청한 자료를 우선적으로 구입함으로써 그들이 요구하는 정보자료를 효과적으로 제공할 수 있다.

---

2) 장서개발정책을 수립할 때에는 도서관의 환경이나 상황을 고려하고 이용자의 요구사항 등을 참작하여 합리적이면서도 효율적으로 구성하도록 한다.

2.2 자료조직과 보존업무

자료조직은 수집된 자료를 등록하고 분류표와 목록규칙을 적용하여 일관성 있게 정리한 다음에 서지정보는 데이터베이스에 축적하고 자료자체는 서가에 배가하는 과정이다. 그리고 보존기능은 어느 부서에서 담당하든 데이터베이스의 유지·관리, 잡지(학위논문)의 제본, 자료수선과 탈산처리, 장서점검과 폐기, 마이크로화와 디지털화를 포함하는 매체변형(conversion)과 기술환경의 이전(migration)이 포함된다.

(1) 분류업무

분류업무는 이용자가 신속하고 정확하게 자료를 찾을 수 있도록 일정한 분류체계에 따라 동일한 주제의 도서 및 자료가 한 곳에 모일 수 있도록 하는 것이다. 대구대학교 중앙도서관에서는 여러 분류체계 중에서 <그림 4-1>의 '한국십진분류법(KDC: Korea Decimal Classification) 제5판'을 사용하고 있다.

이와 같이 도서관 자료를 분류하게 되면 도서관과 이용자 모두 여러 가지 효과를 얻을 수 있는데, 먼저 도서관 입장에서 얻을 수 있는 효과를 살펴보면 다음과 같다.

- 편리한 순서 : 같은 주제는 한데 모으고 다른 주제는 분리하여 가장 편리한 방법으로 문헌을 배열
- 정확한 재배열 : 문헌이 이용되고 반환된 다음에 다시 정확하게 제자리에 올 수 있도록 함
- 기계적인 배열 : 하나의 특정한 배열법이 정해지면 변경해서는 안됨
- 새로운 문헌의 추가 : 기존 장서들 사이에 새로운 문헌을 가장 유용한 위치에 배치하는데 용이
- 장서 중의 문헌제거 : 분관으로 분리하거나 내용이 너무 낡고 손상된 경우 등 문헌을 제거할 필요가 있을 경우에 용이

000 총류 010 도서학, 서지학 020 문헌정보학 030 백과사전 040 강연집, 수필집, 연설문 집 050 일반 연속간행물 060 일반 학회, 단체, 협회, 기관 070 신문, 저널리즘 080 일반 전집, 총서 090 향토자료	**500 기술과학** 510 의학 520 농업, 농학 530 공학, 공업일반,토목공학,환경공학 540 건축공학 550 기계공학 560 전기공학, 전자공학 570 화학공학 580 제조업 590 생활과학
100 철학 110 형이상학 120 인식론, 인과론, 인간학 130 철학의 체계 140 경학 150 동양철학, 사상 160 서양철학 170 논리학 180 심리학 190 윤리학, 도덕철학	**600 예술** 610 건축술 620 조각 및 조형예술 630 공예, 장식예술 640 서예 650 회화, 도화 660 사진예술 670 음악 680 공연예술 및 매체예술 690 오락, 스포츠
200 종교 210 비교종교 220 불교 230 기독교 240 도교 250 천도교 260 270 힌두교, 브라만교 280 이슬람교(회교) 290 기타 제종교	**700 언어** 710 한국어 720 중국어 730 일본어 및 기타 아시아제어 740 영어 750 독일어 760 프랑스어 770 스페인어 및 포르투갈어 780 이탈리아어 790 기타 제어
300 사회과학 310 통계학 320 경제학 330 사회학, 사회문제 340 정치학 350 행정학 360 법학 370 교육학 380 풍속, 예절, 민속학 390 국방, 군사학	**800 문학** 810 한국문학 820 중국문학 830 일본 및 기타 아시아 문학 840 영미문학 850 독일문학 860 프랑스문학 870 스페인 및 포르투갈문학 880 이탈리아문학 890 기타 제문학
400 자연과학 410 수학 420 물리학 430 화학 440 천문학 450 지학 460 광물학 470 생명과학 480 식물학 490 동물학	**900 역사** 910 아시아 920 유럽 930 아프리카 940 북아메리카 950 남아메리카 960 오세아니아 970 양극지방 980 지리 990 전기

<그림 4-1> KDC 5판

이용자의 입장에게 얻을 수 있는 효과를 살펴보면 다음과 같다.[3)]

- 자료의 전체적인 체계(장서구성, 수서경향, 주제별 장서량, 강약점 등)를 파악하기가 용이하다.
- 특정주제의 자료소장정도를 일목요연하게 파악할 수 있다.
- 개가제의 경우에는 체계적인 브라우징을 통해 유사자료의 접근이 용이하고 신속한 검색이 가능하다.
- 학문영역별, 주제별, 관심분야별 지식의 체계화에 도움이 된다.
- 분류기호를 활용하면 서가접근이나 탐색에 소요되는 시간과 노력을 줄일 수 있다.

각 자료에는 청구기호(call number)를 부여하는데, 이것은 자료의 서가상 배열기준이 된다. 즉 자료의 서가상 위치를 결정하고 소장중인 다른 자료와의 식별을 가능하게 하며 자료검색에 용이하고 대출반납을 신속하게 지원한다. 청구기호는 별치기호(location mark), 분류번호(class number), 도서(저자)기호(book number), 권차·판차기호(edition number), 복본기호로 구성된다. 특히 별치기호는 <그림 4-2>와 같이 자료의 성격을 의미하며 그 위치를 제공한다. 그리고 도서기호는 도서가 주제별로 분류된 다음에 동일 분류번호 내에서 각 도서의 목록이나 서가상 배열순위를 결정하기 위하여 분류번호 다음에 주어지는 기호로, 도서를 일정한 순서대로 서가에 배열할 수 있게 한다.

도서 레이블은 책의 분류와 목록이 끝난 후 정리 마지막 단계에서 책등에 밑부분에서 약 1㎝ 위에 <그림 4-3>와 같이 부착한다. 또한 레이블은 책의 배열과 식별을 쉽게 하기 위해서 10구분의 색깔을 사용하기도 한다.

---

3) 강혜영, 이태영, 서진원, 최상기, 이승채, 신경훈, 정보활용의 이해(대구 : 태일사, 2007), p.78.

P	연속간행물 자료	CD	컴퓨터 디스크
R	참고자료	SD	사운드 디스크
C	아동도서자료	VD	비디오 디스크
VT	비디오 테이프	FD	플로피 디스크
CT	카세트 테이프	古	고서자료

<그림 4-2> 별치기호

<그림 4-3> 도서 레이블

(2) 목록업무

목록은 어떤 자료에 대한 집약된 정보(서지 레코드)를 작성·기술한 것으로 자료의 실물을 직접 보여주는 대신에 실물자료에 대한 필수사항 즉, 주제(내용), 서명저자사항, 발행사항, 형태사항, 소장여부, 위치정보 등을 제공한다. 그리고 목록은 형태에 따라서 카드목록[4], 책자형 목록, 온라인 목록으로 나눌 수 있으며 편성 또는 배열기준에 따라서 저자목록, 서명목록, 주제명 목록, 분류목록, 서가목록 등으로 구분할 수 있다.

과거에는 카드형 목록을 주로 사용하였지만, 최근에는 목록정보를 데이터베이스에 입력하여 이용자가 직접 검색할 수 있는 온라인 목록(OPAC: Online Public

---

4) 카드목록은 3 x 5인치(7.5 x 12.5cm)의 카드에 작성되며, 자모순이나 알파벳순으로 배열된다.

Access Catalog)을 사용한다. 이용자는 통신이 가능한 외부 PC에서도 목록정보를 찾아보고 필요한 자료의 소장여부를 확인할 수 있다. 이를 위해서는 기계가독형 목록(MARC: MAchine-Readable Cataloging)이 선행되어야 하는데, 이는 무수한 도서관 소장 서지정보를 일관성 있게 축적하여 둠으로써 시스템간 서지정보의 공유는 물론 시스템 내에서 컴퓨터에 의한 원활한 정보처리를 가능하게 하는 도서관 목록 데이터베이스이다. MARC은 <그림 4-4>의 예와 같이 기존의 목록 형태를 그대로 적용하였으며, 컴퓨터가 인식할 수 있도록 서지기술의 각 요소들을 목록규칙대로 코드화하였다. 우리나라는 한국문헌자동화목록법(KorMARC)을 준수하여 전국 대학 및 공공도서관을 온라인으로 연결함으로써 문헌정보의 네트워크 환경을 조성하였고, 정보의 표준포맷을 제정하여 유통망 형성의 기반을 조성함으로써 국내 학술 진흥과 사회개발을 위한 정보를 신속 정확하게 보급하고 있다.

ISBN	8977940850
기본표목-개인명	이경호.
서명저자사항	학술정보탐색법 / 이경호 ; 김선호 공저.
발행사항	하양 : 대구대학교 출판부, 1997.
형태사항	289 p. : 삽도 ; 26 cm.
부출표목-개인명	김선호

MARC 도움말

001		000001387712
008		971021s1997 ko ??1a kor
020		a8977940850
040		a211046c211046
082		a025.04220
245	00	a학술정보 탐색법 /d이경호,e김선호 공저.
260		a경산 :b대구대학교 출판부,c1997
300		a289 p. :b삽도 ;c26 cm
500	00	a색인수록
700	1	a이경호wA00103353
700	1	a김선호wA00022123

<그림 4-4> 목록작성의 예

최근에는 동일한 자료에 대한 분류·목록작업의 일관성과 효율성을 위해 출판사에서 신간자료를 출판할 때 표제지 뒷면 등의 일정한 위치에 목록정보를 기재한 출판시도서목록(CIP: Cataloging In Publication)을 사용하고 있다.

2.3 열람 및 대출업무

열람 및 대출업무는 교수와 학생에게 관내의 소장자료와 외부의 정보자료를 검색하고 입수할 수 있도록 지원하는 일체의 봉사행위를 말한다. 그래서 자료공간을 완전 개방하여 관내이용과 관외대출을 활성화하고, 미소장자료는 상호대차(IL: Interlibrary Loan) 및 원문제공시스템(DDS: Document Delivery Service)을 통하여 적극적으로 봉사한다. 도서관 소장자료 중에는 열람은 가능하지만 대출이 제한된 자료(귀중본, 희귀본, 참고도서, 연속간행물, 학위논문, 지도, CD-ROM, 슬라이드, 필름, 비디오테이프 등)도 있다. 그 이유는 이들이 부분적으로 이용되거나 이용요구가 높아 관외대출로 인하여 상대적으로 다른 이용자의 이용에 지장을 줄 수 있기 때문이다. 목록에서 확인된 자료 중에서 특별한 이유 없이 서가에서 찾을 수 없는 경우는 다른 이용자가 관내에서 이용하고 있거나 서가에 배열이 잘못된 경우 또는 반납된 자료가 미처 서가에 배열되지 못한 경우가 일반적이다.

- 상호대차제도 : 자관의 미소장자료나 입수하기 어려운 자료를 협력한 도서관에 의뢰하여 대출이나 복사 등의 방법으로 받아볼 수 있는 제도
- 원문제공서비스 : 자관의 미소장자료를 우편, 복사, 팩스 등의 각종 신속한 방법을 동원하여 제공하는 서비스
- 예약제도 : 이미 대출된 자료를 이용하고자 하는 사람에게 대출예약을 받아 반납되면 재대출시키지 않고 예약자가 이용할 수 있도록 하는 제도
- 지정도서제도 : 각 강의에서 주(부)교재로 지정되거나 과제를 위해 주로 이용될 지정도서를 따로 관리하는 제도, 지정도서는 매학기 초에 교수들이 선정·통보하는데 대부분 관내이용과 밤샘대출을 허용함

2.4 참고(정보)봉사업무

참고(정보)봉사업무는 전문직 사서가 특정 정보요구를 가진 이용자의 질의에 대해 해답을 찾아주거나 그들이 필요로 하는 정보나 자료를 제공해 주는 일, 그

리고 이용자가 스스로 정보나 자료를 찾아 이용할 수 있도록 교육시키고 지도하는 일을 말한다. 즉, 사서는 자료공간과 편의시설에 대한 이용안내, OPAC에 대한 이용지도, 각종 서지와 CD-ROM 및 온라인 데이터베이스에 대한 검색교육과 지원, 이용자 질의응답, 문헌 및 데이터베이스의 검색대행, 미소장 원문자료의 입수 및 제공, 신착도서의 안내와 학술지의 목차제공, 국내외 출판정보의 제공 등과 같은 봉사활동을 적극적으로 수행한다.

2.5 연속간행물 관리업무

연속간행물은 종간을 예정하지 않고 정기적으로 또는 부정기적으로 권호나 연월일 순으로 계속해서 간행되는 출판물로서 신문이나 잡지와 같은 정기간행물 외에 각종 단체에서 발행되는 뉴스레터나 회보(bulletin), 각종 연보, 연감 등이 여기에 해당된다. 그리고 그 성격이나 발행목적이 일반 단행본 자료와는 다르기 때문에 대부분의 도서관에서는 이를 별도로 취급한다. 일반적으로 잡지(magazine)는 교양이나 오락을 목적으로 한 대중적인 연속간행물이고, 학술지(journal)는 특정한 주제 분야에서 학술적으로 상당한 수준의 논문을 게재한 것으로 학회지, 학술논문집, 연구논문집 등이 여기에 속한다.

연속간행물 관리업무는 연속간행물의 구독, 접수, 체킹, 독촉장 발송, 구독갱신, 소장정보의 제공, 제본 및 정보봉사에 관한 업무를 말한다. 연속간행물실에는 각 전공분야의 국내외 학술지를 비롯하여 신문, 잡지 등이 있다. 대학도서관의 자료구입비 중 국내외 학술지 구독의 비중이 높아지고 창간, 폐간, 합병 또는 지명·형태·출판간기의 변경이 빈번하므로 연속간행물의 정기적인 관리가 중요하다. 그리고 연속간행물을 결호 없이 보존하는 일이 중요하기 때문에 도서관에서는 낱권의 연속간행물을 일정한 양으로 모아 하나의 책자형태로 제본한다. 사서는 제본예정도서의 가치가 현재 어느 정도인지, 앞으로 얼마나 이용가능한지, 지속적인 가치가 있는지 등을 고려하여 제본 여부를 결정하게 된다.

이 외에 도서관이 목표대로 잘 수행되고 있는지를 결정하기 위해서 정보를 조사·분석하고 도서관 운영을 조직·통제하는 기획 및 관리업무도 있다.

3. 대학도서관 이용의 실제

대학도서관은 학생과 교수에게 교육, 연구, 봉사활동에 필요한 정보자료와 정보봉사를 제공할 목적으로 설립·운영되는 학내의 모든 도서관을 말한다. 하버드 대학의 총장이었던 C.W. Eliot는 도서관을 대학의 심장(the heart of the university)으로 규정하였는데, 그 이유는 우수한 대학일수록 훌륭한 도서관을 갖추고 있을 뿐만 아니라 적절한 정보자료와 적극적 봉사로 대학의 교육 및 연구 기능을 지원하는 중핵시설로 자리매김하여 대학의 역사가 숨쉬는 대학의 상징물로 인식되어 왔기 때문이다. 따라서 대학도서관은 대학구성원들이 학습과 연구에 필요한 학술정보를 스스로 찾고 이용할 수 있는 능력을 길러주고 학술활동에 필요한 자료를 수집·정리·축적·보존·배포하여 이용자들의 정보요구를 충족시켜야 한다.

K대학교 중앙도서관은 캠퍼스의 교육학술 및 연구정보를 총괄하고 구성원과 지역사회를 위한 지식정보 공유지 역할을 하고 있다. 이를 위하여 현재 지구촌에서 유통되는 아날로그 자료를 엄선하여 수집·제공하고 보존·관리하는 동시에 최적의 디지털 정보자원을 적시에 수용함으로써 인터넷 정보유통 환경에도 선제적으로 대응하려고 노력하고 있다. 중앙도서관의 조직은 <그림 4-5>와 같이 학술운영관리팀, 학술전자정보팀, 도서정보팀 및 분관으로 구성되고 분관의 행정업무는 도서정보팀에서 담당한다.

<그림 4-5> K대학교 중앙도서관의 조직도

3.1 자료의 이용

도서관의 열람시간은 <표 4-2>와 같으며, 중앙도서관 사회과학자료실, 어문학자료실, 인문과학자료실, 과학기술예술자료실, 대구분관 대출실의 일반 자료를 <그림 4-6>과 같은 절차에 따라 대출할 수 있다. 보관서고(폐가제)의 자료 대출은 이용하고자 하는 자료를 해당주제 자료실 창구에 문의하거나 홈페이지를 통해 대출 신청을 한 후 자료를 받아 1층 대출창구에서 대출하면 된다. 그리고 딸림 자료(도서의 딸림 자료 즉 CD, 카세트테이프 등)는 원 자료(도서) 대출시 대출창구에서 요청하면 된다.

<표 4-2> 도서관의 열람시간

구분	평일	토요일	비고
중앙도서관	09:00~22:00	전관휴무	방학중 : 09:00~17:00
대구분관	09:00~22:00		
자유열람관	05:00~24:00	05:00~24:00	공휴일 개관

<그림 4-6> 도서관의 자료이용 방법

대출한 자료는 대출기간 내에 중앙도서관 및 분관 어디에서든 반납할 수 있으며, 반납기간이 경과되었을 경우에는 대출이 정지된다. 예를 들어, 3책을 5일간 연체했을 경우는 3책 × 5일로 계산하여 15일간 대출이 정지된다. 그리고 자유열람관 1층 로비나 분관 1층 로비에 있는 무인 반납함을 통해서도 반납이 가능하다. 다만 졸업예정자는 졸업예정 15일전까지 대출 자료를 전부 반납해야 한다. 그렇지 않은 경우에는 졸업증서나 졸업증명서 등 제 증명서를 발급받을 수 없다.

대출책수 및 기간은 <표 4-3>과 같으며, 대출연장은 대출한 자료가 반납예정일을 경과하지 않고 타이용자의 예약이 없는 경우에 홈페이지를 통하여 1회 가능하다. 그러나 연체된 자료가 있거나 연장하려는 자료를 다른 이용자가 대출예약을 하였을 때는 연장이 불가능하다.

<표 4-3> 도서관의 대출책수 및 기간

구분	학부생	대학원생	교원	직원	시간강사	지역주민 동문
대출책수	5책	10책	50책	20책	15책	3책
대출기간	14일	30일	180일	60일	30일	10일

이용하고자 하는 자료가 대출중일 때에는 해당 자료를 선택하여 인적사항, 연락처 등을 홈페이지에 직접 입력하면 3권까지 예약된다. 예약 자료가 반납되면 예약자에게 통보되며 예약자는 해당 자료를 최우선적으로 대출할 수 있다. 예약 자료의 보관기간은 3일이며, 기간이 경과하면 예약이 자동 취소된다. 그리고 7일간 예약제도를 이용할 수 없게 된다.

대출한 자료를 분실 또는 훼손하였을 경우에는 이를 동일 자료로 변상해야 하고, 동일한 자료로 변상할 수 없을 경우에는 변상규정에 의거하여 '단가 X 2배'의 현금으로 배상해야 한다.

3.2 자료실

(1) 주제별 자료실

주제별 자료실은 어문학, 사회과학, 인문과학, 과학기술예술자료실로 구성되어 있고 전 자료실을 개가제로 운영하고 있으며 이용자의 자유로운 열람과 복사 그리고 대출이 가능하다. 이용자의 접근편의를 위해 서가 양측면에는 분류기호 안내판이 부착되어 있고 대주제별로 책등의 레이블 색상이 구분되어 있으며 서가상에서의 배열방법은 위에서 아래로, 왼쪽에서 오른쪽으로 배가하고 있다.

- 사회과학자료실(Social Sciences Room)
  : 경제, 사회, 정치, 행정, 법학, 교육 등에 관한 자료를 비치
- 언어문학자료실(Linguistics & Literature Room)
  : 어학, 각국어, 국문학, 일문학, 중국문학, 영문학, 독문학, 불문학 등에 관한 자료와 아동도서를 비치
- 인문과학 자료실(Humanties Room)
  : 철학, 종교, 역사 등에 관한 자료를 비치
- 과학기술예술 자료실(Science, Technology & Arts Room)
  : 수학, 물리, 화학, 생물 및 토목, 건축, 기계, 화공, 전기 전자 등과 공예, 회화, 조각, 장식 등에 관한 자료를 비치

(2) 참고자료실

참고자료실에는 각종 사전류, 연감, 연보, 통계자료, 편람, 법령집, 도감, 요람, 지도 등의 참고도서가 있으며, 주로 특정한 지식이나 단편적인 정보를 얻기 위해 부분적으로 참고하는 자료이다. 자료특성상 자료실 내에서만 이용이 가능하고 관외대출은 되지 않는다. 참고자료의 검색은 일반 단행본과 동일한 방법으로 하고 검색시 청구기호에 '대출 불가'라는 메세지와 별치기호 'R'이 있어 일반 단행본과 구별된다.

참고자료실내의 지정도서코너에는 개설된 강의별 교재나 부교재, 그 외 학생들의 이용이 빈번한 책들이 별도로 배치되어 있는데, 이것은 대출되지 않는다.

(3) 연속간행물실

연속간행물실에는 국내외 학술지, 시사 교양잡지, 기업홍보용 자료들을 소장하고 있다. 최신자료는 최신 전시서가에 배열하는데, 국내학술지의 경우 학회의 가나다순으로 배열하고 학회 내에서는 서명 가나다순으로 배열한다. 국내잡지의 경우는 서명 가나다순 배열한다. 국외연속간행물실에서도 최신자료는 전시서가 배열하고 과월호 청구기호순 배열한다. 그리고 연속간행물 보관서고에는 간행년도가 오래된(국내 1995년 이전, 국외 1992년 이전)자료를 별도로 보관하고 있다.

(4) 학위논문실

학위논문실에서는 우리대학과 타 대학의 석/박사 학위논문을 비치하고 있으며, 대학별 가나다순 그리고 대학별 저자 가나다순으로 배열하고 있다. 중앙도서관에 소장된 학위논문은 이용자가 직접 찾아 이용할 수 있지만 대출은 불가능하다. 우리대학의 석/박사 학위논문과 연구소논문은 도서관홈페이지에서 전자형태의 원문으로도 이용할 수 있다.

(5) 전자정보실

전자정보실에서는 비도서 자료(DVD, CD, Video Tape 등)를 소장하고, 세미나실, 정보검색코너, DVD플레이어, 멀티미디어룸, 장애인용 검색시설, 노트북코너 등을 이용할 수 있다. 그러나 비도서 자료는 관외대출이 되지 않는다. 그리고 도서관에서는 <표 4-4>와 같은 전자자료를 도서관내에서 뿐만 아니라 교내/외에서도 홈페이지를 통하여 e-Contents 항목에서 검색·이용할 수 있다.

<표 4-4> 도서관에서 제공하는 전자자료

구분	종류
해외 전자저널	ACS, EMERALD, IEL Online, IOPP, IWA Publishing, Nature, OUP, PION, Royal Soiety of Chemistry, Sage, Science Direct, Springer, Taylor & Francis, Wiley-Blackwell 등
해외 Web DB	EbscoHost Premier(ASP/BSP), ICPSR DB, IMDworld, JCR(SCE, SSCE), PDU(PQDD+DDOD), PsycArticle, Westlaw 등
국내 학회지 DB	E-Article, DBPIA, KISS, Newnonmun, 교보문고 스콜라 등
국내 Web DB	KOSSDA, KSDC DB, Koco-info(TS2000), KSA웹서비스, KIS-Value II 등
전자책	-
E-learning	YBM시사어학강좌, 공무원강좌, IT/자격증강좌 등

3.3 정보검색의 실제

(1) K대학교 중앙도서관 웹사이트

K대학교 중앙도서관은 <그림 4-7>과 같이 6개의 메뉴를 제공하고 있는데, 간단하게 살펴보면 다음과 같다.

- 소장자료 검색 : 전체, 단행본, 연속간행물, 기사색인, 학위논문, 비도서, 신착자료
- e-Contents : 이용안내, 메타검색, e-Journal, Web DB, e-Book, e-Learning, 학위논문 원문검색, 교외접속안내, 참고정보원
- 도서관 서비스 : 상호대차/원문복사, 이용자교육, 시설이용, 지정도서, 연구지원, 타대학열람의뢰, 자관 Best 대출도서
- My Library : 개인공지사항, 개인정보관리, 대출현황/자료예약, 희망도서, 보존서고신청내역, 소재불명신청내역, SDI신청조회, 나의서평, My Collection
- 도서관 안내 : 소개, 조직/직원, 이용안내, 시설안내, 자료기증, 찾아오시는길
- 게시판 : 공지사항, 함께읽어요, 사서에게물어보세요, 공개자료실, 영화상영, 도서관일정, 분실물센터, 설문조사, 직원커뮤니티

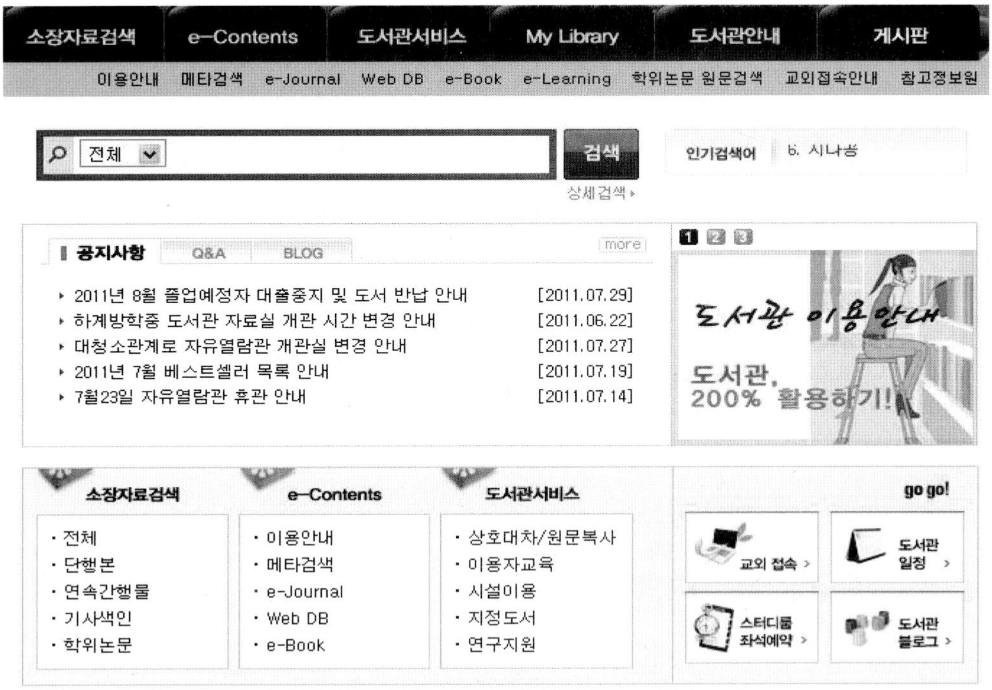

<그림 4-7> K대학교 중앙도서관의 초기화면

① 소장자료 검색

소장자료는 간략검색과 상세검색 방법을 제공하는데, 간략검색은 <그림 4-8>과 같이 수록매체(전체, 원문, 동영상), 자료유형(전체, 단행본, 연속간행물, 기사색인, 학위논문, 비도서, e-Journal, Web DB, e-Book, e-Learning, e-학위논문), 언어, 소장처, 발행년으로 제한하여 검색할 수 있고, 검색항목도 전체, 서명, 저자, 출판사, ISBN[5], ISSN[6]으로 제한할 수 있다. 또한 검색 History, My query, 바구

5) 국제표준도서번호(ISBN: International Standard Book Number) : 전세계에서 간행되는 도서에 고유번호를 주어 개별화시킴으로써 문헌정보와 서지유통의 효율화를 기하는 제도이다. 이것은 출판물을 국제적으로 유일하게 식별하는 표준코드로서 13자리로 구성된 코드는 복잡하고 긴 서지기록을 대신하여 단순하게 사용할 수 있다. 한국도서번호는 ISBN 13자리에 부가기호 5자리를 합하여 총 18자리로 구성된다. 각 번호의 사용은 접두부, 국가별번호, 발행자번호, 서명식별번호, 체크번호, 부가번호로 구성된다.

6) 국제표준연속간행물번호(ISSN: International Standard Serial Number)는 전 세계에서 생산된 연속간행물에 부여하는 간단한 식별번호로서 8자리 숫자로 구성되며, 4자리씩 하이픈(-)으로 구분한다.

니보기와 같은 개인별 서비스도 제공한다. 그리고 상세검색은 <그림 4-9>와 같이 검색항목에 대한 조합검색(AND, OR, NOT)을 제공한다.

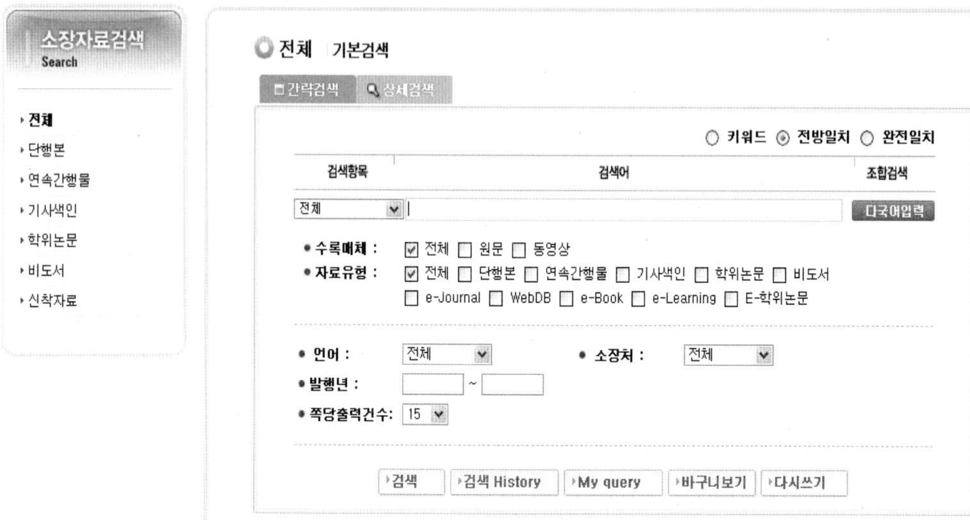

<그림 4-8> K대학교 중앙도서관의 간략검색 화면

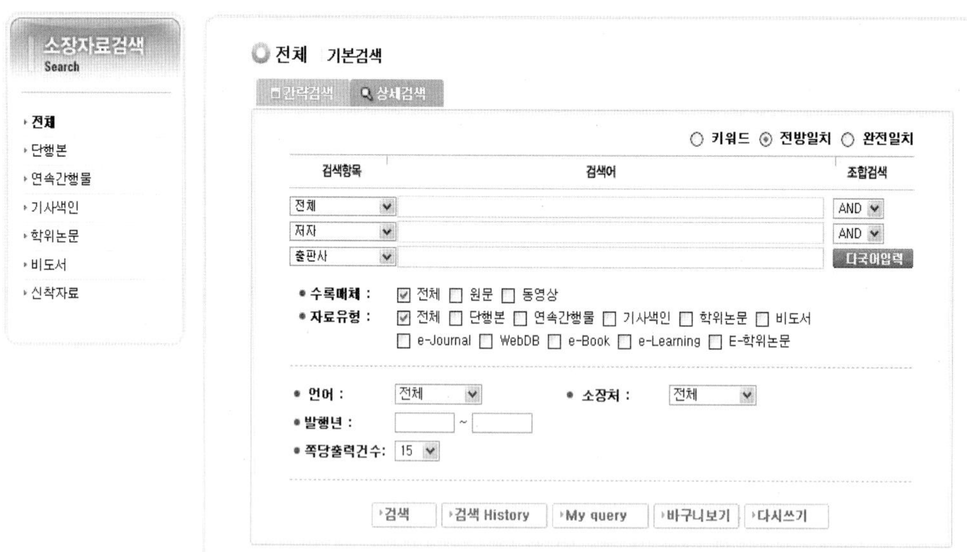

<그림 4-9> K대학교 중앙도서관의 상세검색 화면

② e-Contents

메타검색은 학술 DB 및 전자저널의 통합검색을 지원하여 편리하게 이용할 수 있는 시스템으로, 검색결과는 주제별·연도별·저널별·데이터베이스별로 제공한다. 그리고 e-Journal은 현재 구독중인 국내외 온라인 전자저널의 목록과 이용 매뉴얼 뿐 아니라 <그림 4-10~11>과 같이 기본검색과 가나다 리스트 그리고 제공업체별 리스트를 제공한다. Web DB, e-Book, e-Learning도 현재 구독중인 학술 DB에 대한 안내와 링크 뿐 아니라, 기본검색과 가나다 리스트를 제공한다.

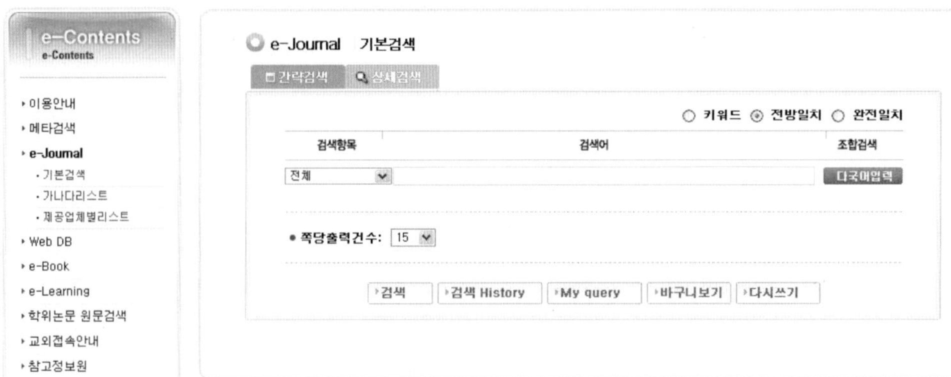

<그림 4-10> K대학교 중앙도서관의 e-Journal 기본검색 화면

<그림 4-11> K대학교 중앙도서관의 e-Journal 가나다 리스트 검색화면

학위논문 원문검색은 dCollection(Digital Collection)[7]을 통하여 제공하는데, <그림 4-12~14>와 같이 일반검색, 고급검색, 디렉토리 검색을 지원한다.

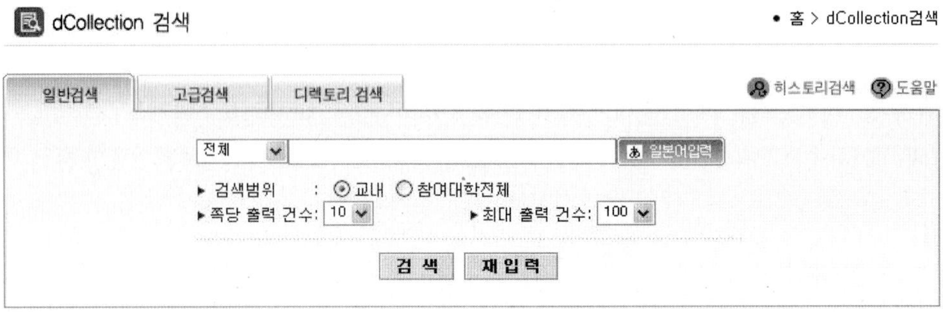

<그림 4-12> K대학교 중앙도서관의 dCollection 일반검색 화면

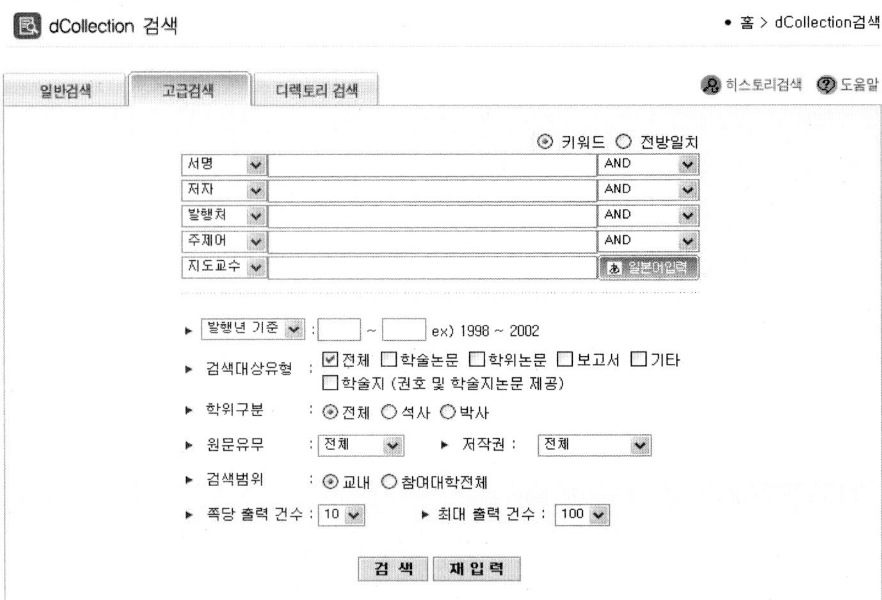

<그림 4-13> K대학교 중앙도서관의 dCollection 고급검색 화면

---

7) dCollection(Digital Collection)은 학과, 대학원, 연구소 등과 같은 학술공동체를 중심으로 디지털 학술자료를 독자적으로 구축, 운영할 수 있는 대학 학술정보 서비스이다.

<그림 4-14> K대학교 중앙도서관의 dCollection 디렉토리 검색화면

③ 도서관 서비스

상호대차/원문복사서비스는 도서관에 소장하고 있지 않은 자료들을 국내외의 다른 도서관에 자료복사 및 대출을 의뢰하여 제공하는 서비스이다. 자료의 신청에서 제공까지 도서관이 대행하며, 신청한 모든 자료는 도서관으로 도착하고 담당자는 이용자에게 이를 알려 자료를 찾아가도록 한다. 신청은 먼저 교내 소장여부를 확인하고 없는 경우에만 신청할 수 있다. 그 방법은 다음과 같다.

- 방문 신청 : 원하는 자료의 서지사항(저자명, 논문명, 잡지명, 권호 등) 및 신분사항(전화, 이메일 등)을 기록하여 도서관에 방문하여 신청하는 방법
- Web 신청 : 자관도서관 홈페이지 '이용자서비스'의 '원문복사신청'을 통해 <그림 4-15>와 같이 신청하거나 KERIS나 NDSL 사이트에 접속하여 직접 신청하는 방법
- E-mail 신청 : 원하는 신청대상자료의 서지사항, 우편방법, 연락처 등을 정확히 기재하여 직접 E-mail로 신청하는 방법

<그림 4-15> K대학교 중앙도서관의 상호대차/원문복사서비스 신청화면

이용자교육은 이용자들의 효율적인 학술정보 검색 및 자료이용을 돕기 위하여 신입생을 위한 학술정보 이용자교육, 학부생을 위한 학술정보 이용자교육, 교직원 및 대학원생 대상교육(국내외 학술 DB 검색 중심), 수시교육(학부/과, 동아리 등 특정 모임이나 단체에서 교육대상자가 10인 이상일 경우)을 신청 받아 실시한다. 그리고 시설이용에서 그룹스터디 룸은 재학중인 학부생에 한하여 온라인 예약제로 운영하고, 자유열람관 열람석의 좌석현황을 조회할 수 있다.

지정도서의 검색, 신청, 조회 서비스는 <그림 4-16>과 같이 제공하는데, 교수별 리스트, 교과목별 리스트, 학과별 리스트도 함께 지원한다. 지정도서는 교과목명, 교수명, 서명, 저자명, 발행처, 발행년, 청구기호 항목으로 조합(AND, OR)하여 검색할 수 있다.

그리고 교직원의 연구를 지원하기 위한 도서배달, 멀티미디어자료 대출, 외국도서 긴급 구입, 교수저술서 납본, 상호대차/원문복사, 해외구입 도서정산, 학술정보이용안내, 시설대여, EndNote(서지관리 프로그램) 서비스를 제공한다.

<그림 4-16> K대학교 중앙도서관의 지정도서 검색화면

④ My Library

My Library에서는 개인의 대출현황 확인과 자료예약이 가능하고 희망도서를 신청할 수 있다. 희망도서 서비스는 도서관에 소장되어 있지 않은 도서에 대해서 구입 신청을 하는 것으로 <그림 4-17>과 같이 도서관 홈페이지에서 직접 신청한다. 그리고 SDI서비스는 학술지의 최신정보를 이용자의 전자우편으로 제공하는 서비스로 키워드나 연속간행물을 등록할 수 있다. 키워드로 등록하는 경우는 해당 키워드가 포함된 저널 및 기사 정보를 발송해 주고, 연속간행물의 경우는 해당 연속간행물의 가장 최근 정보를 서비스 한다.

<그림 4-17> K대학교 중앙도서관의 희망도서서비스 신청화면

(2) K대학교 중앙도서관의 메타검색

K대학교 중앙도서관은 2010년 전자도서관시스템을 바꾸었는데, 메타검색시스템과 링킹솔루션을 새롭게 도입하였다. 새로운 시스템(TULIP)은 국제 표준을 준수하여 국가, 언어, 도서관 유형에 관계없이 범용적으로 적용이 가능하고 기존 웹 기반 시스템의 한계를 개선시킨 미래지향적 전자도서관이다. 이 시스템은 이용자에게 인터넷으로 One-Stop 서비스를 할 수 있는 웹기반 통합형 전자도서관 시스템으로 편리한 검색서비스, 개인별 맞춤형 서비스, 이용자 참여형 서비스(Web 2.0), 다국어 버전 등을 제공한다. 특히, W3C 웹 접근성 표준을 준수하여 모든 이용자에게 평등한 정보 접근을 보장한다.

메타검색서비스(MetaLib service)는 도서관 소장자료와 웹 데이터베이스나 전자저널 등의 전자자원을 하나의 키워드로 통합검색 할 수 있어 이용자들이 빠르고 간편하게 검색할 수 있도록 한다. MetaLib은 하버드, 예일, MIT와 같은 전 세계 유수의 대학에서도 사용하는 메타검색서비스로 통합검색과 클러스터링(clustering) 및 패싯(facet) 기능을 제공한다. 즉, <그림 4-18>에서와 같이 다수의 검색자원에 대한 검색결과를 하나의 화면에서 제공하여, 이용자는 개별 DB의 검색결과가 아닌 모든 DB로부터 통합되고 정렬된 검색결과를 확인할 수 있다. 그리고 클러스터링 기능은 검색된 결과를 주제를 기준으로 같은 주제끼리 자동으로 모아주며, 패싯 기능은 저자명, 저널명이나 발행년도와 같은 기준으로 검색된 결과를 그룹핑하여 검색된 수많은 결과 중에 원하는 자료를 선별하는데 도움을 준다.

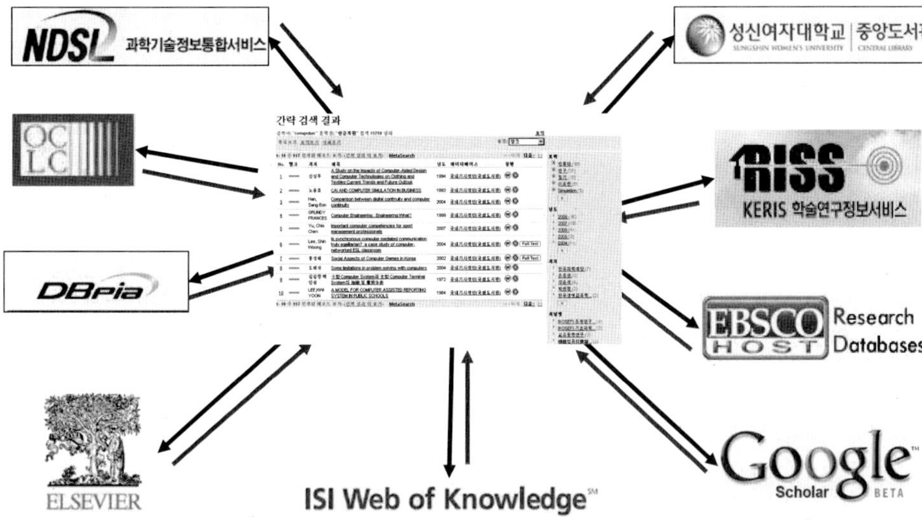

<그림 4-18> MetaLib을 통한 검색화면

MetaLib으로 검색한 결과는 이메일이나 개인 PC에 저장할 수 있고 검색된 결과를 현재 도서관에서 제공하고 있는 개인서지관리도구인 Endnote와 연동하여 검색결과 중에 필요한 데이터를 선별·저장함으로써 논문작성 및 참고문헌 관리에 도움을 준다. 즉, 도서관 자료를 한 번 검색함과 동시에 원문으로 자동링크가 가능하고 교내에 없는 자료인 경우, 원문복사 신청이 자동으로 이루어지며 서지관리프로그램과의 연동으로 서지정보관리가 쉬워진다. 특히 다음과 같은 다양한 개인화 기능을 제공하여 학생들의 능동적이고 적극적인 참여를 유도할 수 있다.

- My articles, My Database, My e-Journal과 같은 기능을 통해 관심 있는 논문이나 기사를 담아 둘 수 있고, 자주 사용하는 데이터베이스나 전자저널을 보관하였다가 수시로 활용할 수 있다.
- MySets 기능은 도서관에서 기본으로 제공하는 QuickSets 뿐만 아니라, 이용자 개인이 원하는 대로 만들어 활용할 수 있다.
- 이전에 로그인하여 사용하였던 검색 질의어를 검색 히스토리에 저장하여 다시 사용할 수 있다.

- SDI 서비스는 이용자가 관심분야의 키워드를 등록하면, 설정된 주기에 따라 정보자원을 메일로 알림 서비스를 제공한다.

또한 다양한 정보 접근점(A-Z List, Citation Linker, GoogleTM Scholar 등)을 제공한다.

- A-Z 전자저널 리스트는 도서관 이용자가 원하는 저널을 빠르게 검색하여 획득할 수 있게 한다.
- Citation Linker는 이용자가 저널명, 출판일, 권, 호 등과 같이 논문의 서지정보를 알고 있는 경우 그 논문을 빠르게 획득할 수 있게 한다.
- Google과 긴밀하게 협력하여 GoogleScholar 서비스를 통해서 OpenURL을 지원한다. 그래서 GoogleScholar 검색 결과에서 자관에서 구독하는 자료를 확인할 수 있으며 링크가 가능하다.

① 초급 이용자를 위한 간편검색

간편검색 이용자는 <그림 4-19>와 같이 도서관이 미리 지정해 높은 'Quick set'을 선택하여 검색을 수행할 수 있다. 그리고 이용자는 'Quick set'에 속한 리소스들을 직접 볼 수 있으며, 각 리소스에 대한 정보를 열람할 수 있다.

"학술정보"로 검색한 결과, <그림 4-20>과 같이 클러스터링 및 파셋 기능을 통해 검색결과를 토픽, 데이터베이스, 저자, 년도, 저널명, 주제로 그룹핑하여 제공하고, 일정기준(Title, Author, 년도, 데이터베이스)에 따라서 재정렬하거나 특정 레코드로 직접 이동할 수 있다. 그리고 검색결과는 다양한 방식(목록보기, 요약보기, 상세보기)으로 확인할 수 있으며, 원하는 레코드는 'My Space'로 저장되어 링킹 서비스를 통해 연동한다.

<그림 4-19> 초급 이용자를 위한 간편검색 화면

<그림 4-20> 초급 이용자를 위한 간편검색 결과

② 전문가를 위한 고급검색

전문가를 위한 고급검색(MetaSearch)은 <그림 4-21>과 같이 카테고리별 데이터베이스를 선택하여 검색할 수 있다. 즉, 미리 지정된 'Quick set'에서 특정 데이터베이스를 선택 해제할 수 있고 검색결과를 리소스별로 확인할 수 있으며 질의어도 저장할 수 있다.

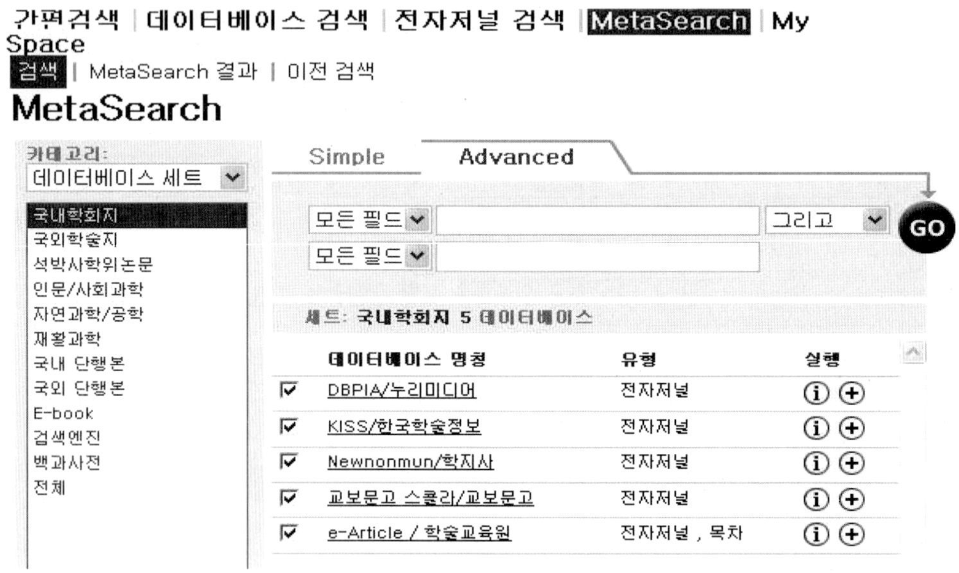

<그림 4-21> 전문가를 위한 고급검색 화면

③ 데이터베이스 검색

데이터베이스 검색은 <그림 4-22>와 같이 데이터베이스 자체를 찾을 수 있을 뿐만 아니라 접근 권한이 있는 데이터베이스만 볼 수 있도록 필터링 기능을 제공한다. 그리고 원하는 데이터베이스를 자신의 '데이터베이스 클립보드'에 저장한 후, 클립보드의 데이터베이스를 자신만의 카테고리로 범주화하여 저장할 수 있다.

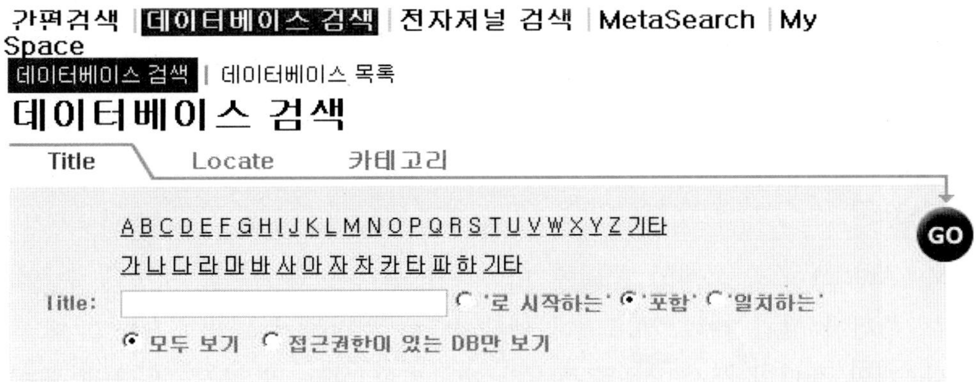

<그림 4-22> 데이터베이스 검색화면

④ 전자저널 검색

전자저널 검색은 도서관에서 구독하는 전자저널을 검색하는 기능으로 <그림 4-23>과 같이 저널명, 주제별, 상세검색, CitationLinker의 다양한 검색방법을 제공하고 개별 전자저널 페이지로 바로가기를 제공하며 검색한 전자저널을 저장할 수도 있다.

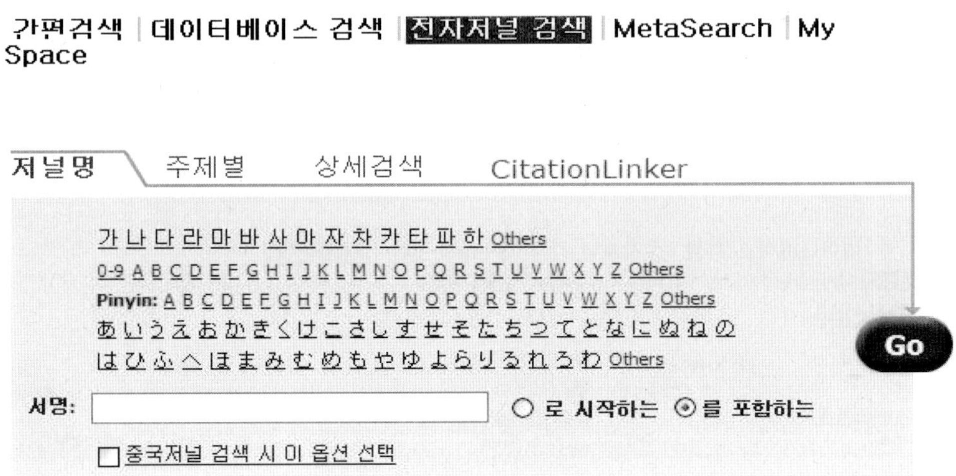

<그림 4-23> 전자저널 검색화면

⑤ 개인화 기능

개인화 기능(My Space)은 <그림 4-24>와 같이 My Articles, My Database, My e-Journals, 검색이력, 환경설정 기능으로 구분되는데, 이를 구체적으로 살펴보면 다음과 같다.

- My Articles 기능 : 개인 폴더에 이용자가 원하는 레코드를 저장할 수 있고 각 폴더에 담긴 개별 레코드에 대해 PC로 저장하거나 반출기능을 제공한다. 개인 폴더의 생성, 삭제, 폴더간 레코드의 이동 및 복사, 폴더내 레코드의 순서 등을 쉽게 수정할 수 있다.
- My Database 기능 : 여러 개의 데이터베이스 리스트 그룹을 생성하여 관리할 수 있고 데이터베이스 리스트가 담긴 폴더를 생성, 삭제, 폴더간 레코드의 이동 및 복사 등의 기능을 제공한다.
- My e-Journals 기능 : 검색한 저널을 저장, 실행, 삭제할 수 있다.
- 검색이력 기능 : 이용자가 수행한 모든 검색식을 저장하고 저장된 리스트를 통해서 이전 검색을 바로 수행할 수 있도록 한다. 이용자가 정의한 일정 및 검색식에 따라 자동으로 검색을 수행하여 이용자가 지정한 메일로 결과를 발송한다.
- 환경설정 기능 : 이용자의 기본적인 인터페이스 환경인 도서관 포털, 인터페이스 언어, 디스플레이 형식, 페이지당 검색결과 수 등을 기본적으로 설정한다.

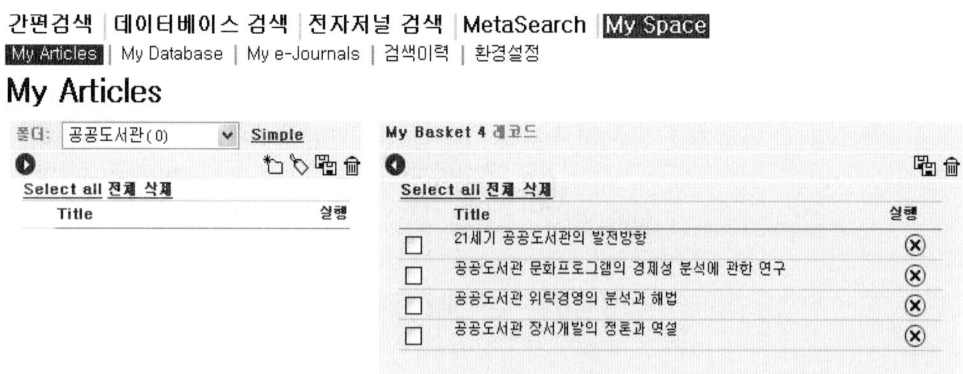

<그림 4-24> 'My Space' 검색화면

CHAPTER

도서관 자료의 목록과 분류

5

1. 도서관 자료의 목록

1.1 목록의 정의와 요소

(1) 목록의 정의

목록(catalog)은 어떤 자료에 대한 집약된 정보(서지 레코드)를 작성·기술하여 놓은 것으로, 일반적으로 도서관의 장서나 집서에 대한 필수 사항을 간결하게 전하기 위하여 편성·조직·배열하여 놓은 검색용 도구의 하나이다. 자료를 찾는 사람의 입장에서 보면, 목록은 자료의 실물을 직접 보여주는 대신에 실물자료에 대한 필수사항인 문헌의 주제(내용)와 소재·위치를 식별할 수 있는 사항, 출판에 관한 사항, 형태에 관한 사항을 알려 주는 것이 된다. 따라서 목록은 ① 저자명이나 서명, 주제를 통한 특정 문헌의 검색기능, ② 특정 저자나 특정 주제, 특정 유형의 문헌에 대한 소장여부 제시기능, ③ 특정(서지적) 판 또는 특성(문자나 인쇄상)에 의한 자료의 선정지원기능을 한다. 다시 말하자면, 목록은 집서 중에서 특정 문헌의 식별과 검색기능 그리고 특정 저자의 모든 저작과 특정 저작의 상이한 판의 집중기능을 한다.[1]

이러한 목록은 서지 레코드를 담는 형태에 따라서 책자목록, 카드목록, 기계가독목록으로 나누고, 편성 또는 배열기준에 따라서 저자목록, 서명목록, 주제명목록, 분류목록, 서가목록으로 구분된다.

(2) 목록의 요소

목록의 대상인 특정 문헌의 서지정보를 일정한 규칙에 따라 특정한 형식으로 기록한 하나의 단위기록을 저록(著錄, entry)이라고 하며, 이를 일정한 체계로 배열하였을 때 목록이라고 한다. 구체적으로 말하면, 카드목록에서는 특정문헌의 서지정보를 기록한 카드자체이고, 책자목록에서는 특정자료에 대한 기록자체이며, 기계가독목록에서는 대상 자료의 레코드 자체를 의미한다. 그러나 넓은 의미에서는 참조와 같이 서지자료와 직접 관련되지 않은 기록도 저록의 범주에 포함한다.

---

1) 김태수, 목록의 이해(서울 : 한국도서관협회, 2004), p.4-5.

저록에 포함되는 요소는 크게 네 가지로 구분할 수 있으며, <그림 5-1>은 그 예를 나타낸 것이다. 특히 ISBD[2] 등에서 규정하고 있는 내용은 아래의 저록 요소 가운데 기술부만을 대상으로 하고 있다.

- 표목 : 저록의 배열위치를 결정하는 제1요소이면서, 검색도구의 기능을 한다.
- 기술 : 저록을 구성하는 기본요소로서, 문헌에 기재된 표제나 저자명, 판차, 발행사항 등 구체적인 인쇄물로서의 외형에 관한 데이터를 말한다. 기술은 특정 저작이나 특정 저작의 한 판을 다른 저작이나 다른 판과 식별하는데 필요한 제요소로 구성된다.
- 표목지시 : 열람용 목록을 편성하는 경우와 같이 복수의 저록을 작성할 때 저록의 표목을 지시하는 기능을 지닌다.
- 청구기호 : 문헌의 소재를 제시하는 요소이다. 따라서 저록은 표목과 기술을 기본요소로 하여 특정 문헌을 다른 문헌과 식별하고, 필요한 각종 표목을 지시하여 문헌의 검색수단을 제공하며, 청구기호를 통하여 관련 문헌의 소재를 확인할 수 있는 도구가 된다.

025.3
이14ㄷ　　이 경 호.
　　도서관자료목록법 : KORMARC·USMARC를 중심으로 / 이경호, 이창수, 김정현 저. -- 대구 : 인쇄마당, 2000.
　　xi, 346 p. : 삽화 26 cm.

　　ISBN 89-85560-14-X

　　1. 025.5. 2. 자동화목록법. 3. KORMARC. 4. USMARC. Ⅰ. 이창수. Ⅱ. 김정현. Ⅲ. 표제.

<그림 5-1> 목록의 기입요소

2) ISBD(International Standard Bibliographic Description)는 IFLA의 목록분과 위원회에서 서지기술의 국제적 표준화와 목록의 기계화를 고려하여 제정한 국제적인 서지정보기술표준이다.

1.2 목록의 종류

(1) 형태에 의한 구분

① 책자목록

책자목록(book catalog)은 인쇄된 일련의 면(쪽)에 기재된 목록으로서 역사는 카드목록보다 오래되었다. 책자목록은 인쇄가 완료된 시점에서 최신성을 상실한다는 점과 목록생산에 많은 비용이 소요된다는 결함을 지니고 있다.

② 카드목록

카드목록(card catalog)은 일정한 규격의 카드(7.5 x 12.5cm)에 서지정보를 수록한 목록이다. 19세기 후반까지는 책자목록이 주류를 이루었으나 듀이가 1886년 'Library note'에 카드목록의 형식을 게재한 것이 본격적인 출발이 되었다. 카드목록은 가제성이 우수하여 새로운 자료에 관한 저록(카드)을 통합 배열함으로써 최신성을 유지할 수 있으며, 복수의 저록을 통해 다수의 접근점을 제시할 수 있다는 장점이 있는 반면, 운반이 어렵고 안내카드가 없으면 이용에 불편이 따른다.

③ 기계가독목록

기계가독목록(MARC)은 레코드를 컴퓨터로 처리하여 기계가 판독할 수 있는 목록으로 현재 일반적으로 사용되는 목록 유형이다. 서지업무에 컴퓨터를 사용한 것은 1960년대 후반, 미국국회도서관이 USMARC 포맷을 개발하면서 비롯되었는데, 국내에는 한국문헌자동화목록형식(KORMARC)이 개발되어 사용되고 있다. 기계가독목록은 서지정보를 일관된 형식으로 식별하고 교환하기 위한 일련의 표준형식이면서 동시에 서지정보의 검색이나 종합목록작성 등 다양한 목적으로 사용되고 있다.

(2) 편성 또는 배열기준에 의한 구분

열람용 목록(public catalog)은 이용자의 자료검색용으로 편성된 목록으로 일반적으로 분할목록, 사전체목록, 온라인열람목록으로 구분한다. 특히 분할목록은 저자명 목록, 서명 목록, 주제명 목록, 분류 목록이 대표적이다.

① 분할목록

장서규모의 증가에 따라 목록의 규모도 증가되고 이에 따라 목록의 배열이 복잡해진다. 이를 해소하기 위해 일반적으로 주제명 목록과 저자명 목록, 서명 목록으로 각각 분할하여 독립적으로 편성된 목록을 분할목록(divided catalog)이라고 한다. 사전체목록에서 저자명과 주제명, 서명이 동일하거나 이들이 서명 중에 포함된 경우에는 배열과 검색이 복잡하여 분할목록으로 편성하는 것이 검색에 더 유용할 수 있다.

㉠ 저자명 목록

저자명 목록(author catalog)은 저자명이 검색의 접근점이 되는 목록이다. 이것은 저자명, 공저자명, 편저자명, 역자명, 단체 및 기관명으로 때로는 개정판의 책임자명, 도해자명의 가나다순 또는 알파벳순으로 배열되어 있다.

㉡ 서명 목록

서명 목록(title catalog)은 자료의 서명이나 총서명, 통일서명 등을 표목으로 지닌 목록으로서 서명(표제)으로 특정 문헌을 검색하기 위한 목록이다.

㉢ 주제명 목록

주제명 목록(subject catalog)은 자료의 주제 또는 그 내용을 표시하는 주제로 자료를 검색할 수 있도록 주제명을 표목으로 배열한 목록이다. 이것은 주제를 표현하는 주제명이 동의어나 유사어가 허다하여 특정한 저자명이나 서명으로 찾는 경우보다 복잡한 면이 있다. 따라서 같은 주제가 다양하게 표현되고 있는 경우에는 통제된 주제명을 알아야 한다. 우리나라는 주제명 표목표가 아직 완전하지 못하여 주제명 목록이 없는 도서관도 있다.

㉣ 분류 목록

분류 목록(classified catalog)은 분류표에 따라 분류한 분류기호 순으로 배열되어 있는 목록이다. 도서관 자료에 대하여 주제별 접근을 가능하게 하는 것은 분류 목록과 주제명 목록이다. 분류 목록과 주제명 목록은 같은 주제를 다룬 도서들이 한군데 모인다는 장점을 가지고 있는 반면에, 분류 목록은 주제를 대표하는 분류번호를 먼저 알아야 접근이 가능하다.

② 사전체목록

사전체목록(dictionary datalog)은 분할목록과 달리 저자명목록과 서명목록, 주제명목록을 하나의 파일로 통합 배열한 목록으로서, 사전의 배열체계와 동일하기 때문에 붙여진 이름이다. 이것은 카터의 사전체목록규칙에서 비롯되었으나, 장서규모가 커지면 사전체목록의 배열이 복잡해지는 단점이 있다.

③ 온라인열람목록

온라인열람목록(OPAC)은 일반적으로 기계가독목록(MARC)의 형식에 따라 작성된 서지레코드를 온라인 환경에서 접근할 수 있는 목록으로서, 외부의 도움없이 온라인 서지데이터베이스를 이용자가 직접 탐색하는 목록이다. 이 목록에서는 카드목록에서와 같이 동일 문헌에 대해 복수의 저록을 작성하는 대신 기술대상자료에 대해 하나의 서지레코드만을 작성한다. 각종 검색기법을 적용하여 신속하고 정확한 검색이 가능하며, 특히 서지정보망의 주된 목록으로 사용되고 있어 사용범위가 넓다.[3)]

1.3 기계가독목록과 한국문헌자동화목록

(1) 기계가독목록의 역사

기계가독목록(MARC)은 MAchine-Readable Cataloging의 약어로서, 무수한 도서관 소장 서지정보를 일관성 있게 축적하여 시스템간 서지정보의 공유는 물론

---

3) 상게서, p.8-14.

시스템 내에서 컴퓨터에 의한 원활한 정보처리를 목적으로 고안되었다. MARC은 원래 전통적인 카드목록을 만들 때 컴퓨터의 힘을 빌려 신속하고 대량으로 업무를 처리하기 위한 취지에서 비롯되었으며, 처음부터 새로운 규칙을 제정하려는 것은 아니었다. 따라서 MARC을 설계할 때 기존의 목록형태를 그대로 적용하였으며, 컴퓨터가 인식할 수 있도록 서지기술의 각 요소들을 목록의 규칙대로 코드화 시켰다. 오늘날 온라인 목록의 관점에서 보면 구조적으로 불합리한 점도 많아 보이지만 의도했던 원래의 목적은 충분히 달성했다고 볼 수 있다.

오늘날 모든 도서관에서 MARC을 이용한 자료처리가 일반화되어 있지만, 미국의회도서관에서 처음 도서관의 전통적인 검색수단인 목록을 컴퓨터로 처리하려는 시도를 할 때만 해도 크게 주목되지 않았다. 그렇지만 미국의회도서관에서 1950년대 초부터 자신의 도서관 업무를 자동화하기 위한 위원회를 구성하고 업무개발을 위한 타당성을 검토하기 시작하였다. G.M. King을 중심으로 구성된 조사반의 권고에 따라 1960년 초부터 가능성 검토와 함께 개발계획을 수립한 후, 1965년 MARC Ⅰ을 완성하게 되었고, 이는 전 세계 도서관계에 혁명적인 변화의 서곡이 되었다. 그 후 이를 수정 보완하여 1968년 MARCⅡ가 제정되었는데, 이는 미국의 국가적인 표준인 USMARC Format for Bibliographic Data 뿐만 아니라 세계 각국의 MARC 개발에 기초가 되었다. 즉, 캐나다의 CANMARC, 호주의 Australian MARC, 영국의 UK MARC, 독일의 MAB, 중국의 Chinese MARC, 일본의 JapanMARC 및 우리나라의 KORMARC 등이 개발되고, MARC 레코드의 국제적인 교환을 위하여 국제도서관협회연맹은 UNIMARC을 제정하게 되었다. 이러한 MARC들은 서로 ① 필드당 지시기호의 수, ② 서브필드의 수, ③ 디렉토리에서 필드길이와 오프셋의 크기 등에서 조금씩 차이가 난다.

최근 인터넷의 확산과 더불어 네트워크 자원의 서지기술에 대한 다양한 요구를 수용하기 위해 미국의회도서관과 캐나다국립도서관은 1999년 공동으로 USMARC을 개정하여 오늘날의 MARC 21을 제정하게 되었다. MARC 21은 단행본, 문서 및 사본자료, 전자자료, 지도, 악보, 시각자료, 계속자료 등에 관한 서지적인 정보를 종합적으로 표현할 수 있도록 설계되어 있다. MARC 21에서 레코드당 총 문자수는 99,999개 캐릭터까지 가능하고 250여 개의 필드가 있으며 필드당 문자수는 9,999개 캐릭터까지 가능하다.

(2) MARC 레코드의 구조

모든 MARC 레코드는 기본적으로 리더, 디렉토리, 가변길이 제어필드, 가변길이 데이터 필드로 구성되어 있으며, 일반적으로 가변길이 필드에 나타나는 대부분의 내용은 목록카드 상에 나타나는 정보이다. 따라서 이들 정보는 소급자료의 변환에 있어 기존의 목록카드나 표제지 등에서 얻을 수 있는 정보이며, 새로 구입한 자료의 경우에는 CIP(Cataloging In Publication) 정보에서 얻을 수 있다.

MARC 레코드의 특징은 정보처리에 있어 다른 레코드와는 달리 가변길이의 구조를 가진다는 점이다. 이러한 가변길이의 구조를 가진 레코드는 각 레코드마다 데이터의 길이가 길고 짧음에 따라 레코드의 길이가 일정하지 않게 되어 레코드 입력시에 고정길이 필드와는 다른 방법을 사용하고 있다. 즉, 해당 가변길이 데이터의 이름을 알려주는 고유번호인 태그를 사용하여 입력한다. 그래서 프로그램에 의해 입력한 데이터의 길이와의 상대적인 위치를 파악하여 디렉토리를 생성시킴으로써 목록카드의 작성을 가능하게 한다. 수백개의 가변길이 태그 가운데 청구번호, 저자, 표제, 출판사항, 페이지 수, 주제의 5개 태그는 필수적이다.

(3) 한국문헌자동화목록

한국문헌자동화목록(KORMARC)은 ① 국가발전의 기틀인 지적정보를 컴퓨터 기법으로 처리하여 국내 학술진흥과 사회개발을 위한 정보를 신속 정확히 공급하고, ② 전국 대학 및 공공도서관을 온라인으로 연결하여 문헌정보의 네트워크를 편성하며, ③ 정보의 표준포맷을 제정하여 유통망 형성의 기반을 조성하고, ④ 국내 문헌의 전산화를 통하여 국립중앙도서관의 중앙 대표성을 부각시키고 그 기능을 현대화할 목적으로 개발되었다. 표준포맷의 기본구조는 ISO 2709를 따르고 있고 MARC 21과 공통적으로 호환될 수 있는 구조로 레코드가 설계되어 있다. 그러므로 세부적인 편성방침도 MARC 21을 준용하고 식별기호를 규정하는데 있어서는 UK MARC을 따르며 UNIMARC도 부분적으로 수용하고 있다. 그리고 목록기술은 ISBD에 준거하여 국립중앙도서관에서 제정한 한국문헌자동화목록법 기술규칙을 따르고 있다.

1.4 목록의 예

알기쉬운 四 象 醫 學 체질건강론 宋一炳 지음 (경희대 사상의학교실 주임교수) 하나미디어	四象醫學 1993년 2월 10일 초판인쇄 1993년 2월 15일 초판발행 지은이: 宋一炳 펴낸이: 정지석 펴낸곳: 하나미디어 서울특별시 관악구 봉천4동 868-9번지 등록 제15-102호 ISBN 89-85050-05-2 03510 값 5,000원 257페이지 22.4cm 227-257페이지에 참고자료로 이제마의 사상체계를 수록하고 있음.

001
020 $a8985050052$g03510 :$c₩5000
056 $a519.74$24
090 $a519.74$b송68ㅅ
100 1 $a송일병
245 10$a(알기쉬운)四象醫學 :$b체질건강론 /$d宋一炳 지음
260 $a서울 :$b하나미디어,$c1993
300 $a257 p. ;$c23 cm
500 00$z참고자료: 이제마의 사상체계, p. 227-257

WOMAN & MAN ------------------- FASHION, PRIVATE COLLECTION -------------------- 이재길 영상사진 모음집 가람출판사	WOMAN & MAN 이재길 영상사진모음집 1985년 5월 25일 인쇄 1985년 5월 30일 발행 저 자: 이재길 발행인: 이상용 발행처: 가람출판사 서울시 종로구 평동 13-83 정가 30,000원 246페이지 삽도 29×32cm

001
020 $c₩30000
056 $a668.5$24
090 $a668.5$b이73ㅇ
100 1 $a이재길
245 10$aWoman and man :$bFashion, private collection :이재길 영상사진모음집 /$d이재길 著
260 $a서울 :$b가람出版社,$c1985
300 $a246 p. :$b삽도 $c29 x 32 cm
740 0$a우먼 앤드 맨
740 0$a이재길 영상사진 모음집
740 0$aFashion, private collection

<table>
<tr>
<td>Communicative
English Program

김봉규 지음

삼성문화개발</td>
<td>CEP: Communicative
English Program

1993년 4月 10일 인쇄
1993년 4月 15일 발행

저 자 : 김봉규
발행처 : 삼성문화개발
인쇄처 : 三省出版社
카세트테이프제작: 동양레코드
서울시 영등포구 여의도 27-7

값 15,000원 (전5권)

5책 23.1cm
카세트테이프 20개가 딸려있음.</td>
</tr>
</table>

001
020 $c₩15000(전5권)
056 $a747.5$b24
090 $a747.5$b김45ㅋ$c1-6
100 1 $a김봉규
245 00$aCommunicative English program.$n1 - 5 /$d김봉규 지음
260 $a서울 :$b삼성문화개발,$c1993
300 $a5책 $c24 cm +$e카세트테이프 20개
500 00$fCEP: Communicative English program
740 0$a커뮤니케이티브 잉글리시 프로그램

1.5 목록기술과 국제표준서지기술

목록기술의 넓은 의미로는 표목을 포함한 서지적인 기재사항과 기타 목록상에 필요한 모든 내용들을 포괄하지만, 좁은 의미로는 표목과 부출지시 사항 등을 제외한 ① 표제와 저자표시, ② 판사항, ③ 발행사항, ④ 형태사항, ⑤ 총서사항, ⑥ 주기사항, ⑦ ISBN과 구득조건 등의 서지적인 사항만을 포함하고, 이들의 기재내용과 순서, 방법을 정하여 조직적으로 열거한 것이다. 그런데 국제표준서지기술(ISBD)이 나타나면서 좁은 의미의 목록기술을 서지기술이라 부르고 있으며, 오늘날 대부분의 나라와 도서관에서 목록기술을 할 때 ISBD를 따르고 있다.

IFLA의 주관으로 서지기술의 국제적 표준화와 목록의 기계화를 고려하여 제정된 것이 ISBD라고 할 수 있는데, 이는 과학기술의 발달이 도서관 목록에 미치는 영향을 참작하여 다른 출판물로부터 서지적 기록에 효율성을 유지하게 하고, 언어의 장벽을 초월한 서지기록의 해석을 도우며, 서지기록의 기계가독형으로의 전환을 용이하게 한다는 것을 목적으로 하고 있다.

1974년 ISBD(M)이 단행본용으로 처음으로 제정되었으며, 1977년에는 일반공통용 ISBD(G)가 제정되어 ISBD(M)이 개정됨은 물론, 이후 모든 매체들의 ISBD에 기본규칙이 되었다. 1978년 AACR2는 이것을 바탕으로 만들어 졌으며, 1983년 KCR3도 ISBD(M)을 적용하여 제정되었다. 2006년에는 각 매체별로 제정된 ISBD를 하나의 통합된 형태로 제정하기 위한 초안이 발행되었으며, 지금까지 제정된 각 매체별 규칙은 다음과 같다. 이 가운데 *표시가 된 것은 한글로 번역 간행된 것이다.

ISBD(G) : general 1977, 1992, 2004

ISBD(M) : monographic publications 1974*, 1978, 1988, 2002*

ISBD(S) : serials 1977*, 1988

ISBD(NBM) : non-book materials 1977, 1987

ISBD(CM) : cartographic materials 1977, 1987

ISBD(A) : antiquarian 1980, 1991

ISBD(PM) : printed music 1980
ISBD(CP) : component parts 1988
ISBD(CF) : computer files 1990
ISBD(ER) : electronic resources 1997
ISBD(CR) : continuing resources 2002*
ISBD : consolidated edition (draft) 2006

그 후 대부분의 나라에서는 이와 같은 ISBD를 바탕으로 목록규칙을 정비하였으며, 이러한 목록규칙을 근간으로 MARC를 제정하게 되어 세계서지통정에 결정적인 역할을 했다고 볼 수 있다. 단행본 도서를 중심으로 서지기술의 요소와 순서, 구두법, 기술형식에 대해서 살펴보면 다음과 같다.

(1) 서지기술의 요소와 순서

① 표제와 책임표시영역

본표제(title proper)
[일반자료표시] (GMD: general material designation)
= 대등표제 (parallel title)
: 부표제 (subtitle)
: 표제의 잡정보 (other title information)
/ 책임표시 (statement of responsibility, first statement)
; 성격이 다른 책임표시 (subsequent statement)

② 판영역

-- 판표시 (edition statement)
/ 판에 대한 책임표시 (statement of responsibility relation to edition)

③ 자료(또는 발행유형) 특성영역

단행본의 경우 일반적으로 자료특성영역은 기술하지 않는다.

④ 발행영역

-- 발행지 (place of publication, distribution, etc.)

: 발행자 (name of publication, distribution, etc.)

, 발행년 (date of publication, distribution, etc.)

⑤ 형태기술영역

-- 면수 (pagination)

: 삽화 (illustration)

; 크기 (dimensions of item)

+ 딸림자료 (accompanying material statement)

⑥ 총서영역

-- 총서표제 (title proper of series)

= 대등 총서표제 (parallel title of series)

: 하위 총서표제 (subseries)

; 총서번호 (numbering within series)

⑦ 주기영역

표제와 책임표시사항에 관한 주기

판사항과 해당 출판물의 서지내력에 관한 주기

자료(또는 출판유형)특성사항에 관련된 주기

발행, 배포 등의 사항에 관한 주기

형태기술사항에 관한 주기

총서사항에 관한 주기

내용에 관련된 주기

제본과 입수에 관련된 주기

복본에 관련된 주기

기타 주기

⑧ 표준번호영역
국제표준도서번호 (international standard book number)
입수조건 및 가격 (terms of availability or price)

(2) 구두법

ISBD의 특징 중 가장 중요한 것은 구두법이다. 규칙으로 정한 구두법은 각 기술요소의 성격을 나타내고 기술요소의 구분을 위한 것이며 서지기술의 기계적, 수동적인 조작을 위해 고안된 것이기 때문에 기술요소와 함께 기술하되 언제나 기술요소의 앞에 온다. 다음은 ISBD에서 사용되는 구두점을 요약한 것이다.

- -- 붙임표 (dash)
- : 쌍점 (colon)
- ; 쌍반점 (semicolon)
- / 빗금 (diagonal slash)
- = 등호 (equal sign)
- . 마침표 (full stop)
- , 쉼표 (comma)
- - 짧은 붙임표 (hyphen)
- … 석점줄임표 (mark of omission)
- ( ) 원괄호 (parentheses)
- [ ] 각괄호 (square brackets)
- + 덧셈표 (plus sign)
- ? 의문부호 (question mark)

(3) ISBD 기술형식

본표제, 별표제[자료유형표시] = 대등표제 : 표제관련정보. 권차나 회차나 연차, 권차나 회차나 연차표제 / 첫 번째 책임표시, 동일 역할의 두 번째 이하 책임표시 ; 역할이 다른 책임표시. -- 판표시 / 특정 판의 첫 번째 책임표시, 동일 역할의 두 번째 이하 책임표시 ; 특정 판의 역할이 다른 책임표시. -- 자료특성사항. -- 첫 번째 발행지 ; 두번째 이하의 발행지 : 발행처, 발행년. -- 특정자료 종별과 자료의 수량 : 기타 형태사항 크기 + 딸림자료. -- (총서의 본표제 = 총서의 대등표제 : 총서의 표제관련정보 / 총서의 책임표시, 총서의 ISSN 총서의 권호. 하위총서) -- 주기사항. -- 표준번호 = 등록표제 : 입수조건표시 (가격, 장정 등 표시)

(4) MARC 21과 ISBD의 차이점

MARC 21과 ISBD의 목록기술 내용을 비교하면 <표 5-1>과 같다.

<표 5-1> 목록기술 내용의 비교

MARC 21	ISBD
020 $aISBN :$c입수조건	영역8 (표준번호)
245 $a본표제$h일반자료표시=$b대등표제 : 표제의 잡정보 /$c책임표시 ; 성격이 다른 책임표시.	영역1 (표제와 책임표시 사항)
250 $a판표시 /$b개정자.	영역2 (판사항)
260 $a발행지 :$b발행자,$c발행년.	영역4 (발행사항)
300 $a면수 :$b삽화 ;$c크기 +$e딸림자료.	영역5 (형태사항)
400 $a총서표제 ;$v총서번호	영역6 (총서사항)
500 $a주기사항	영역7 (주기사항)

2. 도서관 자료의 분류

2.1 분류의 개념

분류(classification)의 가장 일반적인 개념은 여러 대상을 놓고 공통적인 것을 군집하고 이질적인 것을 분리하는 행위이다. 더 구체화하면, 복수의 개념이나 실체가 공유하는 속성을 기준으로 군집하거나 더 협의로 또는 광의로 구분하는 과정을 말한다. 즉, 분류는 하나의 분류시스템에서 사례나 실체를 범주화하는 과정이며, 사전에 결정된 일련의 원칙에 따라 순서화한 범주시스템(system of categories)으로서, 사례나 실체를 하나의 세트로 조직하는데 사용되는 수단이다. 한편, 학문적으로 분류는 논리학에서의 정의처럼 어떤 사물이나 대상을 일정한 기준(성격, 특징 등)에 따라 상위의 유개념에서 하위의 종개념까지 체계화 하는 과정이다. 따라서 어떤 기준을 적용하느냐에 따라 다양한 유별화가 가능하다.

분류가 일정한 원리나 기준에 입각하여 피분류체를 세분하는 과정이라는 개념은 도서관의 자료분류에 적용되어도 전혀 무리가 없다. 다만 자료분류의 피분류체는 지식정보를 수록한 도서관 자료로 국한되며, 체계적인 배가를 전제로 브라우징 및 검색의 편의성을 극대화 하는데 목적이 있다.

자료분류의 본질은 2가지의 키워드를 함축하고 있다. 그 하나는 주제와 기타 패싯을 나타내는 기호시스템의 논리적 조합이라는 점이다. 그것은 도서관이 분류도구로 사용하는 모든 분류표가 주제를 논리적으로 배열한 리스트이며, 각각의 리스트는 주제를 표현하는 자신의 기호를 가지고 있다는 사실에서 유추할 수 있다. 또 하나는 지식정보의 세계를 체계적으로 조직하는 행위이며, 그 목적은 이용자의 서가접근을 지원하는데 있다는 점이다. 따라서 자료분류는 '도서관이 입수하는 정보자료의 배가위치를 결정하는 동시에 접근이용의 편의성을 제공하기 위하여 주제나 형식의 유사성 또는 특정 원칙이나 목적에 따라 체계적으로 조직하는 행위나 과정'이다. 달리 표현하면, 일련의 정보자료를 주제·형식·관점·지역 등에 따라 군집화(grouping)하고, 군집된 유개념 내지 종개념 내에서 각각을 다시 개별화(individualization)하는 절차이다.

도서관에 입수된 자료는 일련의 조직과정(분류 및 청구기호의 부여, 편목 및 DB작업, 바코드와 라벨 등의 장비작업 등)을 거쳐 배가되어야 한다. 아무리 많은 자료를 수집하더라도 분류하지 않으면 체계적으로 배가할 수 없다. 더구나 개가제 이용환경에서는 분류를 통한 주제별 군집화가 부실하면 이용상 많은 불편을 초래할 뿐만 아니라 도서관의 장서관리 비용을 증가시킨다. 도서관이 실물자료를 입수하여 주제분석과 분류작업을 함으로써 도서관에 주는 유용성을 정리하면 다음과 같다.

① 소장자료의 유형별, 주제별, 언어별 구성과 편향성, 분포비율과 밀집정도, 강약점 등을 쉽게 파악할 수 있다.
② 자료선택과 장서구성에 필요한 통계데이터를 제공하며, 이를 이용한 장서개발을 계획적으로 수행할 수 있다.
③ 자료의 학문별, 주제별, 유형별, 이용계층별 대출 및 이용현황을 신속하게 파악할 수 있다.
④ 분류기호는 자료의 배가위치를 나타내며, 신착자료의 배가 및 반납자료의 재배열을 용이하게 한다.
⑤ 분류기호는 자료의 출납업무를 효율적으로 수행하는데 도움이 된다.
⑥ 분류기호별 대출데이터를 추출하면 자료의 이용 및 비이용 경향을 쉽게 파악할 수 있다.
⑦ 자료분류는 동일한 주제와 유사한 주제의 인접배치를 보장하므로 이용자의 질의응답에 대처하고 각종 참고정보서비스를 제공하는데 유용하다.
⑧ 주제별 서지의 작성이나 자료전시가 용이하다.
⑨ 청구기호 순으로 배열된 서가목록이나 DB는 장서점검을 효과적으로 수행하는데 도움이 된다.

이용자 측면에서도 다음의 효과와 편익을 기대할 수 있다.

① 이용자는 분류기호 순으로 배가된 서가에서 도서관의 장서가 어떻게 구성되어 있는지를 간파할 수 있다. 부언하면 분류기호 순으로 배가된 서가를

브라우징하면서 자료실별 장서구성(수서경향, 주제별 장서량, 강약점 등)을 쉽게 파악할 수 있다.

② 자신이 관심을 갖고 있는 특정 주제 분야에 어떤 자료가 소장되어 있는지를 일목요연하게 알 수 있다.

③ 이용자의 학문영역별, 주제별, 관심분야별 지식을 체계화하는데 도움이 된다.

④ 이용자는 자신이 전공하거나 관심이 있는 주제 분야의 분류기호를 기억하면 서가접근 동선이 짧아지므로 시간비용을 절약할 수 있다.

⑤ 이용자는 서가에서 해당주제, 유사주제, 관련주제를 브라우징하거나 신속하게 검색할 수 있다.

⑥ 서가 브라우징을 통하여 필요한 자료 외에 인접한 자료를 추가적으로 발견하는 부수적 효과도 기대할 수 있다.[4)]

2.2 분류표의 유형

도서관의 자료분류는 기본도구인 분류표(classification schedule)에 근거할 때 논리성, 일관성, 체계성, 통일성을 유지할 수 있다. ALA 도서관정보학용어집에서 분류표는 '분류체계를 나타내는 분류용어의 리스트로서, 그것을 나타내는 기호 또는 체계적인 부호를 수반한다. 그리고 계층적 분류체계를 유지하기 위하여 주류, 강목, 요목, 세목 그리고 각각의 유들이 나누어지는 세목들의 계층관계를 표시한다'고 정의하였다. 도서관에 분류표가 존재해야 하는 이유는 지식정보의 체계적인 배열, 관련 자료의 순차적 군집, 배가자료의 정확한 위치정보 제공, OPAC이나 브라우징을 통한 접근검색의 편의성을 구현하는 도구이기 때문이다. 그 중에서도 궁극적인 존재이유는 이용자의 서가접근과 브라우징을 지원하는데 있다.

오늘날 도서관계가 사용하는 분류표는 기호법에 따라 십진분류표와 비십진분류표, 표시방식을 기준으로 열거식 분류표와 패싯분류표, 구조를 중심으로 계층구조형 분류표와 다차원구조형 분류표, 취급주제의 범위 및 대상자료를 감안한

4) 윤희윤, 정보자료분류론(대구 : 태일사, 2010), p.4-23.

종합(일반)분류표와 특정 주제분류표, 그리고 지리적 범용성에 따라 국제분류표와 국가분류표 등으로 구분할 수 있다. 그 가운데 기호법, 표시방식, 구조, 주제범위 및 대상자료를 기준으로 구분하는 유형이 보편적이다.

(1) 기호법에 따른 유형

① 십진분류표

십진분류표(decimal classification scheme)는 분류하고자 하는 모든 대상을 9개(1~9)의 주류로 구분하고, 기타를 0에 배정한 다음에 각각의 대그룹(주류)을 다시 10개의 하위그룹(강목)으로, 각각의 하위그룹을 다시 10개의 소그룹(요목)으로 세분한 것을 말한다. 이를 대표하는 분류표에는 미국의 도서관학자인 듀이가 고안한 DDC(Dewey Decimal Classification)와 이를 바탕으로 재구성하여 만든 한국의 KDC(Korean Decimal Classification), 일본의 NDC(Nippon Decimal Classification) 등이 있다.

일반적으로 십진분류표는 기호구성이 단순하고 신축적이며, 조기성[5]이 풍부하고 실용적이다. 또한 분류기호로 주제와 개념의 상하관계를 파악할 수 있고, 숫자를 기호로 변환하였기 때문에 이해하기 편하고 기억하기 쉽다. 그 외에도 대체로 상관색인을 제공하고 있어 사용하기 편하다. 반면에 십진분류표는 구분지가 9개로 한정되기 때문에 형식적이며, 지식전체가 기계적으로 구분된다. 또한 분류체계가 기호법에 예속되는 한계가 있고, 기호가 길어질 수밖에 없다. 그리고 동일한 계위의 숫자가 이미 사용된 경우에는 신주제의 삽입이 어려워 주제배열에서 논리성이 떨어질 수밖에 없다. 최대의 약점은 비십진분류표보다 전개력이 약한 점이다.

5) 조기성(mnemonics)은 어떤 주제의 분류기호나 보조기호가 다른 주제에서도 동일한 의미로 사용되도록 통일성을 견지함으로써 분류자 및 이용자의 기억을 돕는 성질을 말한다. 그러므로 대다수의 현대 분류법은 조기성이 풍부할수록 분류표의 구조가 단순해지고 분량도 줄어들 뿐만 아니라 기억하기 쉽고 이용하기 편하다는 인식하에 조기성을 중시하고 있다.

② 비십진분류표

비십진분류표(non-decimal classification)는 숫자 1~9까지를 사용하는 십진식 외에 모든 분류표를 총칭한다. 대개 알파벳 문자만 사용하는 것과 문자에 숫자와 기호를 조합하는 것이 있다. 이를 대표하는 예로는 미국국회도서관 분류표인 LC(Library of Congress Classification), CC(Colon Classification), EC(Expansive Classifrcation) 등이 있다. 이러한 비십진분류표는 대규모 도서관이나 주제지향적인 전문도서관에서 많이 채택하는데, 그 이유는 십진분류표보다 전개력이 뛰어나 상세하게 분류할 수 있기 때문이다. 비십진분류표의 장점은 기호에 구애받지 않고 분류체계를 합리적으로 구성할 수 있으며 전개력이 우수한 점이다. 또한 기호의 계위수가 짧으며 각 단계에서 구분지의 수와 신주제 삽입을 위한 기호 배정에도 여유가 있다. 그러나 기호법이 복잡하여 기재하기 어렵고 배가에 많은 시간이 소요되며 조기성이 부족하여 기억력을 약화시킨다.

(2) 표시방법에 의한 유형

① 열거식 분류표

열거식 분류표(enumerative classification scheme)는 모든 지식체계를 각각의 주제나 형식에 따라 최고의 유개념에서 최저 단위인 종개념까지 체계적으로 세분·계층화한 분류표를 말한다. 이 유형에 해당하는 예로는 LCC를 비롯하여 DDC, UDC, KDC, NDC 등이 있다. 그러나 어떤 분류표도 모든 학문과 지식을 완벽하게 계층구조로 열거할 수는 없기 때문에 대다수 열거식 분류표에도 패싯 분석[6]에 의한 조합방식을 접목하고 있다. 이 분류표의 장점은 기호시스템이 복잡하지 않고 구조화하기가 쉽다는 것이다. 반면에 약점은 모든 가능한 주제를 나열하기가 어렵고, 신주제를 수용하기가 쉽지 않으며 따라서 정기적인 개정과 업그레이드가 필요하다는 점이다.

6) 패싯(facet)은 하나의 주제가 단일의 특성에 따라 구분될 때 산출되는 구분지의 총체를 의미한다.

② 분석합성식 분류표

분석합성식 분류표(analytico-synthetic classification scheme)는 어떤 특성을 근거로 지식 또는 주제의 전분야를 기본주제로 세분하여 본표에 최소한의 분류항목만 표시하되 나머지는 합성하도록 구성한 분류표를 말한다. 부언하면 자료의 구성요소를 패싯(facet)으로 분석한 다음, 미리 설정된 조합공식에 따라 다시 합성하는 분류표이다. 이 유형은 열거식 분류표가 복합주제, 합성주제를 기호화하지 못하는 한계를 극복하려는 노력의 결과로 생성되었다. 가장 대표적인 것이 CC이다.

일반적으로 분석합성식 분류표는 열거식보다 본표의 분량이 적고, 복수주제나 합성주제를 모두 나열할 필요가 없기 때문에 편찬하기 쉬우며, 기존의 주제나 개념에 신주제를 조합할 수 있다. 그러나 본표가 간단함에도 불구하고 다양한 패싯기호와 조합방식을 채택함으로써 기호가 길어질 뿐만 아니라 복잡하고, 열거순서의 문제가 분류자에게 많은 부담을 주고 실용성을 약화시킨다.

(3) 주제범위 및 대상자료에 의한 유형

① 종합분류표

종합(일반)분류표(general classification scheme)는 지식의 전분야를 망라적으로 체계화한 분류표를 말한다. 현대의 주요 분류표인 LCC, DDC, UDC, KDC, NDC, BC, CC는 채택한 기호법, 표시방식, 구조가 어떠하든 종합분류표에 해당한다. 따라서 모든 학문영역이나 지식분야에서 출간된 다양한 자료를 수집하는 경우에는 종합분류표를 사용해야 하므로 대다수 대학 및 공공도서관에서 채택하고 있다.

② 특수분류표

특수분류표(special classification)는 특수주제(의학, 농학, 법학, 음악 등)나 특수자료(지도, 음반, 신문기사 등)에 적용할 목적으로 개발된 분류표이다. 주로 전문도서관이 채택하며, 대학도서관도 종합대학 내의 단과대학이나 특수목적 대학에 적용된다.[7)]

2.3 주요 분류법

(1) 듀이십진분류법

듀이십진분류법(DDC : Dewey Decimal Classification)은 Melvil Dewey가 창안한 것으로서 모든 대상을 9개(1~9)의 주류로 구분하고, 기타를 0에 배정한 다음에 각각의 대그룹(주류)을 다시 10개의 하위그룹(강목)으로, 각각의 하위그룹을 다시 10개의 소그룹(요목)으로 세분하고 있다. DDC의 주류(主類)는 다음과 같다.

000 총 류	500 순수과학
100 철 학	600 응용과학
200 종 교	700 예 술
300 사회과학	800 문 학
400 어 학	900 역 사

DDC는 일반도서관에서 단행본의 서가상 배가를 위한 분류표로 세계에서 가장 잘 알려진 분류표이며, 십진분류표의 가장 대표적인 예로 알려져 있다. 그러나 DDC 자체는 너무 영어 사용권 위주로 편찬되어 있어, 동양권의 국가에서 동양적 주제를 분류하기에는 적절하지 못한 점이 많이 내포되어 있기 때문에 동양의 여러 나라에서는 DDC를 모체로 하되 자국의 실정에 맞게 적절히 전개하여 사용하고 있다. 그 대표적 예가 한국의 KDC와 일본의 NDC이다.

(2) 한국십진분류법

한국십진분류법(KDC : Korean Decimal Classification)은 한국도서관협회에서 십진분류법의 원리(주로 DDC)에 입각하되, 한국의 실정에 맞게 편찬한 것이다. 여기에서 '한국의 실정에 맞게' 라고 한 점은 원리자체는 DDC의 원리를 그대로 따르고 단지 구미위주에서 동양, 한국위주로 분류표를 전개한 점이며, 이는 주

---

7) 상게서, p.51-62.

로 문학(800)과 어학(700), 역사(900) 등에서 뚜렷이 나타난다.

또한 DDC와 KDC의 차이점은 유의 배열인데, DDC의 경우 어학(400)과 문학(800)이 동떨어져 있으나 KDC는 어학과 문학을 인접시키고 있다. KDC의 주류는 다음과 같다.

000 총　　류	500 기술과학
100 철　　학	600 예　　술
200 종　　교	700 어　　학
300 사회과학	800 문　　학
400 순수과학	900 역　　사

KDC는 DDC와 마찬가지로 십진전개법을 사용한다. 십진분류표의 분류기호는 類·綱·目의 세 자리 수에서 점(point)을 찍고 계속해서 전개하는 형식으로 이루어져 있고, 동일한 주제의 도서는 서가상에서 동일한 위치에 배열되도록 함으로써 이용자들이 쉽게 관련 주제를 검색할 수 있게 하였다.

KDC 주류의 배열과 사회과학(300단위)의 강목, 나아가 그 하위개념인 교육학의 요목을 살펴보면 다음과 같다.

000 총류		300 사회과학		370 교육학
100 철학		310 통계학		371 교육정책 및 행정
200 종교		320 경제학		372 학교관리 및 경영
300 사회과학	→	330 사회학, 사회문제		373 학습지도, 교육방법
400 순수과학		340 정치학		374 교육과정
500 기술과학		350 행정학		375 유아 및 초등교육
600 예술		360 법학		376 중등교육
700 어학		370 교육학	→	377 대학, 고등, 전문교육
800 문학		380 풍속, 민속학		378 사회교육
900 역사		390 국방, 군사학		379 특수교육

이러한 배정방법은 어느 십진분류표와 마찬가지로 이론적인 학문의 체계라기보다는 실제적인 편의를 고려한 것이라 할 수 있다. 그리고 KDC는 분류표의 조직을 단순하고 간결하게 하되 이해 및 기억하기 쉽도록 동일한 성격의 것을 가능한 한 동일한 기호로 표시하여 공통의 의미를 부여하는 조기성을 가진 표즉, 조기표를 마련하고 있다. KDC에 제시된 조기표는 ① 형식구분, ② 지리구분, ③ 한국지리구분, ④ 한국시대구분, ⑤ 국어구분, ⑥ 문학형식구분, ⑦ 언어공통구분, ⑧ 종교공통구분이 있다.

형식구분은 자료를 먼저 주제로 분류한 다음, 그 주제를 나타낸 형식에 따라 세구분할 때에 사용하는 방법이다. 예를 들면, <경제학 사전> (320.3)에서 320은 주제이고 사전(—03)은 경제학이라는 주제를 표현하는 형식이 되는 것이다. KDC의 형식구분은 다음과 같다.

—01 철학 및 이론
—02 편람, 핸드북, 연표
—03 사전, 사전, 인용어사전
—04 논문집, 강연집
—05 연속간행물
—06 학회, 단체, 협회, 기관, 회의
—07 연구법, 지도법 및 교육, 교육자료
—08 총서, 전집, 선집
—09 역사 및 지리취급

지리구분이란 어떤 주제가 특정지역에만 한정되어 다루어졌을 경우에 주제로 분류한 다음, 그 특정지역을 나타내도록 한 것이다. 예를 들면, <중국경제사> (320.912)에서 320.9는 경제사의 주제이고, 중국(—12)은 특정지역을 다룬 지리구분 표시이다. KDC의 지리구분은 다음과 같다.

—1 아시아	—4 북아메리카
—11 한국	—41 캐나다
—12 중국	—42 아메리카합중국
—13 일본	—43 멕시코
......	......
—2 유럽	—5 남아메리카
—23 스칸디나비아 지방	—51 콜롬비아
—24 영국	—52 베네주엘라
—25 독일	—53 브라질
—26 프랑스	
....	......

문학에 관한 자료의 분류번호는 먼저 주류 800에 당연히 배정하고 강목은 그 자료가 최초에 어느 나라 언어로 기술되었느냐에 따라 결정된다. 즉, 한국 사람이 문학작품을 영어로 썼다면 영문학으로 분류되는 것이다. 그리고 요목은 문학형식에 의하여 매겨진다. 예를 들면 <세익스피어 희곡선집> (842.08)에서 840은 영국문학이고, 2는 희곡, .08은 選集이다. 여기서 문학형식 구분은 일반형식 구분과 달리 0을 동반하지 않는 점이 유의할 점이다. KDC의 문학형식은 다음과 같다.

—1 시	—5 연설, 웅변
—2 희곡	—6 일기, 서간, 기행
—3 소설	—7 풍자
—4 수필, 소품	—8 르포르타아즈 및 기타

언어공통구분은 어학류(700)내의 각국 언어를 표시하는 기호로 어학류에 한정하여 쓰여지는 것이 일반적이다. 예를 들면, <중국어 문법> (725) 이라는 자료는 720이 중국어이고 5가 언어형식 구분인 '문법'을 나타낸다. 언어형식 구분에서도 0을 동반하여 사용하지 않는다. KDC의 언어형식은 다음과 같다.

—1 음운 및 문자	—5 문법
—2 어원	—6 작문
—3 사전	—7 독본, 해석, 회화
—4 어휘	—8 고어, 방언

(3) 콜론분류법

랑가나단의 콜론분류법(CC : Colon Classification)은 처음에 도서관용으로 사용하려고 하였으나, 제2차 세계대전 후 학술잡지 논문을 대상으로 분석 합성에 의한 주제검색시스템을 구축함에 있어 CC의 원리가 이론적 기반이 됨에 따라 정보검색분야에서 널리 연구되고 있는 분류법이다. CC가 정보검색분야에서 널리 사용, 연구되고 있는 이유는 이 분류표가 분석합성식이기 때문에 동일한 문헌은 어떤 시스템에서 누가 분류하든지 간에 동일한 분류기호를 만들어 낼 수 있다는 점이다.

CC는 3부로 나누어져 있는데, 제1부는 CC의 구조설명과 분류규칙이고, 제2부는 분류표, 제3부는 인도의 고전이나 성서의 분류표로 되어 있다. 분류표의 기본주제(또는 기본류)는 하나 이상의 특성을 나타내는 계열(trains of characteriatics)에 기초하여 다수의 기본범주로 구분되는데, 이 범주를 패싯(파셋, facet)이라 한다. 대부분의 경우에 패싯은 isolate, isolate focus, focus(복수는 foci)로도 지칭되는 구분지(세목)의 총화를 의미하지만, 어떤 경우에는 개개의 구분지를 지칭하기도 한다.

CC는 기본류를 42개로 구분하고 각 학문분야에서 연구되어 질 수 있는 현상, 즉 기본 카테고리(fundamental categories)를 각각 [P](Personality), [M](Matter), [E](Energy), [S](Space) 및 [T](Time)로 구분하고, [P], [M], [E], [S], [T] 순으로 배열하고 있다. 여기에서 [T]는 시간적 개념을 의미하는 것으로서, 일반분류표에 있어 시대구분의 성격을 지니며, [S]는 지리구분, [E]는 모든 사물간의 작용이나 행위의 개념을 뜻하며, [M]은 재료, 물리적 특성, 물리적 방법을 나타내고, 그리고 [P]는 위의 4개의 개념 가운데 어느 곳에도 포함되지 않는 개념으로서 주제를 형성하는 본질적인 속성을 의미한다.

그러므로 자료를 분류할 때는 기본주제를 결정하고 하위 구성요소를 패싯분석한 다음, 특수세목이나 공통보조표에서 각각의 구성요소에 해당하는 분류기호 내지 지시(연결)기호를 추출하여 분류표에서 제공하는 패싯공식에 따라 합성해야 한다. 결국 CC의 요체에 해당하는 5대 기본범주와 패싯구조를 이해해야 분류가 가능하다. 기본카테고리의 배열에 따른 연결부호는 다음의 <표 5-2>와 같다.

<표 5-2> CC의 기본카테고리

기본카테고리	연결기호	파셋기호
Personality	, (Comma)	[P]
Matter	; (Semicolon)	[M]
Energy	: (Colon)	[E]
Space	. (dot)	[S]
Time	‘ (inverted comma)	[T]

패싯은 [P], [M], [E], [S], [T] 순으로 배열되지만, 동일한 패싯이 2개 이상 있을 때에는 학문분야에 따라 [P] , [P2] , [P3] , [P4] 등과 같이 계층이 사용될 수 있는 분야도 있고, 도서관학(2)분야 [P] ; [M] : [E] [2P]에서와 같이 [P]의 계층을 허락하지 않는 분야도 있다.

여기에서 분류에 관한 간단한 예를 들어보면 다음과 같다. 만약 분류하고자 하는 문헌이 도서관학 분야라면 분류기호의 조합공식은 분류표상에 도서관학이 2로 나타나 있기 때문에 2 , [P] ; [M] : [E] [2P]로 이미 표시되어 있다. 따라서 문헌의 표제가 ‘Classification in Public Libraries’라고 한다면 이 문헌을 주제분석한 결과는 다음과 같이 되어 분류기호는 2 , 2 : 51이 된다.

2 (library science main class)

2 [P] (public library)

51 [E] (classification)

또한 '관청도서관에 있어서 경제관계자료의 분류'를 분류하면, 분류기호는 다음과 같이 2 , 48 : 51(X)가 된다.

2 (도서관학의 main class)
48 [P] (관청도서관)
51 [E] (분류)
(X) [2P] (경제)

CHAPTER

정보검색의 개요

6

1. 정보검색의 개념

1.1 정보검색의 정의

정보검색(information retrieval)이란 수집된 정보자료를 분석, 표현, 조직, 그리고 축적하여 이를 대상으로 이용자가 원하는 정보로의 접근을 제공하는 모든 과정을 의미한다. 이것은 크게 정보의 축적(storage: 문헌정보학에서는 '색인작성'이라고도 함)과 검색(retrieval)의 과정으로 구분된다. 그러나 일반적으로 통용되고 있는 정보검색은 협소한 개념으로 요구되는 정보로의 접근만을 가리키는 경우가 많다. 사용자 참여에 의해 생성된 세계 최대의 인터넷 백과사전인 위키피디아에서는 정보검색을 '문헌 내에 있는 내용, 문헌 그 자체, 문헌에 있는 메타데이터, 데이터베이스에서 정보를 찾는 것'이라고 정의하고 있다. 그 중에서도 전자 환경으로의 변화에 따라 대규모의 저장매체인 데이터베이스와 정보검색시스템을 이용하여 이용자의 정보요구에 적합한 정보를 탐색하는 온라인 정보검색이 오늘날 정보검색의 대다수를 차지한다. 이런 추세는 1977년의 사공철의 정보검색에 대한 정의에서도 볼 수 있는데, 그는 정보검색을 '방대한 양으로 생성되고 있는 정보를 정보전문가(주제분석가, 색인작성자)가 분석, 가공하고 저장하여 둔 저장매체인 데이터베이스에서 이용자의 정보요구에 적합한 정보만을 탐색하는 일련의 과정'이라 하였다.

앞의 정의에서와 같이 필요한 정보를 찾는 행위를 나타내는 용어로 검색(retrieval)과 탐색(search)이란 용어가 혼용되어 사용되고 있다. 하지만 엄밀하게 구별하면, 탐색은 적합정보를 검색하기 위한 것으로 데이터베이스내의 정보를 체계적으로 조사하는 과정적인 행위를 의미하며, 검색은 질문에 적합한 정보 즉 이용자가 만족하는 정보를 찾아내는 결과적인 행위를 의미한다.

정보검색과 유사한 의미로 데이터검색(data retrieval)과 문헌검색(document retrieval)이 있다. 데이터검색은 구조가 있는 데이터의 집합에 대하여 정확한 질의어를 사용하여 조건에 맞는 결과 집합을 얻어내는 것으로, 주로 검색 대상을 제한할 수 있다. 예를 들면 서지데이터베이스에서 ISBN으로 검색하는 경우를 말한다. 문헌검색은 구조가 없는 데이터에 대해 자유로운 형식의 질의어를 사용하여 관련된 결과 목록을 얻는 것으로, 주어진 질의어를 만족시키는 데이터보다 특정 주제에 연관된 정보를 검색하는 것이 목적이다. 그래서 문헌검색은 주로 자연어 텍스트에 의한 질의를 기반으로 검색이 이루어지고, 그 결과는 대부분 적합성의 수준에 따라 높은 것에서 낮은 순으로 제시된다. 이것은 데이터 검색이 정확한 검색이 아닌 경우에는 의미가 없는 것과는 차이가 있다. 이런 의미로 문헌검색은 정보검색과 동일한 의미로 자주 사용되기도 한다. 하지만 엄격히 말하면 정보검색은 문헌 이외의 것도 검색 대상으로 포함하기 때문에 정보검색이 문헌검색보다 넓은 개념이라 할 수 있다.

광의의 개념에서 정보검색 과정은 다음의 <그림 6-1>과 같다. 그림에서 A부분은 정보의 축적 과정이고 B부분은 협소한 의미의 실제적인 정보검색 과정이다.

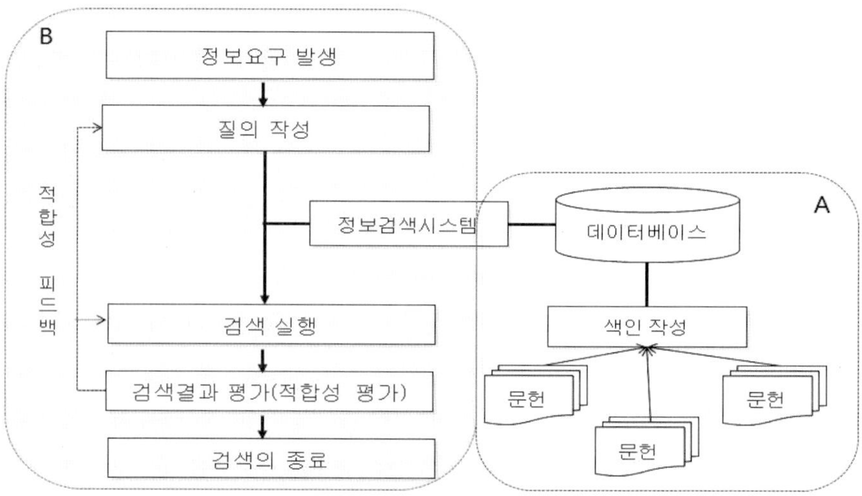

<그림 6-1> 정보검색의 과정

1.2 정보검색의 역사

정보검색이라는 용어는 1950년 Calvin N. Mooers가 문헌에서 처음으로 사용했다고 알려져 있다. 하지만 그 이전부터 정보검색의 개념과 반기계화된 검색시스템들이 존재해 왔다.

1940년대는 학문의 발전과 출판물의 대량생산으로 문헌의 색인과 검색에 대한 기계화된 시스템의 필요성 대두와 함께 이후 정보검색 이론 개발의 태동이 보였던 시기이다. 1945년 Bush, Vannevar는 'The Atlantic Monthly'라는 잡지의 "As We May Think"라는 논문에서 오늘날의 정보검색시스템과 색인의 기능과 유사한 Memex라는 기계를 예상하였다. 그는 Memex를 인간의 기억 능력을 보조하는 기계로 각 개인의 문헌, 기록물 등을 저장하고 이들 문헌을 손쉽고 빠르게 찾을 수 있도록 해주는 기계라고 소개하면서 복수의 주제어나 주제코드를 조합하여 검색하는 후조합방식의 연상색인법(associative indexing)의 필요성을 제기하였다. 이 시대에는 Memex와 같은 연상색인법 이외에도 실제 검색에 광학일치카드 시스템이나 주변절단카드 시스템과 같은 반기계화된 시스템들이 사용되었다.

1950년대는 정보검색분야에 있어서 실험이나 이론 확립의 기틀을 마련한 획기적인 시대로 기록된다. 1951년 Taube, Mortimer는 Bush의 연상색인법을 바탕으로 유니텀시스템(uniterm system)을 구현하였다. 이것은 키워드 색인방식을 채택한 최초의 시스템으로 주제의 각 개념은 하나의 색인어(uniterm)로 색인카드에 그것과 관련된 문헌번호와 함께 기재된다. 그리고 여러 가지의 주제 개념을 포함한 정보요구의 경우, 검색시 해당하는 색인어들의 카드를 골라내어 그것들에 공통적으로 기재된 문헌번호를 찾아내는 방식이다. 1953년에 이런 유니텀시스템을 가지고 Taube는 검색실험을 수행하였는데, 이 실험은 소규모이지만 최초의 조직적인 검색실험으로 평가되기도 한다. 또한 1954년에는 문헌 15,000건에 대한 유니텀 파일을 컴퓨터에 축적하여 검색을 실험하였는데, 이것은 컴퓨터를 이용한 최초의 검색이자 오늘날 정보검색시스템의 기원이기도 하다. 1950년대 후반에는 정보검색에 수량적 기법을 도입한 Luhn, Hans Peter의 활약이 크다. 그는 KWIC(KeyWord-In-Context) 색인을 제시하였고 검색 분야에 단어 출현빈도와 같은 통계적 기법을 도입하였다. 이후 단어 출현빈도는 정보검색 모델의 가장 기본적인 확률 모델과 벡터 모델 확립의 기초 이론을 제공하였다.

1960년대는 정보검색에 컴퓨터가 본격적으로 사용되면서 오프라인(off-line)의 배치검색 서비스가 시작된 시기이다. 최초의 배치검색 서비스인 미국 의학도서관(NLM: National Library of Medicine)의 MEDLARS(Medical Literature Analysis and Retrieval System)가 1964년부터 서비스되기 시작하였고, 이 서비스는 1971년에 온라인 검색시스템인 MEDLINE으로 발전하였다. 또한 이 시기에 온라인 검색시스템의 개발과 더불어 정보검색 평가에 대한 실험들이 수행되었는데, 대표적인 것이 크랜필드 실험(Cranfield test Ⅰ,Ⅱ)이다. 이 실험들의 가치는 실험의 결과로 많은 이론들을 검증하였다는 것에도 있지만 무엇보다도 정보검색 실험에 대한 전형적인 절차를 수립한데 있다. 이 외에도 Salton의 SMART 시스템을 이용한 대규모의 검색 실험도 수행되었다.

이후 1970년대 초반에는 Lockheed 항공사의 DIALOG, SDC 사의 ORBIT 그리고 Mead Data Central의 LEXIS와 같은 대규모의 데이터베이스들이 만들어지고 온라인 서비스를 개시하면서 본격적인 온라인 정보검색 시대가 열렸다. 미국이나 유럽에서 시작된 온라인 정보검색시스템으로의 변화는 세계의 다른 나라에서도 빠르게 전파되었다. 1970년대 후반 국내에서는 한국과학기술정보센터(현재의 한국과학기술정보연구원(KISTI))가 개발한 TECHNOLINE(현재의 NDSL와 같은)이 서비스되었고 일본에서는 JICST가 JOIS-I 서비스를 개시하였다.

1980년대는 개인용 컴퓨터의 보급화, CD-ROM과 같은 대량 저장매체의 등장, 그리고 데이터 통신망의 발달이 이루어진 시기이다. 이러한 기술들을 바탕으로 대규모의 서지정보 데이터베이스 뿐만 아니라 수치·사실정보 데이터베이스, 그리고 전문(全文) 데이터베이스에 이르기까지 다양한 종류의 데이터베이스가 급격히 증가하였고, 전 세계적으로 시공간을 초월한 데이터베이스들의 이용이 본격화되었다. 그 결과 거의 10년 동안 온라인 데이터베이스와 온라인 데이터뱅크는 10배에 가까운 수적인 성장을 하였고, 1985년부터 생산되기 시작한 CD-ROM 데이터베이스는 온라인 데이터베이스와 함께 정보검색에 사용되기 시작하였다.

이러한 데이터베이스의 발전은 1990년대 들어 더욱 가속화되었고 더욱 저렴해진 데이터 통신으로 인해 최종 이용자들에 의한 직접 검색이 보편화되었다. 하지만 무엇보다도 1990년대의 가장 획기적인 사건은 인터넷의 등장과 발전이다. 인터넷은 그 자체가 엄청난 양의 정보를 생산·제공하는 거대한 데이터베이스이자 정보시스템일 뿐만 아니라, 최종 이용자를 세계 각국의 주요한 온라인 데이터베이스에 연결시키는 통신망이다. 이제는 인터넷을 통해 전 세계 도서관들의 온라인 목록시스템 이외에도 대부분의 상용 정보서비스에 원격 접속할 수 있게 되었다.

이후 인터넷의 폭발적인 확장과 컴퓨터 및 네트워크 기술의 발전은 정보검색 분야에 또 다른 많은 도전과제를 주었다. 대용량화된 저장매체의 발전은 텍스트 뿐만 아니라 이미지, 오디오, 동영상 등의 다양한 자원들을 대량으로 디지털화하여 생산·유통하는 것이 가능하도록 하였다. 나아가 이러한 다양한 디지털자원들과 전통적인 도서관들이 수행해오던 고유의 업무들과 결합되면서 발달된 통신망을 기반으로 운영되는 많은 디지털도서관들이 생겨났다. 이제 디지털도서관들은 유선 통신 뿐만 아니라 무선 통신망의 발전으로 언제 어디서나 접근 가능한 유비쿼터스 도서관을 통해 서비스 된다.

최근의 이러한 움직임들은 텍스트 위주의 검색이었던 전통적인 정보검색시스템에서 다양한 디지털자원을 망라할 수 있는 멀티미디어 검색시스템의 필요성과 관련 기술들에 대한 연구를 활발하게 하였다. 그리고 디지털도서관을 통한 이용자들의 접근은 도서관의 물리적인 요소인 건물, 장서, 그리고 사서와 같은 인간 중재자 대신 더욱 정확하고 편리한 검색시스템과 인터페이스를 필요로 한다. 더군다나 시공간적으로 경계가 없는 원격접근으로 인해 세계 각국의 다양한 이용자들이 디지털도서관에 접근한다. 디지털도서관에서 정보검색을 위해 제공해야 하는 인터페이스는 이러한 다양한 이용자들을 고려한 것이어야 할 것이다.

무엇보다도 현시점에서 정보검색 연구의 가장 큰 과제는 부적합한 것을 미리 '걸러내는 것'과 검색된 정보의 '질'을 보장하는 것이라 할 수 있다. 정보가 지나치게 넘쳐나는 현실에서는 적합한 정보를 많이 찾아 제공하는 것보다 필요 없는 정보를 미리 걸러주고, 그 속에서 가장 핵심에 속하는 신뢰성 있는 정보를 검색할 수 있도록 하는 것이 정보검색의 주요 과제인 것이다. 이와 같이 정보검색 분야는 초기 목표였던 텍스트 색인과 유용한 문헌 탐색을 넘어서 비약적인 발전을 하였고, 따라서 오늘날 정보검색 연구는 더욱 복잡해지고 그 분야가 다양화되었다. 정보 모델링, 문헌 분류 및 범주화, 시스템 구조, 사용자 인터페이스, 데이터 가시화, 여과, 언어 등에 관한 것이 정보검색 연구에 포함된다.

정보검색의 주요 역사를 연대별로 정리해보면 <표 6-1>과 같다.

<표 6-1> 정보검색의 주요 역사

연대	개요	주요 역사
1940년대	수동, 반기계화된 시스템	Bush의 Memex
1950년대	정보검색 이론 및 실험의 기틀마련 최초의 컴퓨터기반의 검색시스템 개발	Taube의 유니텀시스템 Luhn의 KWIC색인과 단어출현빈도
1960년대	컴퓨터의 본격적 활용 오프라인 배치 시스템	MEDLARS 배치 검색서비스 크랜필드, SMART 등의 대규모 검색 실험 실시
1970년대	온라인 검색시스템 다수 개발	MEDLINE, DIALOG, ORBIT, LEXIS 등의 온라인 서비스 시작
1980년대	대규모의 온라인 데이터베이스 데이터통신, CD-ROM의 활용	다양한 데이터베이스 산업의 급성장
1990년대	인터넷(WWW)의 등장	온라인 데이터베이스의 원격접근 네트워크를 통한 타도서관의 OPAC 접근
2000년 ~ 현재	WWW의 급성장 디지털도서관의 등장	웹 자원과 디지털 자원의 확대 디지털도서관 구축 웹 기반 데이터베이스 웹 기반 OPAC 시스템

1.3 정보검색의 기법

정보검색기법은 질의와 저장자료간의 유사성을 측정하는 방법으로 불리언 검색, 가중치에 의한 검색, 불리언 연산자와 가중치를 결합한 검색, 매칭함수에 의한 검색, 자연언어 질의방식 등이 있다.

(1) 불리언 검색

불리언 검색은 현재 온라인 검색시스템에서 가장 많이 사용하고 있으며 검색시스템의 기본이 된다. 이것은 불리언 논리연산자(AND, OR, NOT 등)나 기호(*, +, -, / 등)를 활용하여 검색하므로 이를 이용한 검색식은 정보요구를 나타내는 용어인 검색어와 이 검색어들 간의 논리적인 관계로 구성되므로 비교적 정확하고 간단하게 요구를 표현할 수 있다. 그리고 불리언 논리 검색문은 이용자가 작성하기에 편리하고 컴퓨터 처리가 용이하다는 장점이 있다. 하지만 검색어가 많아지면 정확한 검색문을 작성하기가 어렵고 검색어로 표현되는 각 개념의 상대적 중요도를 나타내지 못한다. 또한 문헌과 질문의 유사도 크기순으로 검색문헌을 출력할 수 없고 출력된 문헌들의 적합정도를 측정하기가 어려울 뿐 아니라 검색식과 완전히 일치하는 문헌만이 검색되므로 부분적으로 일치하는 문헌은 검색할 수 없다.

(2) 가중치부여 검색

가중치부여 검색은 각 탐색어에 적당한 값의 가중치를 주어 탐색문을 작성한 다음에 탐색어의 가중치 합이 미리 정해놓은 검색기준치보다 큰 문헌만을 검색하는 것이다. 탐색어에 가중치를 부여하는 방법은 탐색자가 질문에서의 중요도에 따라 수작업으로 부여하는 방법과 탐색어의 장서내 출현빈도 등을 이용하여 자동으로 부여하는 방법이 있다.

(3) 불리언 연산자와 가중치를 결합한 검색

불리언 연산자와 가중치를 결합한 검색은 불리언 검색이 가지는 단점을 해결하기 위하여 검색어에 가중치를 결합시킨 검색기법이다. 불리언 검색에서 가중치는 색인어와 검색어에 모두 주거나 색인어 또는 검색어에만 줄 수도 있다. 그래서 검색결과는 일단 불리언 논리를 만족시키는 문헌 가운데 가중치 합이 검색 기준치를 넘는 것만 검색된다.

(4) 매칭함수에 의한 검색

매칭함수(matching function)는 질문과 문헌의 유사도를 측정하는 함수를 의미하는데, 이를 활용한 검색에서는 질문과 문헌을 각각 벡터형태로 표현하고 코사인 유사계수 공식 등을 매칭함수로 이용하여 질문과 문헌간의 유사도를 측정한다. 따라서 문헌과 질문간의 유사도 크기순으로 검색결과를 출력할 수 있다.

(5) 자연언어 질의방식

자연언어 질의방식은 이용자들이 질의를 자연언어로 입력하면 검색시스템 내의 질의어 해석 알고리즘이 이를 해석하여 시스템에 적당한 형태인 불리언 질의나 문헌 검색을 위한 검색어로 변형시켜 검색하는 방식이다.

1.4 검색연산자

정보검색에 사용되는 연산자에는 불리언연산자, 인접연산자, 구검색, 절단연산자 등이 있다.

(1) 불리언연산자

불리언연산자(boolean operator)는 George Boole에 의해서 고안되었는데, 주제를 검색하기 위한 검색어간의 관계를 'AND', 'OR', 'NOT' 이나 '*', '+', '-', '/' 등의 기호로 표현한다. 불리언연산자의 종류는 다음과 같다.

- AND : 논리적(logical product) 혹은 ∩(intersection)이라고 한다. A AND B(A∩B)는 A와 B의 검색어를 모두 포함하는 정보만을 검색한다.
- OR : 논리합(logical sum) 혹은 ∪(union)이라고 한다. A OR B(A∪B)는 A와 B의 검색어 중에서 어느 하나만 포함하여도 해당 정보를 검색한다.
- NOT : 논리차(logical difference) 혹은 부정논리(negative logic)이라고 한다. A NOT B(A AND NOT B)는 A 검색어는 있으나 B 검색어는 제외한 정보만을 검색한다.

(2) 인접연산자

인접연산자(proximity operator)는 두개의 검색어가 놓여있는 위치가 서로에게서 얼마나 떨어져 있는가를 측정하여 일정한 간격이내에 있으면 이를 검색하도록 하는 연산자이다. 일반적으로 'NEAR', 'ADJ', 'FOLLOWED BY' 등을 사용하는데, 'NEAR'은 검색어의 순서를 고려하지 않지만, 'ADJ'나 'FOLLOWED BY'

는 검색어의 순서를 고려한다.

(3) 구검색

구검색(phrase searching)은 연속해서 나오는 두개 이상의 검색어를 큰따옴표(“ ”)로 묶어 하나의 문자열로 인식하게 하여 검색하는 것으로 어구검색, 어절검색이라고도 한다.

(4) 절단연산자

절단연산자(truncation operator)는 검색어에 ‘?’나 ‘*’ 등의 기호를 붙여서 어두나 어미를 확장하는 것으로 특히, 영어의 경우 동사의 현재, 과거형 등의 어미 변화나 명사의 단복수 등의 문제에 도움을 준다. 이것은 절단위치에 따라 좌측절단(전방절단, left truncation), 중간절단, 우측절단(후방절단, right truncation), 양측절단(both truncation)이 있으며, 자수 제한에 따라 무제한절단(unlimited truncation), 제한절단(limited truncation), 비절단(untruncation) 등이 있다.

2. 정보검색시스템의 개요

2.1 정보검색시스템의 개념

정보검색시스템(information retrieval system)은 도서관의 소장 문헌을 검색하기 위한 시스템에서 시작되었다. 현재는 다양한 상업기관의 다양한 정보자원을 대상으로 많은 정보검색시스템들이 개발되었지만 여전히 그 중심에는 도서관에서 소장하고 있는 정보자원이 있다. 정보검색시스템은 이용자가 필요로 하는 정보를 수집하여 검색하기 쉬운 형태로 가공하여 논리적으로 축적해 두었다가 이용자에 의해 정보요구가 발생하였을 때 적합한 정보를 검색하여 제공하는 시스템이다. 정보검색시스템은 이용자에 의해 생성된 질의와 적합한 모든 문헌을 검색하는데 그 목적이 있지만, 다른 시각에서 가능한 한 부적합문헌을 배제하기 위한 것이기도 하다.

정보검색시스템은 검색 대상이 되는 정보의 형태 및 검색방법에 따라 다양하게 나타난다. 또한 이용자의 정보요구 수준, 정보의 유형이나 크기, 시스템의 제공기능 등에 따라서 정보검색 과정에도 차이가 있을 수 있다. 하지만 보편적으로 오늘날의 정보검색시스템은 크게 문헌집합, 색인, 검색모델, 인터페이스와 이용자라는 다섯 가지 요소로 구성되어 있다.

문헌집합(document)은 검색의 대상이 되는 데이터로, 예를 들면 도서관의 OPAC 검색시스템의 경우에는 해당 도서관에 소장되어 있는 도서의 서지사항이 데이터가 된다. 수집되는 데이터는 크게 DB형 데이터와 문헌형 데이터로 구분할 수 있다. DB형 데이터는 날씨, 주가, 기차시간표 등과 같이 정형화된 구조를 가지고 DB에 저장되어 있는 반면, 문헌형 데이터는 제목과 본문, 생성날짜 등으로 구성된 데이터를 말한다. 문헌형 데이터는 다시 체제를 지니고 있는 학위논문, 편지글, 논문기사 등의 정형적 문헌형 데이터와 자유로운 기술형식의 비정형적 문헌형 데이터로 세분될 수 있다. 이러한 문헌형 데이터는 주로 검색을 위해 색인이나 초록 등의 작업이 필요하다.

색인(index)이란 정보검색의 대상이 되는 단어인 색인어(index term)를 수집된 문헌으로부터 추출하여 각 색인어별 문헌리스트를 생성한 것이다. 색인의 대상이 되는 색인어에는 정보의 내용을 대표하는 주제어 외에도 인명, 기관명, 문헌작성일자 등과 같은 비주제어가 사용되기도 한다. 색인과정은 색인작업을 행하는 주체에 따라 수동색인과 자동색인, 색인어의 유형에 따라 주제색인과 비주제색인, 색인어의 통제 여부에 따라 자연언어색인과 통제언어색인 등으로 구분될 수 있다.

전형적인 정보검색시스템은 색인어로 표현된 문헌과 검색어로 표현된 이용자의 요구를 매칭시켜 해당 검색결과를 돌려준다. 이것은 검색에 사용된 색인어와 검색어가 문헌의 의미와 이용자의 정보요구를 적절하게 표현할 수 있다는데 근거하고 있다. 하지만 문헌과 이용자의 정보요구가 포함하고 있는 복잡하고 다양한 의미를 몇 개의 단어의 집합으로 정확하게 표현하기란 어려우며 표현 과정에서 단순화되기 마련이다. 정보검색 분야에서의 주요 연구과제가 이러한 문제점에 대한 것이고, 그 결과 정보검색시스템에서는 근본적으로는 적합한 문헌과 부적합한 문헌을 분리하고 좀 더 적합한 문헌과 그렇지 못한 문헌 간의 구분을 위해 다양한 순위화(ranking) 알고리즘을 채택하고 있다. 정보검색시스템의 구성요소 중 검색모델이 이러한 순위화 기능을 제공한다. 전통적인 정보검색 모델로는 불리언 모델, 벡터 모델, 확률 모델이 대표적이다.

정보검색시스템의 구성 요소 중 기계적인 요소인 문헌집합, 색인, 검색모델과 이용자와의 중개자 역할은 인터페이스가 수행한다. 사서나 정보검색 전문가와 같은 검색 중개자가 없는 오늘날의 최종 이용자(end user: 최근에는 정보의 이용뿐만 아니라 생산과 유통 영역까지 활동하는 정보 이용자를 'information player'라고도 한다)에 의한 검색시스템에서 인터페이스의 역할은 매우 중요하다. 인터페이스는 이용자의 검색시 조력할 수 있는 유용한 도구들을 제공할 수 있을 뿐만 아니라 검색의 결과를 효과적으로도 보여줄 수 있다. 검색결과를 단순한 목록 형식으로 이용자에게 제시하거나 유사한 결과 값들을 그룹화하여 제시할 수도 있으며 자원의 유형별 등으로 구분지어 제시할 수도 있다. 특히 검색모델에 의해 적합성의 수준에 따라 계산된 값으로 정렬하여 보여줄 수도 있다.

이용자는 정보검색시스템의 기계적인 구성요소는 아니지만 정보검색 과정의 전반에 영향을 미칠 수 있는 중요한 요소이다. 이용자의 정보요구는 정보검색시스템에서 수용 가능한 형태의 검색어와 검색연산자로 구성된 검색식으로 표현되는데, 시스템에서 제시하는 결과 값은 이러한 검색식과 색인어간의 매칭에 의해 나타나기 때문에 원래 희망하였던 이용자의 요구와 각 문헌간의 매칭과는 차이가 있을 수 있다. 이런 이유로 단시간에 이용자의 정보요구에 만족하는 검색결과를 얻는 것은 매우 어렵다. 이용자가 검색 초보자로 질의 형성에 어려움을 겪는다면 검색을 위해 더 많은 시간을 필요로 할 것이다. 이용자의 정보요구에 부합하는 결과를 얻기 위해서는 여러 번의 질의어 수정과 검색을 실행하여 그 결과를 평가하는 반복적인 작업이 필요하다. 이러한 작업을 적합성 피드백(relevance feedback)이라고 한다. 적합성 피드백은 검색의 질(quality)을 개선하는데 유용한 방법으로, 이용자가 직접 검색결과에 피드백을 주는 명시적 피드백(explicit feedback)과 이용자의 검색행위를 기록한 검색 로그를 활용하는 암묵적 피드백(implicit feedback)으로 구분할 수 있다.

2.2 정보검색의 절차

정보검색시스템은 크게 색인작성 서브시스템(문헌내용 분석, 분석정보 가공, 색인데이터베이스 등), 탐색서브시스템(질문내용 분석, 탐색질문 작성·수행 등) 그리고 매칭서브시스템(이차정보파일과 탐색문을 비교·탐색)으로 구별할 수 있다.

상술하면, 검색시스템에 입력된 문헌은 이용자에 의해 검색될 수 있도록 시스템이 정한 색인작성 과정으로 조직·통제한다. 색인자는 내용분석을 효율적으로 하기 위하여 문헌의 주제와 이용자 요구에 대한 지식을 가지고 정확하게 분석한다. 그리고 분석된 정보는 시스템 색인어로 변환하여 색인데이터베이스에 원정보파일과 이차정보파일로 저장한다. 그러면 이용자는 탐색문을 작성하여 탐색전략에 따라 검색하게 된다.

문헌 → 색인작성시스템 → 데이터베이스 ← 탐색서브시스템 ← 이용자

2.3 정보검색시스템의 유형

정보검색시스템은 검색대상이 되는 정보의 유형과 그에 따른 데이터베이스를 구축하는 방법, 검색방식 등에 따라 크게 다섯 가지 형태로 구분할 수 있다.

(1) 데이터 검색시스템

데이터 검색시스템(data retrieval system)은 정보검색시스템 중 가장 단순한 형태로 단어나 수치로 표현된 정형화된 데이터 항목을 데이터베이스로 축적하여 검색하는 시스템이다. 최근에는 이들 데이터베이스를 효율적으로 관리하기 위해서 ORACLE, DB2, INFORMIX, SYBASE와 같은 상용 데이터베이스 관리시스템(DBMS: DataBase Management System)을 이용하여 구축하고 검색하는데 활용한다. 데이터 검색시스템에 포함되는 데이터의 종류는 화학, 물리, 생물학 분야의 과학기술 데이터, 경제 및 경영분야의 수치·통계 데이터와 각종 조직체에서 내외적으로 발생된 비즈니스 데이터 등이다. 우리가 일상생활 속에서 흔히 접할 수 있는 각종 예약시스템이나 은행·증권 거래 시스템은 대량의 데이터를 포함하고 있는 데이터 검색시스템의 한 예이며, 각 기업에서 인사관리, 재고관리, 회계관리 등에 사용하고 있는 경영정보시스템(MIS: Management Information System) 또한 좋은 사례이다. 대표적인 대규모의 데이터 검색시스템으로는 각종 여론조사 및 정치·경제 분야 등의 통계 데이터를 포함하고 있는 사회과학 데이터 검색시스템인 ICPSR(The Inter-University Consortium for Political and Social Research)[1]이 있다.

(2) 참조정보 검색시스템

참조정보 검색시스템(reference-retrieval system)은 도서, 논문 등의 일차정보로의 접근점을 제공하는 이차정보 데이터베이스를 검색대상으로 한다. 특히 도서, 논문 등에 대한 서지정보(표제, 저자, 출판사 등) 및 초록을 포함하고 있는 데이터베이스를 서지 데이터베이스라 하고 오늘날 도서관의 학술적인 온라인 데이터베이스의 대다수가 이것에 해당한다. 이 외에도 인물 및 기관, 기업, 연구 정보 등을 제공하는 안내정보 데이터베이스가 이 범주에 포함된다. 최근에는 대다수의 서지 데이터베이스들이 서지정보, 초록 뿐만 아니라 디지털화된 원문을 포함하고 있어 온라인상에서 이용자들이 일차정보에 보다 쉽게 접근할 수 있도록 한다.

서지 데이터베이스를 대상으로 한 서지정보 검색시스템의 검색행태는 크게 축적(ad hoc)과 여과(filtering)로 나눌 수 있다. 축적은 긴 시간동안 축적된 서지정보 데이터베이스를 대상으로 검색을 수행하는 일상적인 검색행위를 말한다. 이용자들은 이들 시스템을 대상으로 특정 주제에 대한 자원을 검색하기 위해 끊임없이 새로운 질의로 검색을 수행한다. 반면 여과는 데이터베이스에 새롭게 저장되는 부분만을 검색대상으로 하여 저장된 질의를 반복 사용하는 검색행태이다. 검색대상이 되는 데이터베이스와 비교하여 질의 수정이 상대적으로 정적이다. 일정기간 새로 갱신된 최신 정보를 알려주는 SDI 서비스가 대표적인 여

1) http://www.icpsr.umich.edu/icpsrweb/ICPSR/

과의 검색행태이다. 여과에서 질의는 이용자가 직접 작성한 정보요구에 대한 프로파일(profile)에 의해 자동 생성된다. 보다 양질의 검색결과를 제공하기 위해서는 이용자와의 적합성 피드백 과정을 통해 프로파일을 지속적으로 갱신하는 작업이 우선시 되어야 한다.

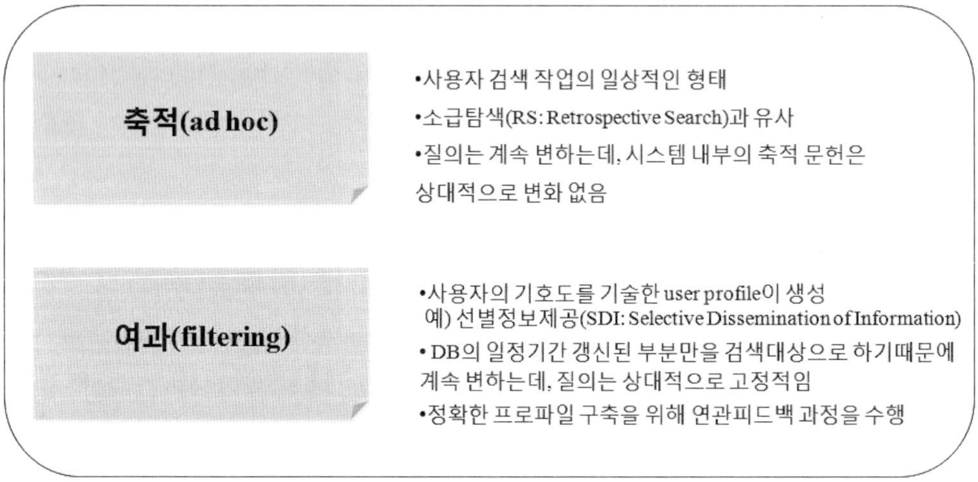

<그림 6-2> 검색 작업의 종류: 축적과 여과

(3) 전문 검색시스템

전문 검색시스템(text-retrieval system)은 문헌의 전문을 포함하고 있는 데이터베이스에서 전문을 대상으로 검색을 제공하는 시스템이다. 오늘날의 참조정보 검색시스템이 서지정보 뿐만 아니라 전문을 제공하고 있지만 전문을 대상으로 색인되어 있거나 검색되는 것은 아니다. 참조정보 검색시스템은 서지와 초록을 기반으로 색인되거나 검색되고 디지털화된 문헌의 전문은 검색결과 리스트에 링크로 연결되어 있을 뿐이다. 반면 전문 검색시스템은 전문이나 문장, 문단에 해당하는 전문 일부에 대한 검색을 제공하는 시스템이다. 대표적인 전문 검색시스템으로는 법률 및 뉴스 정보 데이터베이스인 LexisNexis[2]나 세계에서 가장 권위 있는 법률 및 비즈니스 정보를 제공하는 Westlaw[3] 등이 있다.

---

2) http://www.lexisnexis.com
3) http://www.westlaw.com

(4) 질의응답시스템

질의응답시스템(question-answering system)은 사용자의 질의와 그것에 적합한 문헌을 검색하는 일반적인 정보검색시스템과는 달리 사용자의 질의에 대한 정답을 문헌 내에서 탐색하여 사용자에게 제시해 주는 시스템이다. 질의응답시스템은 이용자가 자연어 문장으로 질의하면 그것에 대한 정답으로 자연어 문장을 제시해 주는 시스템이기 때문에 자연어 처리기술이 필수적이다. 일반적으로 질의응답시스템은 질의 분석, 적합한 정보(문헌) 검색, 검색된 문헌 내에서 정답을 생성하는 정답 추출이라는 세 단계로 구성된다.

질의 분석은 자연어로 입력된 질의를 분석하여 검색어를 추출한다. 자연어로 입력된 질의로부터 검색어의 추출하기 위해서는 다양한 자연어 처리이론과 기법들이 사용된다. 일반적으로 입력된 자연어 질의는 형태소(단어) 분석, 구문 분석 그리고 의미 분석을 거쳐 정보검색시스템에 입력 가능한 형태인 검색어로 변환된다.

적합한 정보 검색단계는 축적된 데이터베이스로부터 추출된 검색어를 입력하여 적합한 정보를 검색하는 일반적인 정보검색과정과 유사하다. 단지 질의응답시스템에서는 이 과정이 실질적인 정답 추출단계를 수행하기 위한 전단계로, 검색시스템을 사용해서 정답을 포함하고 있을 가능성이 있는 문헌을 선별해내는 예비단계라는 것이다.

정답 추출단계는 형태소 분석 뿐만 아니라 구문 분석이나 의미 분석과 같은 수준 높은 자연어 처리기술을 사용하여 이용자의 질의에 적합한 정답을 추출하는 단계이다. 전 단계에서 검색된 정보는 이 단계에서 다시 자연어 문장 형태로 생성되어 이용자에게 결과로 제시된다.

질의응답시스템은 발전단계에 따라 지식베이스 기반의 추론을 허용하는 시스템과 그렇지 못한 시스템으로 나눌 수 있다. 데이터베이스로 구축되어 있는 정보에 단순히 자연어 형태의 질의를 허용하는 방식과 지식베이스에 기반을 두어 일치하는 해답이 없는 경우에도 이를 추론하여 유사한 정답을 제공하는 두 가지가 있다. 전자는 자연언어 인터페이스를 사용하여 질의어만 자연어 문장으로 입력하는 방식으로 일반적인 데이터 검색시스템이나 참조정보 검색시스템의 처리과정과 거의 유사하다. 후자의 추론을 허용하는 질의응답시스템은 정답을 추론할 수 있도록 하기 위해서 데이터나 문헌 내에 구문이나 의미정보를 포함하는 지식베이스가 축적되어야 하고 해석을 위한 추론엔진이 필요하기 때문에 현재는 협소한 분야의 실험적인 시스템만이 존재한다.

(5) 지능형 정보검색시스템

지능형 정보검색시스템(intelligent information retrieval system)은 이용자의 문제를 보다 잘 해결할 수 있도록 '추론'이라 불리는 인간의 사고과정과 논리적인 문제 해결과정을 검색과정에 포함하고 있는 시스템이다. 인공지능(AI: artificial intelligence) 분야 연구의 발전으로 정보검색분야에도 도입되기 시작하였는데, 이는 인간의 지적 활동을 모형화하여 스스로 생각하는 기계를 실현하려는 연구영역이다. 인공지능 연구의 다양한 기술들이 정보검색시스템에 적용 가능하겠지만 대체로 자연어 처리기술과 전문가시스템(expert system)이 주요한 적용 영역이다.

정보검색시스템에 자연어 처리기술의 적용은 1950년대 후반부터 활발하게 진행된 기계번역시스템과 1960년대부터 진행된 T.Winograd의 SHRDLU 시스템 연구 등이 시작이라 볼 수 있다. 1960년대를 거치면서 본격적으로 색인작성에 자연어 처리기법의 적용이 실험되는 등 자연어 처리기술은 오늘날 질의응답 시스템의 기반기술로 사용하고 있다. 하지만 정보검색의 통계적 기법과 비교하면 아직 양적으로 충분하지 않고 실용화 단계에서 주춤하고 있는 실정이다.

전문가시스템은 특정 분야의 전문가 지식을 조직화한 지식베이스와 전문가의 추론과정을 모방한 추론엔진을 사용하는 일종의 지식베이스시스템이다. 그래서 인간의 지식을 전이할 수 있는 전문가시스템의 주요 구성요소는 사용자 인터페이스, 지식베이스, 추론엔진이다. 최초의 전문가시스템은 1956년 카네기멜론 대학의 Allen Newell과 Hebert Simon이 Rand Corporation의 J.C. Shaw와 공동으로 개발한 Logic Theorist이다. 이후 유기화학 물질의 분자구조 파악을 위한 DENDRAL, 의학 분야의 MYCIN, 광물자원 탐사를 위한 PROSPECTOR 등이 개발되었다.

전문가시스템 기술을 정보검색 분야에 응용한 예도 많은데, 이를 중개자 전문가시스템이라 한다. 정보검색 과정에서 사서와 같은 인간중개자의 역할은 정보요구를 가지고 있는 이용자와의 면담을 통해 정확한 정보요구를 파악하고 탐색을 위한 검색어를 도출하여 검색식을 작성하는 것이다. 또한 검색을 실시하여 적절한 결과의 제시 또는 평가, 피드백을 통한 재검색 등을 수행하는 것이다. 그래서 Peter Ingwersen은 Mediator 라는 중개자 전문가시스템 모형을 통해 중개자 전문가시스템이 수행해야 할 주요 기능으로 다음을 제안했다.

- 중개자 전문시스템에 포함되어야 하는 지식베이스 (정적 지식)
  - 정보검색에 관한 지식 : 정보검색기법과 정보검색시스템에 관한 지식
  - 검색 주제 혹은 분야에 관한 지식
  - 이용자에 관한 지식
- 위의 지식베이스는 실제 검색과정 중에 수정, 추가, 새로 작성됨 (동적 지식)
- 피드백이나 결과 출력 등의 검색 후 처리과정을 포함해야 함

이들 일부의 기능을 지원하거나 프로토타입으로 구축·운영하는 중개자 전문가시스템이 다수 존재한다. 대표적으로 DIALOG와 같은 온라인 검색시스템의 이용을 지원하여 이용자의 검색질문이 각각의 명령어로 변환되는 CONIT, 이용자의 문제에 적합한 검색어를 찾아주는 Shoval의 시스템, 원예에 관한 문헌검색 및 관련기관이나 전문가에게 안내하는 시스템으로 이용자 질문을 바탕으로 이용자 모형을 자동구축하고 이용자의 문제기술을 자연어 처리기법으로 처리해주는 PLEXUS, 초기 검색식에 대해 관련어를 추가해주거나 불연산자를 조작하여 검색식을 자동으로 수정해주는 Gauch의 검색식 수정시스템 등이 있다.[4)]

4) 이경호, 정영미, 권도윤, 정보검색의 이론과 실제(대구 : 인쇄마당, 2010), p.1-15.

CHAPTER

인터넷 학술정보원

7

1. 국가차원의 지식정보 유통망

1.1 국립중앙도서관

국립중앙도서관은 우리나라의 국가대표도서관으로 모든 국민이 지식과 교양을 쌓고 학문을 연구하며 문화생활을 즐기는 종합문화공간이다. 그리고 국가의 지적문화유산을 총체적·체계적으로 수집·보존하여 후대에 전승하는 책무를 성실히 수행하고 있으며, 안으로는 국가도서관을 통괄하고 밖으로는 국제적인 협력을 통하여 국가정보능력을 극대화시키는 국가문헌정보교류의 중추기관으로 그 역할을 하고 있다.

다시 말하자면, 국립중앙도서관은 우리나라의 지적 문화유산을 보존하고 한국인의 지식정보 수준을 높이기 위하여 '국내외 지식정보의 망라적 수집, 안전한 보존, 신속한 제공을 통한 문화선진국 내지 지식강국화에 기여'해야 할 사명이 있다. 또한 한국 지식문화유산의 구심체로서 국내외에서 생산·유통되는 지식정보와 지적 문화유산을 최대한 수집·보존하는 국가지식보고, 국민의 지식정보에 대한 접근이용권을 보장하고 정보취약(소외)계층의 상대적 격차를 해소하는 국가정보서비스센터, 전국 모든 도서관의 발전과 서비스를 지원·계도하는 선구자, 그리고 다른 국가의 도서관과 교류·협력하는 창구로서의 책무와 역할을 수행해야 한다.

이를 위하여 국립중앙도서관은 「도서관법」에서 규정한 업무 중에서 '국내외 도서관자료의 개발·수집·제공·보존관리'를 가장 중시하고 주력하고 있다. 그래서 시대사조의 수용성, 수집자료의 융합성, 구성체제의 견고성, 현실적인 적합성, 미래를 대비하는 전략성 등을 압축하는 장서개발정책에 입각하여 체계적으로 국가장서를 개발·관리한다. 특히, 도서관 자료의 납본제도는 「도서관법」 제20조에 따라 누구든지 (온라인 자료를 제외)를 발행 또는 제작한 경우, 그 발행일 또는 제작일로부터 30일 이내에 그 자료를 국립중앙도서관에 납본하도록 규정하고 있다. 또한 장애인을 위한 독서자료·학습교재·이용설명서 등의 변환·제작을 목적으로 디지털 파일형태로 납본을 요청할 경우, 특별한 사유가 없는 한 납본에

응하여야 한다. 납본대상 자료는 다음의 <표 7-1>과 같다.

<표 7-1> 납본대상 자료 및 부수

자료	부수
· 도서, 연속간행물 · 악보, 지도 및 가제식(加除式) 자료 · 마이크로 형태의 자료 및 전자자료 · 슬라이드, 음반, 카세트테이프, 비디오물 등 시청각자료 · 「출판문화산업진흥법」 제2조 4호에 따른 전자출판물 중 콤팩트디스크, 디지털비디오디스크 등 유형물 · 점자자료, 녹음자료 및 큰활자자료 등 장애인을 위한 특수자료 · 출판 환경의 변화에 따라 새로운 형태로 발간되는 기록물로서 문화체육관광부장관이 인정하는 도서관자료	2부
· 디지털파일(장애인용) (장애인을 위한 특수자료로 변환 및 제작이 가능한 자료로 도서관자료심의위원회의 심의를 거쳐 선정·고시)	1부

국립중앙도서관의 자료는 800만권 이상의 단행본과 고서(귀중본, 희귀서), 관보(1894~1945), 신문(~1945), 연속간행물(~1950), 인문과학분야 박사학위논문(~1997), 일본어자료(~1945), 한국관련 외국어자료(~1945), 한글판 고전소설, 고지도 등이 있다. 국립중앙도서관이 제공하는 서비스는 다음과 같다.

- 주요자료 원문정보 DB 구축 : 국립중앙도서관이 국가대표도서관으로서 보존하고 있는 학술적·정보적 가치가 있는 자료를 DB로 구축하여 인터넷을 통하여 신속하게 제공한다.
- 국가서지서비스 : 우리나라에서 간행된 모든 출판물을 망라적으로 수집하여 각 출판물의 서지사항을 기재하고 일정한 체계로 배열한 것으로 '대한민국 국가서지'가 여기에 해당한다.
- 시각장애인을 위한 종합목록 및 원문DB 구축 : 시각장애인 도서관(자료실) 및 공공도서관이 소장하고 있는 자료를 DB로 구축하여 제공한다.
- 참고서비스 : 사서에게 물어보세요, 전화로 물어보기, 방문해서 물어보기의

참고상담서비스를 제공한다.

- 맞춤정보서비스 : 이용자가 관심있는 키워드를 등록하여 국립중앙도서관의 신규 입수자료에 대한 목록과 공지사항, 새소식, 발간자료 웹진을 이메일로 받아볼 수 있는 서비스이다.
- 복사서비스 : 도서관 자료는 저작권법에 의거하여 부분복사(3분의 1)만 가능하다.
- 야간도서관 서비스 : 직장인 등 주간에 도서관 이용이 어려운 이용자들을 위하여 평일 야간(6시~11시)에 자료를 이용할 수 있도록 자료열람시간을 연장하고 있다.
- 휴대전화서비스 : 휴대폰의 무선인터넷을 이용하여 도서검색은 물론 도서관 이용안내, 공지사항, 행사안내 등 유선 웹사이트를 통해 제공되던 서비스를 이용할 수 있도록 하였다.

국립중앙도서관 웹사이트는 <그림 7-1>과 같이 5개 메뉴(도서관이용, 알림마당, 참여마당, 공개자료실, 도서관소개)와 자료검색(디브러리), 전시/행사/콘텐츠/이용안내로 구성되어 있다. 특히, 디브러리(dibrary)는 <그림 7-2>와 같이 도서/비도서(국립중앙도서관 소장자료), 온라인자료(웹 DB, e-컨텐츠, 원문), 국가자료종합목록(전국 공공도서관 소장자료), 한국고전적종합목록(한국 고전적 목록, 해제, 원문)으로 구분하여 검색을 제공한다. 그리고 지역정보, 다문화정보, 정책정보, 장애인정보로 구분하여 주제별 검색을 제공하고 있다.

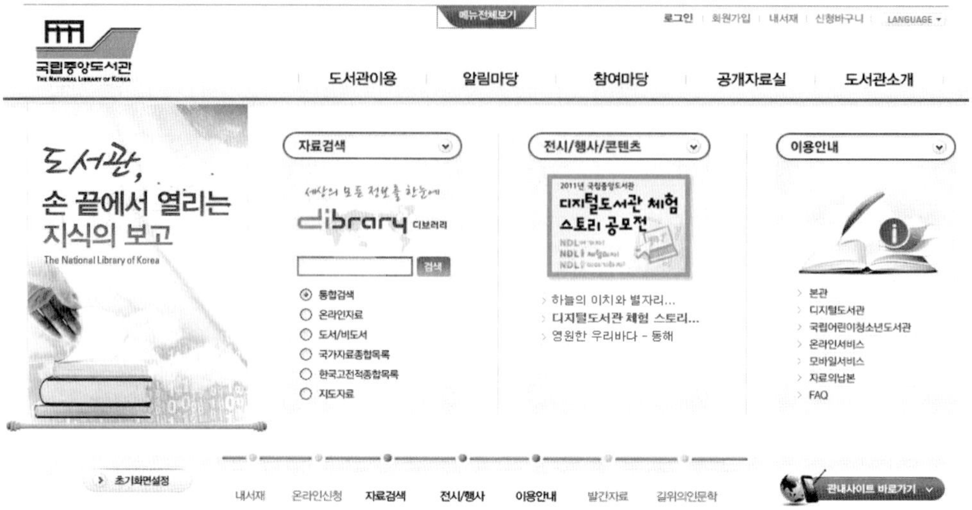

<그림 7-1> 국립중앙도서관의 초기화면 (http://www.nl.go.kr)

<그림 7-2> 국립중앙도서관 디브러리 검색화면

1.2 국회도서관

국회도서관은 세계의 지식정보자원을 수집하여 국회와 국민에게 제공함으로써 의회민주주의 발전과 국민의 알권리 확대에 기여하고 입법부의 역사적 활동 및 인류의 지적문화유산을 보존하여 후세에 전승함을 목적으로 한다. 이를 위하여 국회도서관은 국회의원에 대한 무한봉사를 통하여 지식 입법부 실현에 기여, 입법 활동 전문성 제고를 위해 최고의 법률도서관을 구축, 국가 지식정보의 포괄적 수집과 과학적 보존을 위해 노력, 국내외 도서관과 협력하여 글로벌 지식정보 네트워크를 구축, 재외동포와 한국학 연구자들에게 지식정보를 제공, 정보소외계층에 대한 정보서비스를 통해 복지사회를 지향, 국민 속에서 국민과 함께 발전하는 열린 도서관 환경을 조성하고자 노력한다.

국회도서관의 장서는 주로 인문·사회과학분야의 자료로 구성되어 있으며 미국의회에서 발행되는 청문회자료, 상임위원회자료 및 회의록 등을 포함한 주요국의 의회자료와 각국의 헌법·법령집 그리고 정부간행물도 소장하고 있다. 또한 국제기구 기탁도서관으로서 UN 및 UN전문기구와 WTO 등에서 간행한 각종 자료도 수집·정리하여 봉사하고 있다. 자료유형별로 장서의 규모를 살펴보면 일반자료(단행본, 석박사학위논문, 제본정기간행물 등)가 310만권 이상 소장되어 있고 전자파일도서는 90만여점이 있다. 그리고 비도서자료(전자자료, 오디오·비디오, 마이크로자료, 지도·기타자료, 미술품, 학술세미나자료 등)는 33만점 이상과 더불어 2만 3천종 이상의 정기간행물과 970종 이상의 신문을 구독하고 있다.

국회도서관의 주요사업과 서비스는 다음과 같다.

- 국가서지작성 및 배포 : '정기간행물기사색인'(1910년~현재), '한국박사및석사학위논문총목록'(1910~현재) 작성
- 전자정보교류협력(자료교환, 저작권, 인적교류) : 각급 대학교 및 도서관과 자료 및 DB를 상호 공유하여 효율적인 활용 및 중복투자로 인한 낭비를 제거하고 국가경쟁력 강화에 기여
- 시소러스 개발 : 사회과학 전반에 대한 시소러스를 개발하여 정보검색 및 색인어 선정업무의 효율화, 일관성 있는 주제표현으로 색인자와 이용자를

연결, 정보검색과정의 원활한 커뮤니케이션, 도서종합관리시스템 및 전자도서관검색시스템과 연동하여 정보관리의 효율성을 제고

- 의회정보서비스 : 국회도서관 의회정보실에서 입법 및 국정현안과 관련된 정보 및 자료를 국회의원 및 입법 관련 부서에 입법정보회담, 팩트북 및 자료발간, 데이터베이스 구축 및 서비스, 이메일서비스 등 다양한 유형으로 제공하는 입법지원활동

국회도서관 웹사이트는 <그림 7-3>과 같이 6개 메뉴(국회도서관이용, 의회정보서비스, 전자도서관, 학술정보상호협력, 이용자마당, 국회도서관소개)로 구성되어 있고, 주요정보 서비스로는 신착단행본안내, 금주의 서평, 외국저널목차, 국내주간지기사, 국내법령 제정·개정 이슈, 입법지식 DB, 최신외국법률소식, 일일외국신문정보, 국회도서관보, 국회의원정책세미나 DB, 국회법률도서관이 있다. 특히, 국회전자도서관은 입법정보와 학술정보의 보고(寶庫)이다. 하지만 저작물이용허락 동의를 받지 않은 자료(석박사학위논문, 학술지, 단행본 및 해외소재 한국관련자료 등)의 원문은 현재 인터넷상으로는 서비스되지 않으며, 이들 원문을 보려면 국회도서관 및 협정체결기관을 직접 방문하여야 한다. 국회전자도서관 검색화면은 <그림 7-4>와 같이 일반검색, 상세검색, 고급검색으로 구분된다. 먼저, 일반검색은 자료유형별 검색(전체, 도서자료, 비도서자료, 학위논문, 학술기사, 연속간행물, 인터넷자료)을 지원하고 전체(목차제외), 전체(목차포함), 자료명(full title), 자료명, 저자, 발행자, 키워드로 제한하여 검색할 수 있다. 상세검색은 <그림 7-5>와 같이 불리언 연산자(AND, OR, AND NOT), 본문언어, 원문DB유무, 저작권허락, 발행년도 등을 추가적으로 제한할 수 있고, 고급검색은 <그림 7-6>과 같이 분류검색과 인접 연산자(NEAR, IN, ACCRUE)를 추가적으로 제공한다.

<그림 7-3> 국회도서관 초기화면(http://www.nanet.go.kr)

<그림 7-4> 국회전자도서관 검색화면

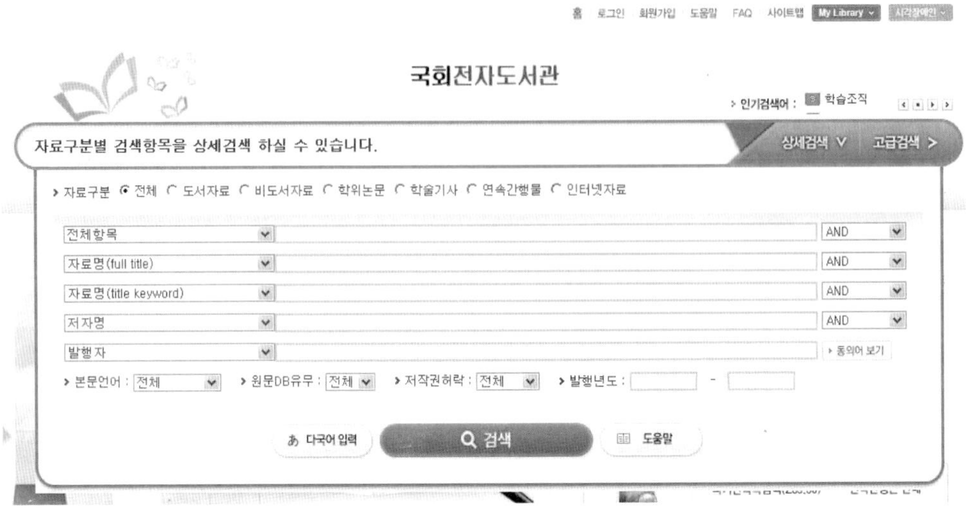

<그림 7-5> 국회전자도서관 상세검색 화면

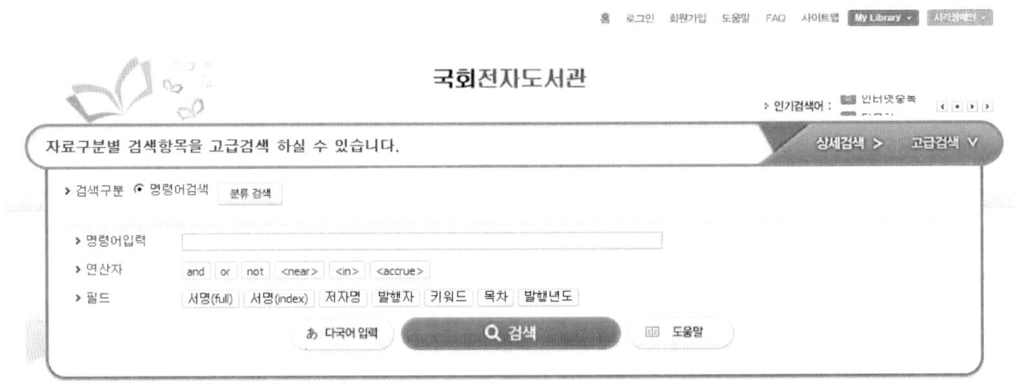

<그림 7-6> 국회전자도서관 고급검색 화면

1.3 국가전자도서관

국가전자도서관 구축사업은 국내 주요 도서관을 연계하여 국가 정보능력을 신장시키고 지역간 균형있는 발전을 꾀하며 향후 전국 도서관들을 연결하여 국가문헌정보 유통체제를 구축하는 정보화 기반을 확립하고자 1996년부터 6차에 걸쳐 추진되어 왔다. 즉, 전통적인 정보이용방법에 대한 이용자들의 인식이 변화함에 따라 국민이 쉽게 이해하고 접근할 수 있도록 도서관에 정보통신기술을 적용하여 전자도서관을 구축하였다.

따라서 모든 국민이 지역과 시간의 제약없이 도서관에 접근하여 필요한 자료를 획득함으로써 그들의 연구력을 증진하고 지역간 정보격차를 해소할 수 있다. 그리고 주요 전자도서관의 통합연동체제를 마련하여 중복투자를 방지하고 국가 정보자원의 공유체제를 확대·발전시킴으로써 21세기 지식정보 사회에서 국가 경쟁력을 강화할 수 있다. 이를 상술하면 다음과 같다.

- 기존 전자도서관 시스템의 적극적인 재활용과 국가자료 구축 및 DB 운영에 따른 비효율성 제거를 통한 예산의 절감
- 국가자료(원문, 목차, 초록 등)의 중복구축을 최소화하여 효율성 및 경제성 제고
- 명실상부한 전자도서관 표준 모델 확립을 통한 국내 타 전자도서관 구축의 가이드라인 제시
- 저작권 자료 이용 및 보호의 안정적 토대 마련을 통한 저작물 유통의 활성화에 기여
- 도서관간 정보공유체제 강화를 통한 중복 투자 방지
- 국가 자료의 일관되고 안정화된 서비스 및 관리체계 확립을 통해 지식기반 사회의 조기 확립에 기여

국가전자도서관 웹사이트는 <그림 7-7>과 같이 5개 메뉴(자료검색, 도서관소개, 서비스안내, 열린마당, 관련사이트)와 국내 주요 도서관을 연계한 원문통합검색창으로 구성되어 있다. 원문통합검색은 현재 9개 참여기관[1]에서 소장하고 있는 70여종의 데이터베이스를 통합검색 할 수 있다.

검색방법은 <그림 7-7>의 초기화면에서 이용자가 검색어 입력창에 찾고자 하는 키워드를 입력하거나 <그림 7-8>과 같이 검색대상 DB를 지정하여 검색하는 간략검색과 검색대상 DB와 자료유형을 선택하여 검색하는 상세검색이 있다.

1) 국립중앙도서관, 국회도서관, 법원도서관, 한국과학기술원 전자도서관, 한국과학기술정보연구원, 한국교육학술정보원, 농촌진흥청 농업과학도서관, 국가지식포털, 국방전자도서관

<그림 7-7> 국가전자도서관 초기화면 (http://www.dlibrary.go.kr)

<그림 7-8> 국가전자도서관의 간략검색 화면

1.4 국가지식포털

국가지식포털은 국민들이 국가지식정보자원을 자유롭게 활용할 수 있도록 각 국가기관들이 전산화한 자료의 통합검색을 제공하기 위해 개발되었다. 즉, 국가적으로 보존 및 이용가치가 높은 지식정보자원을 DB로 구축하여 <그림 7-9>와 같이 국민들이 언제, 어디서나, 편리하게 활용할 수 있는 기반을 확충함으로써 국가경쟁력 향상 및 국민경제 발전에 기여하는 것을 목적으로 한다. 요컨대 국가지식포털은 국가지식자원에 대한 쉽고 빠른 통합검색 환경을 지원한다. 게다가 유비쿼터스 검색지원 서비스를 위하여 모바일 환경2)에서 통합검색, 상세검색, 디렉토리 검색을 지원하는데, 자료분야와 자료유형의 옵션을 선택한 후 검색어를 입력하면 된다. 국가지식포털의 서비스 개념도는 <그림 7-10>과 같다.

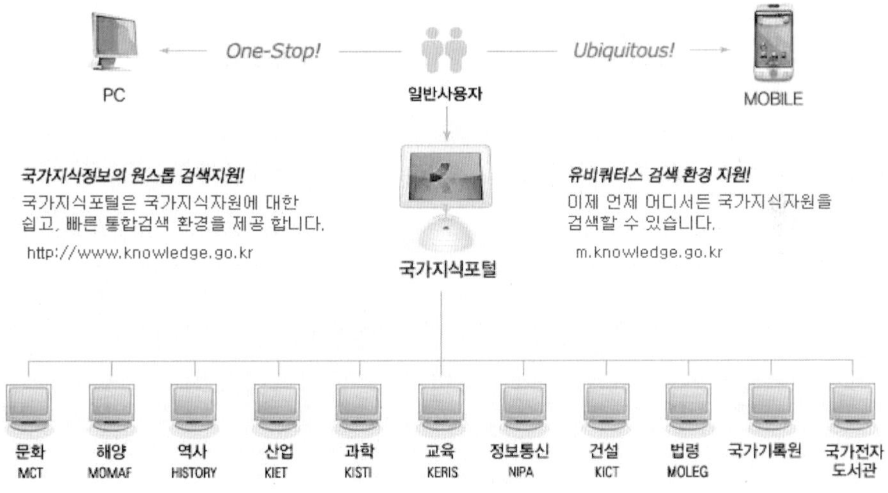

<그림 7-9> 국가지식포털의 주요 서비스

2) pda.knowlede.go.kr 사이트에 접속

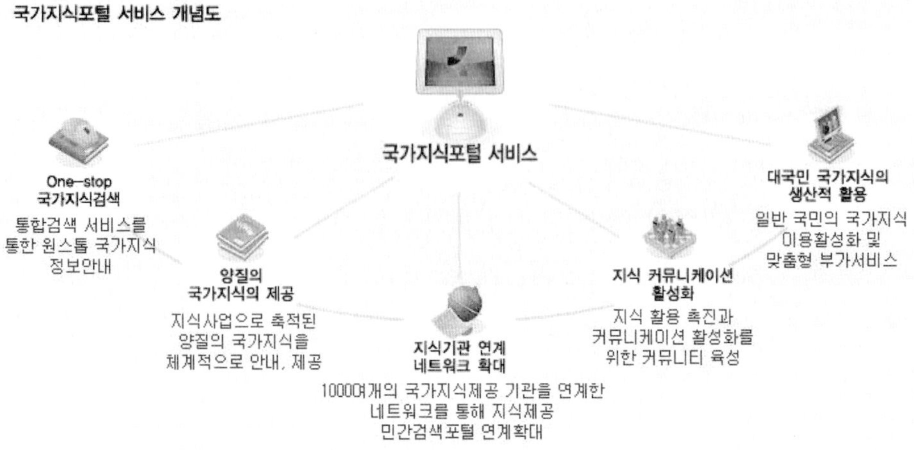

<그림 7-10> 국가지식포털의 서비스 개념도

국가지식포털은 이용자간의 정보지식을 서로 공유하고 자신과 마음이 맞는 이용자간의 커뮤니티가 이루어질 수 있도록 '국가지식 블로그'와 '국가지식전문 포럼'을 제공한다. 그리고 이용자 맞춤형 서비스를 위하여 이용자가 선택한 콘텐츠를 한 화면에 보여주거나 스크랩 할 수 있게 하고 정기적으로 맞춤화된 뉴스레터를 제공한다.

국가지식포털 웹사이트는 <그림 7-11>과 같이 기본적으로 지식DB별, 주제별, 출처별, 자원유형별 디렉토리 검색을 지원하고, 통합검색 및 상세검색의 키워드 검색을 제공한다. 통합검색은 모든 자료를 대상으로 하는 기본검색으로 주제별, 매체유형, 자원유형별로 전체, 원문, 이미지, 멀티미디어, 기타를 선택하여 검색할 수 있다. 상세검색은 <그림 7-12>와 같이 주제별 분류, 지식DB, 자원유형, 원문보유기관, 매체유형, 제목, 저자, 발행처, 발행연도, 정렬순서 등의 다양한 조건을 입력하여 검색할 수 있으므로 보다 정확한 자료검색을 원하는 이용자에게 도움이 된다.

<그림 7-11> 국가지식포털의 초기화면 (http://www.knowledge.go.kr)

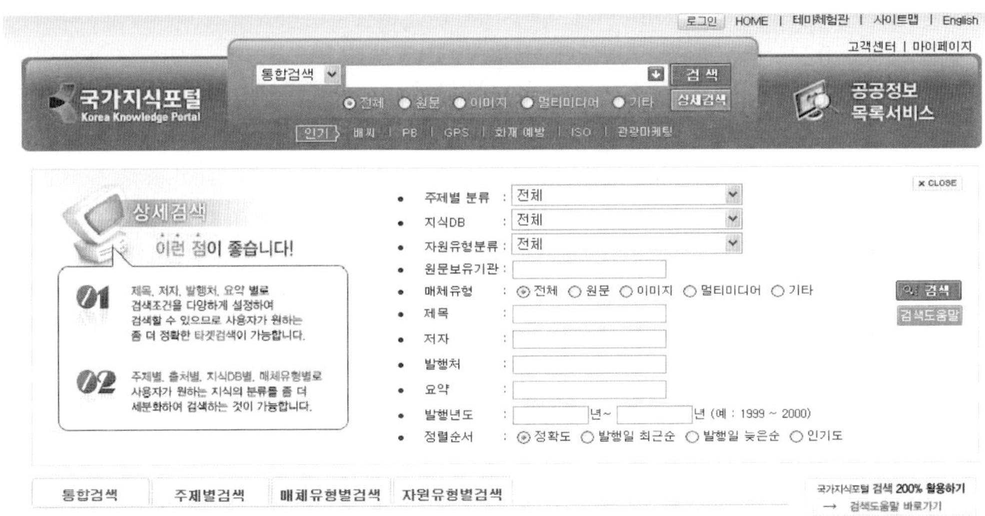

<그림 7-12> 국가지식포털의 상세검색 화면

1.5 나라기록포털 - 국가기록원

국가기록원은 기록의 생산과 관리에 대한 기본정책을 결정하고 제도를 확립하며 증빙기록과 역사기록을 항구적으로 보존하는 업무를 수행한다. 그리고 보존하고 있는 영구기록의 목록을 작성하여 열람·활용할 수 있도록 하며, 기록관리기술 및 기법을 연구하고 표준화하여 이를 보급한다. 또한 일선 조직이나 기관에서 영구적으로 보존할 가치가 있는 기록을 수집하거나 이관받아 보존하는 업무를 수행한다. 국가기록원의 기록물 수집기관 및 대상은 <표 7-2>와 같다.

<표 7-2> 국가기록원의 기록물 수집기관 및 대상

기록물 수집	수집대상
· 청와대, 중앙행정기관, 자자체 등 약 700여 개관에서 수집 · 정부기관 산하 공공기관 기록물 수집	· 공문서류, 시청각물, 간행물 · 회의록 등 의사결정과정의 기록 · 민간보유 주요 기록물, 구술기록 · 국내외 역사기록 · 국가지정기록물

이를 위하여 국가기록원은 우리나라 국가기관들이 보유하고 있는 지식정보를 전산화하여 기록정보에 대한 공개 활용을 확대하고 국정의 전 분야에 거쳐 기록으로 관리해야 할 사항을 국민에게 제공한다. 그래서 국정분야를 28개로 나누고 각 분야별로 콘텐츠 주제를 선정하여 주제에 대한 배경지식과 관련 기록물에 대한 정보를 제공하였다. 이를 위하여 각 분야별로 전문 연구자들이 참여하여 콘텐츠 주제를 선정하고 주제를 계층구조화 하였으며 각 주제에 대한 배경지식을 집필하였다. 하지만 콘텐츠의 분류체계가 정부기능 분류체계인 기능연계모델(BRM : Business Reference Model) 기반이므로 이용자가 용어를 생소하게 느끼거나 화면구성이 복잡하여 검색에 어려움을 준다.

국가기록원의 나라기록 웹사이트는 <그림 7-13>과 같이 기록물검색, 기술계층별검색, 주제별검색, 컬렉션/토픽으로 구성하고 있는데, 소장 기록물은 기능분류방식에 의해 군(부처) - 시리즈(기능: 주로 국단위) - 하위 시리즈 등으로 분류하고 있다. 그리고 이용자가 입력한 키워드가 포함된 기록물 목록, 콘텐츠 배경지식, 국가지식포털, 국가기록원 웹페이지를 검색하여 검색결과를 키워드, 생산기관, 생산연도 항목을 통해 제공하며, 검색범위는 전체/기록물/배경지식/국가지식포털 중에서 선택 가능하다. 만약 선택하지 않았을 경우에는 전체를 대상으로 검색된다. 기록물을 종류별로 검색하는 경우에 키워드 검색범위는 전체/기록물철/기록물건 중에서 선택할 수 있으며, 선택하지 않은 경우에는 전체가 검색된다. 그리고 각 기록물의 검색에 필요한 조건을 살펴보면 다음과 같다.

- 일반문서 : 기록물 유형 선택 - 전체/문서/카드/도면/대장
- 시청각류
  - 기록물 유형 선택 : 전체/사진류/슬라이드류/오디오류/비디오류
  - 내용요약 검색 : 내용요약 중에 해당 키워드가 포함된 기록물을 검색
- 정부간행물
  - 저자명 검색 : 간행물 저자명을 입력하여 검색
  - 목차검색 : 목차 중에 해당 키워드가 포함된 간행물을 검색
- 대통령기록물
  - 대통령명 선택 : 역대 대통령명을 선택하여 검색
- 해외기록물
  - 기록물 매체 선택 : 기록물이 수록된 매체를 선택하여 검색
  - 수집 국가명 검색 : 기록물이 수집된 국가명을 입력하여 검색

<그림 7-13> 국가기록포털의 초기화면(http://contents.archives.go.kr)

콘텐츠 분야 또는 유형을 여러 개 선택하여 동시에 관련되는 배경지식을 찾고 싶을 때에는 배경지식 검색을 통해 해당 기록물로 연결하여 제공한다.

- 키워드 검색범위 : 전체/콘텐츠 주제명/콘텐츠 배경지식 서술문 선택 가능, 선택하지 않을 경우 전체가 검색된다.
- 검색조건 : 콘텐츠가 소속된 분야 또는 콘텐츠 유형을 동시에 여러 개 선택하여 검색한다.

1.6 과학기술포털 - 한국과학기술정보연구원

한국과학기술정보원(KISTI)은 2001년 1월 산업 및 과학기술계 지식정보 연구기관인 산업기술정보원과 연구개발정보센터가 통합하여 발족한 정부출연 전문지식 연구기관으로 과학·기술 및 이와 관련된 산업정보의 종합적인 수집·분석·관리와 정보관리 및 유통에 관한 기술·정책·표준화 등의 전문적인 조사·연구활동을 하고 있다. 또한 과학기술 지식정보인프라의 연구개발 및 서비스체계를 확립하기 위하여 노력하고 있다.

이를 위해서 KISTI는 'yesKISTI'를 운영하여 과학기술정보의 통합검색을 제공하고 있으며, 과학기술분야의 유료 해외저널 등을 제공하는 국가과학기술전자도서관(NDSL: National Digital Science Library)을 <그림 7-14>와 같이 운영하고 있다. 또한 국내 과학기술분야 학회에서 발간하고 있는 학술정보를 수집·제공하는 과학기술학회마을 DB를 구축하여 이용자들이 쉽게 접근할 수 있도록 접근통로를 확대하고 있다. 이외에도 정보전자, 통신, 생명, 에너지, 기계/교통 분야의 미래선도기술에 대한 국내외 기술시장 동향, 연구보고, 학술논문, 특허 등의 고급 컨텐츠를 제공하는 전문정보 사이트인 미래선도기술네트워크를 운영하고 있다. yesKISTI의 메뉴구성 및 검색유형은 다음과 같다.

- 정보검색
  - 통합검색 : KISTI에서 구축한 DB 전체를 통합적으로 검색한다.
  - 상세검색 : 이용자가 <그림 7-15>에서와 같이 검색범위를 전체, 논문, 특허, 보고서, 동향, 표준, 사실정보로 선택할 수 있고 제목, 저자, 초록, 발행연도로 제한하여 검색한다.
  - 고급검색 : 이용자가 <그림 7-16>에서와 같이 검색연산자를 사용해서 검색식을 직접 작성하여 찾고자 하는 정보를 검색한다.
  - 주제별 정보검색 : 총 6개 분야의 대주제로 범주화하고 그 안에 소주제들을 계층적으로 분류하여 이용자들이 주제별로 정보를 검색한다.

- 학술지 검색 : 국내외 학술지 기사를 색인 또는 주제별로 검색할 수 있고, 해외의 경우는 서지정보까지만, 국내의 경우는 일부 무료로 원문을 제공한다.

- 과학기술레이더 : 과학기술분야의 동향, 분석리포트, 매거진 등을 자체적으로 개발하여 제공한다.
- 정보서비스 : KISTI에서 제공하는 메일링서비스, 원문제공서비스, 이용안내정보 등을 제공한다.
- 지식공유넷 : 연구자들이 서로 정보를 교환할 수 있는 커뮤니티 공간을 제공한다.

<그림 7-14> NDSL의 초기화면 (http://www.ndsl.kr)

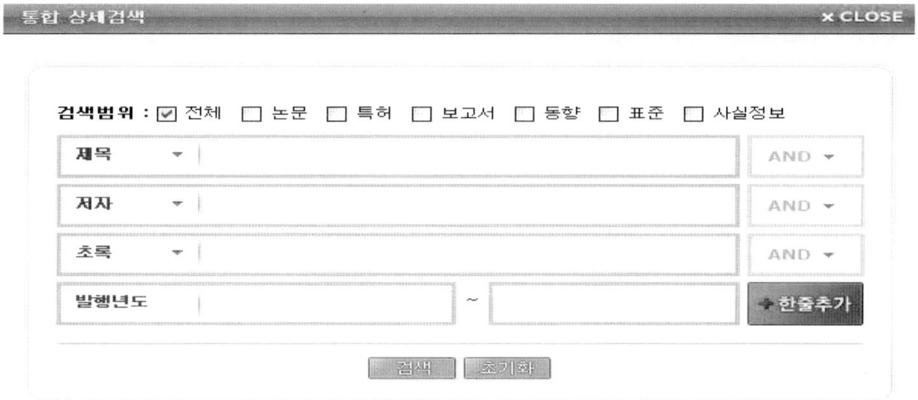

<그림 7-15> NDSL의 상세검색 화면

<그림 7-16> NDSL 고급검색 화면

2. 국내 학술정보 유통망

2.1 국가자료공동목록시스템

국가자료공동목록시스템(KOLIS-NET)은 국립중앙도서관을 중심으로 구성된 전국 공공도서관의 소장자료에 대한 통합 데이터베이스이자 도서관간 정보공유 및 상호협력 네트워크이다. 전국 공공도서관의 소장자료에 대한 정보는 KOLIS-NET에 모아지게 되며, 이렇게 모아진 정보는 다시 전국 공공도서관들이 공유·활용하여 다음과 같은 대국민 정보서비스의 향상을 기할 수 있게 한다.

- 전국 공공도서관 사서간의 협력작업을 통해 최적화된 목록정보를 생성하여 국민에게 보다 정확하고 신속하게 도서관 소장자료에 대한 정보를 제공한다.
- 전국 공공도서관의 정보공유 및 업무협력을 통해 전국 어디에서나 동일하게 다양하고 풍부한 도서관 정보서비스를 받을 수 있게 한다.

그 외에도, KOLIS-NET은 타도서관에서 이미 작성한 목록, 목차, 초록 등 다양한 도서관 자료정보에 대한 공동 활용을 통해 도서관 업무의 능률을 향상시키는데 기여한다. <그림 7-17>과 같이 공공도서관표준자료관리시스템(KOLAS II)의 수서, 등록, 정리업무에 서지 MARC의 활용이 가능하여 도서관 목록의 일관성을 유지하고 사서들간의 협력작업을 통해 목록의 최적화가 가능하다. 무엇보다 KOLIS-NET을 통해 어느 도서관이 어떤 자료를 소장하고 있는지 검색할 수 있으며 관련 도서관의 정보를 알 수 있다. 그래서 이용자는 자료가 해당지역 도서관에 없을 때 사서에게 요청하면 다른 도서관에서 자료를 대출받을 수 있고 복사서비스를 신청해서 우편이나 이메일을 통해서 받을 수도 있다. 따라서 이용자는 한 번의 검색으로 전국 도서관의 모든 목록 및 소장정보를 검색할 수 있다.

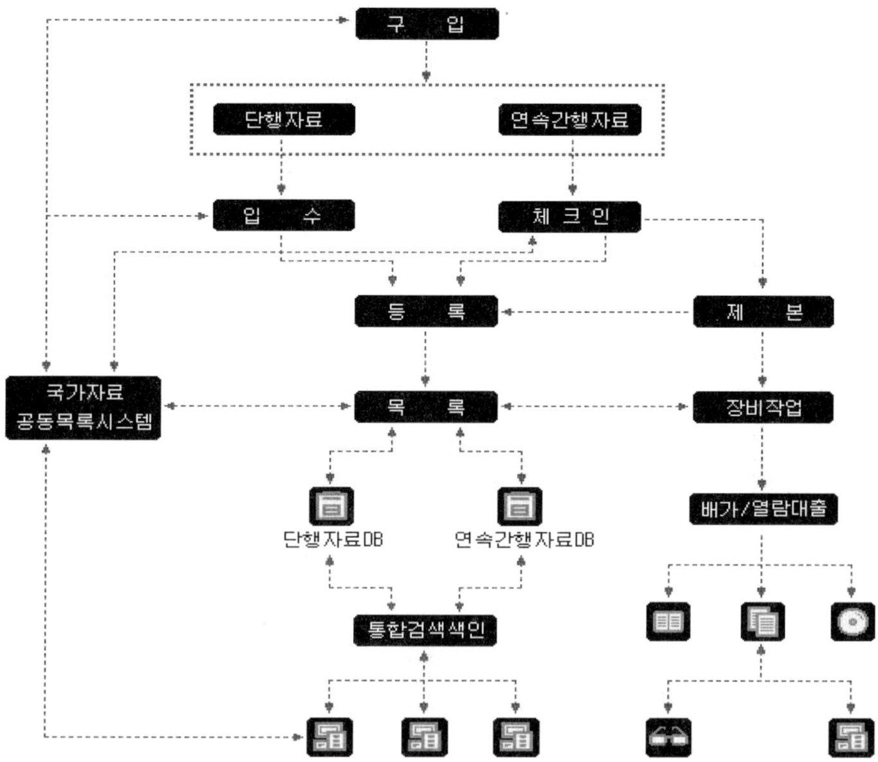

<그림 7-17> 국가자료공동목록시스템과 자료관리시스템과의 연계 작업 흐름도

KOLIS-NET 웹사이트는 <그림 7-18>과 같이 6개의 검색메뉴(KOLIS-NET 검색, 다른기관 검색, 맞춤정보서비스, 공지사항, 열린마당, 질문모음)를 제공한다. 'KOLIS-NET 검색'은 <그림 7-19>와 같이 간략검색, 상세검색, 주제명 표목표 검색, 주제별 브라우징(동양서, 서양서), 신착자료 검색을 제공한다. 여기에서 주제별 브라우징의 동양서는 KDC를, 서양서는 DDC를 이용한다. 그리고 '다른기관 검색'은 다른 기관 통합검색, 국립중앙도서관 연속간행물, 국립중앙도서관 학술지 기사색인을 제공한다. 그 중에서 <그림 7-20>은 다른 기관 통합검색 화면인데, 국내외 주요 기관의 자료를 한 번의 질의 입력 및 검색으로 원하는 자료에 접근할 수 있는 서비스이다. 또한 '맞춤정보서비스'는 이용자가 관심 있는 주제 및 분야를 신청하면 해당 자료의 신착정보를 이메일로 제공하는 서비스이다. 즉, 이용자가 원하는 신착자료에 대한 검색조건을 입력하면 주기적으로 등록되는 신착자료에서 해당검색목록을 이메일로 전송해 준다.

<그림 7-18> KOLIS-NET의 초기화면 (http://www.nl.go.kr/kolisnet)

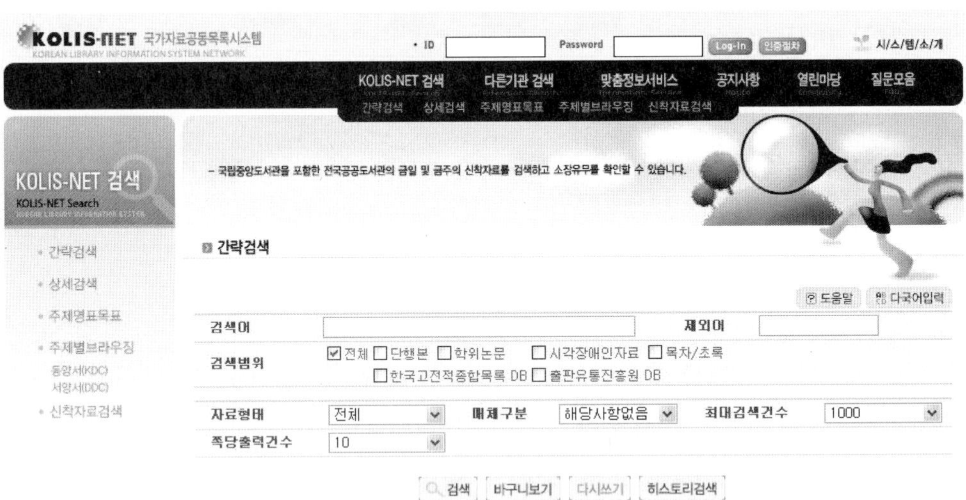

<그림 7-19> KOLIS-NET의 'KORIS-NET 검색' 화면

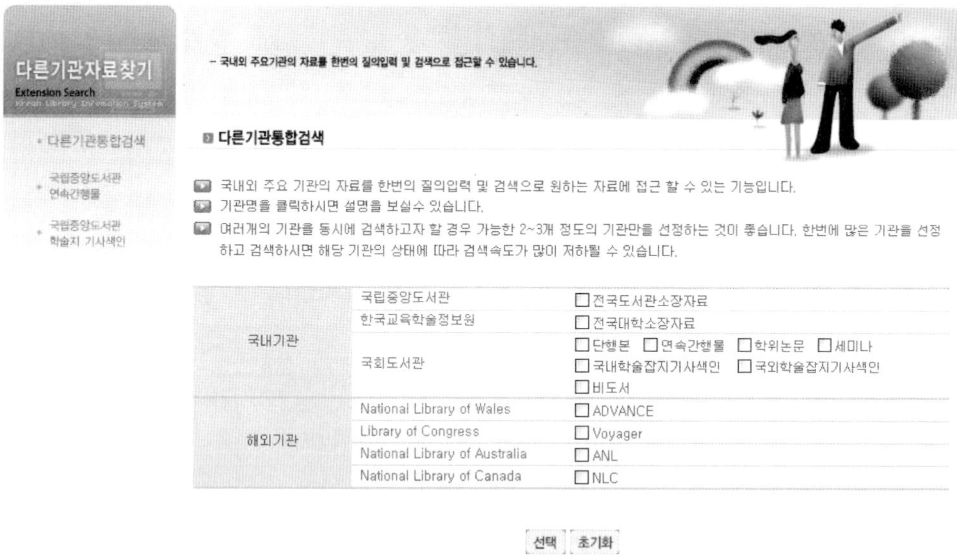

<그림 7-20> KOLIS-NET의 '다른 기관 통합검색' 화면

2.2 한국교육학술정보원 - 학술연구정보서비스

한국교육학술정보원(KERIS)의 학술연구정보서비스(RISS: Research Information Sharing Service)는 국내외에서 생산되는 다양한 학술연구정보를 체계적으로 정리한 학술정보 종합서비스로, 누구든지 언제 어디서나 원하는 최신의 고급정보를 쉽고 빠르게 이용할 수 있어 연구활동의 효율성 증진, 고등교육의 경쟁력 향상, 국가연구의 경쟁력 강화를 기대할 수 있다. 1998년 개통이후, 현재 162만명의 학술연구자가 이용하고 있으며 하루 평균 1만 6천명이 방문하고 있다. 전국 4년제 대학이 100% 참여하는 학술정보 공동활용체제를 기반으로 대학이 생산·보유·구독하는 모든 학술자원을 공동으로 이용할 수 있도록 개방된 서비스를 제공하고, 2010년 1월 단순한 국내외 학술연구정보제공 서비스에서 다방면으로 연구를 지원하는 학술연구 및 고등교육 교수학습 플랫폼, 'RISS 2.0'으로 진화하였다. RISS의 시스템 개념도는 다음의 <그림 7-21>과 같다.

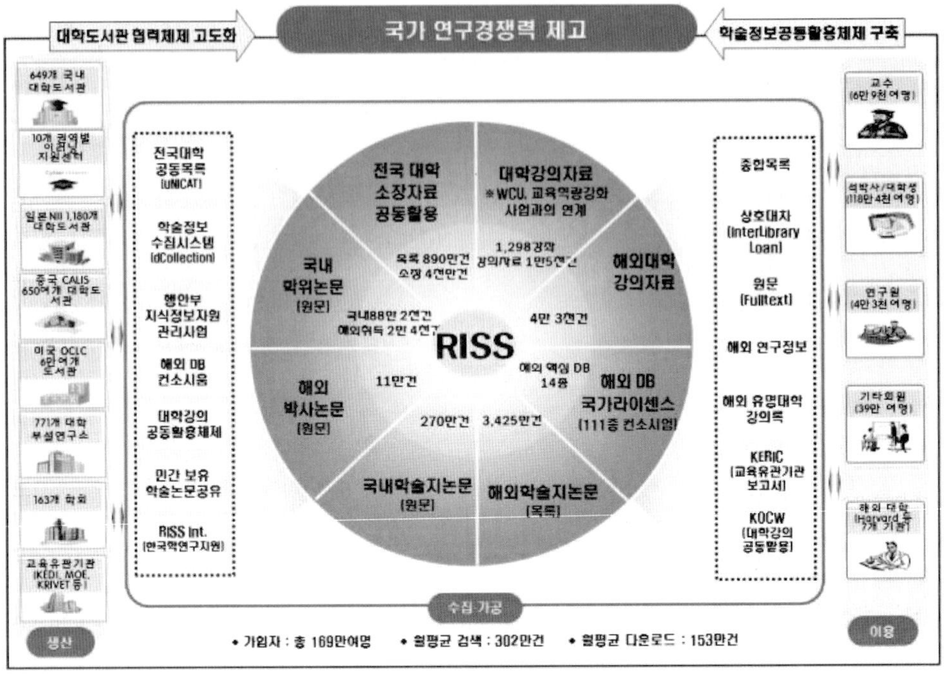

<그림 7-21> RISS의 시스템 개념도

RISS는 연구자들이 학술연구정보를 접근·검색·활용하는데 편리하도록 다음의 4가지 방법을 제공한다.

- 통합검색서비스 : 국내 모든 학술정보를 한 번의 검색으로 확인
- 개별검색서비스 : 자료 유형별로 보다 폭넓고 정확한 정보제공
- 주제별 정보서비스 : 주제 분야별로 가장 적절한 맞춤정보제공
- 연구지원 정보서비스 : 해외 강의록 및 국제기구 정보자원 등을 제공

그리고 RISS 서비스는 크게 학술연구자를 위한 학술정보 검색시스템과 대학도서관 지원서비스로 구분할 수 있는데, 전자는 전국대학 소장자료, 학위논문, 학술지논문, 기타 연구논문 등을 대상으로 디지털 파일형식의 원문정보서비스와 도서관간 복사/대출서비스를 통해 원하는 자료를 구할 수 있고, 후자는 학술정보유통의 기반이 되는 종합목록, 상호대차, dCollection(디지털 학술정보 유통체

계), 해외전자정보 공동구매 등을 지원하고 있다. 이 밖에 해외 대학 및 학술기관과의 연계를 통해 글로벌 학술정보 유통망을 구축하고 있으며, 현재는 일본대학 뿐 아니라 중국대학의 소장자료를 검색 및 자료신청할 수 있고 그 범위를 확대할 계획이다. 주요 서비스 내용을 살펴보면 다음과 같다.

- 국내 대학도서관 소장자료 복사/대출서비스
- 국내 석박사학위논문 원문서비스, 복사/대출서비스
- 국내 학술지논문 원문서비스, 복사/대출서비스
- 해외 전자저널(국가라이선스 14종 등)
- 고등교육 이러닝 콘텐츠(KOCW) 서비스

RISS의 검색메뉴는 기본검색과 상세검색으로 구분되는데, 전자는 <그림 7-22>에서와 같이 학위논문, 국내학술지논문, 해외학술지논문, 단행본, 공개강의를 한번에 통합검색하거나 자료유형별로 선택하여 검색할 수 있고 다국어입력기능과 검색어 자동완성기능을 제공한다. 후자는 <그림 7-23>과 같이 자료유형별 검색이 가능하고 각각의 키워드에 저자명, 제목, 발행처, 주제어, 초록, 목차 등 알맞은 검색항목을 직접 지정하여 검색하는 방법으로 전방일치와 완전일치 검색을 선택할 수 있으며 각 검색항목마다 불리언 연산자(AND/OR/NOT)를 이용할 수 있다.

그리고 검색결과를 확인할 때, 검색을 통한 콘텐츠 결과가 너무 많을 경우에는 결과내 재검색을 통해 검색결과를 필터링 할 수 있다. 또한 각 자료 유형별 상세검색 목록에서 검색결과를 정교화 시킬 수 있도록 유형별 선택 옵션을 제공한다. 이용자가 검색한 키워드를 중심으로 연관정보를 제공하여 이용자의 지식확장을 지원한다.

<그림 7-22> 한국교육학술정보원의 학술연구정보서비스(RISS) 초기화면
(http://www.riss.kr/)

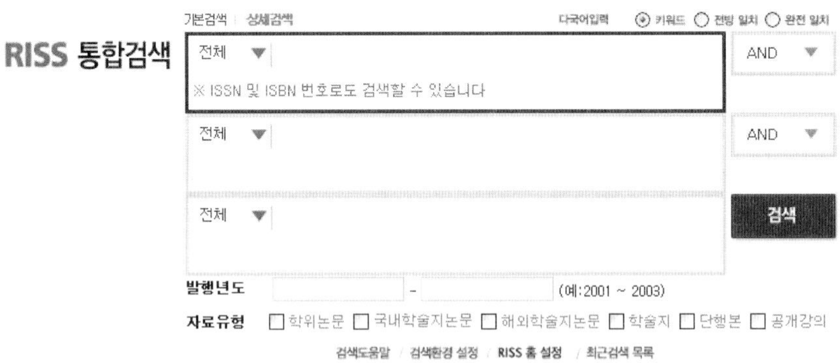

<그림 7-23> RISS의 상세검색 화면

그 외에도 RISS는 다음과 같은 특별한 검색서비스를 제공하고 있다.

- 원문메모장 : PDF 논문에 메모, 책갈피, 형광펜 기능의 제공
- 오픈랩 : 국내외 우수공개강의 무료 제공 및 논문 및 강의 제작·공유
- 사용자 참여자료 : RISS 콘텐츠에 관련 자료를 사용자가 직접 등록
- 공유하기/북마클릿 : RISS 콘텐츠를 SNS를 통해 외부로 유통
- 내서재 : RISS 자료와 외부 웹자료를 쉽게 모아 통합관리
- 검색조건 저장 : 만족한 결과 목록에 대해 지속적인 검색결과 열람

3. 국내 상업기관의 학술정보원

3.1 누리미디어(주) - DBpia

DBpia는 누리미디어가 제공하는 국내학술논문 전문 DB로, 경쟁력 있는 학문의 발전을 위하여 학회와 연구기관, 출판사 등에서 간행하고 있는 학술간행물을 디지털콘텐츠로 개발하고 CD-ROM과 온라인 데이터베이스로 서비스하고 있다. DBpia는 628개의 학회, 연구기관, 출판사에서 발행하는 1,350종의 간행물, 120만개 이상의 논문, 그리고 16만개 이상의 국가지식을 서비스 중이며, 지속적으로 자료가 추가되고 있다. DBpia의 주요 기능은 다음과 같다.

- 강력한 검색기능 : 통합검색제공, 강화된 결과내 재검색, 편리한 브라우징, 검색 History 제공
- 풍부한 메타데이터 : 관련 학술자료 정보제공, 참고문헌, 인용정보(cited by) 구축, DBpia 저자목록 구축
- 직접 참여하는 서비스 : 저자식별참여, 참고문헌 찾기, 이용자 태그등록 기능, 포인트 제도 운영

- 차별화된 개인화 기능 : 메인화면 설정, 스크랩 폴더 확인, 저자회원제도 운영, 알림서비스(SDI) 제공
- 이용 편의성 증대 : 직관적인 인터페이스, 편리한 서지관리 기능, 웹표준 준수를 통한 다양한 브라우저 지원, RSS 서비스 제공, 영문페이지 제공, 모바일 서비스

DBpia의 검색방법은 기본검색과 상세검색이 있는데, 전자는 <그림 7-24>의 DBpia 초기화면에 통합검색과 학술논문검색을 제공하고 전체, 제목, 저자, 간행물, 발행기관을 선택하여 검색할 수 있다. 후자는 <그림 7-25>와 같이 3개의 입력창을 통해 불리언 연산자(AND, OR, NOT) 기능의 조합으로 검색이 가능하고, 검색필드는 논문 검색의 기본이 되는 제목, 목차+초록, 저자, 간행물, 발행기관, 키워드를 선택할 수 있으며, 그 외의 다양한 조건(주제, 간행물 유형, 출처, 등재정보, 본문언어, 발행일자, ISSN/ISBN, 정렬방식, 출력건수)을 제공하고 있다. 그리고 불리언 검색과 UCI CODE 검색도 제공하고 있다. 또한 DBpia의 검색메뉴에 간행물 목록, 발행기관 목록, 주제구분, DBpia 저자목록을 제공하고 있다.

그리고 검색결과는 DBPIA 학술논문, KRPIA 웹 DB, BookRail 전자책, 배움넷 동영상강좌를 통합하여 제공한다. DBpia 자료만을 대상으로 검색하고자 할 때에는 검색창의 검색옵션을 '학술논문'으로 지정하면 된다. 스크랩 기능을 이용하면 폴더를 만들어 검색결과를 저장·관리할 수 있다.

그 외에 알림서비스는 발행기관별, 간행물별, 키워드별, 주제별 업데이트 소식을 이메일로 전송해 주어 DBpia에 접속하지 않고 메일만으로도 많은 정보를 얻을 수 있다.

<그림 7-24> DBpia의 초기화면(http://www.dbpia.co.kr)

<그림 7-25> DBpia의 상세검색 화면

3.2 한국학술정보(주) - KISS

KISS(Korean studies Information Service System)는 1996년 국내 최초의 학술지 원문데이터베이스 검색을 위한 사이트로 개발되었다. KISS의 학술지 원문데이터베이스는 1996년부터 지금까지 국내 1,200여개 학회 및 연구소에서 발행하는 학회지 및 연구간행물을 창간호에서 최근호까지 수록하고 있으며, 현재 약 130만 건의 논문을 구축한 상태이다. 이 자료들은 학회나 연구기관의 심사를 통해 학술지에 발표된 논문으로 전문성과 신뢰성이 검증된 전문지식이며, 국내외 800여개 대학, 정부기관, 공공도서관, 연구소, 기업에서 다양하게 이용하고 있다. 새로 발간되는 자료는 3~15일 사이에 업데이트 되며, 매년 약 10만건(약 150만쪽으로 단행본 5,000권 상당)이 추가되어 서비스되고 있다. 그리고 1,500여 종의 단행본 학술도서를 전자책으로 이용할 수 있고, 조선일보(1920년 창간호~)에 실린 모든 기사내용을 볼 수 있다. <그림 7-26>은 KISS의 초기화면으로 기관과 개인으로 구분하여 제공하고 있다.

<그림 7-26> KISS의 초기화면 (http://kiss.kstudy.com)

KISS의 검색방법은 기본검색과 검색메뉴에 지정되어 있는 학회별 검색, 간행물 검색, 분야별 검색, 발행기관별 목차, 상세검색으로 구분된다. 특히, 기본검색은 초기화면에서 키워드를 직접 입력하고 데이터를 찾고자 할 때 이용되며, 전체 범위 뿐만 아니라 제목, 초록, 제목+초록, 저자, 키워드, 발행기관, 간행물 등의 제한을 두고 검색할 수도 있다. 상세검색은 <그림 7-27>과 같이 찾고자 하는 자료의 서지사항을 구체적으로 알고 있는 경우에 불리언 연산자(AND, OR)의 조합으로 검색할 수 있고, 검색필드는 기본검색과 같으며 그 외의 다양한 조건(주제, ISSN, 연도, 정렬방식, 출력개수, 검색학회목록)으로도 검색할 수 있어 빠르고 쉽게 결과를 얻을 수 있다. 검색결과는 발행일순, 유사도, 제목, 저자순으로 변경가능하고 내림차순으로 기본 정렬된다. 또한 결과내 검색을 통해 검색결과 범위를 좁혀갈 수 있으며, 검색된 문헌은 PDF 파일로 다운로드 할 수 있다.

<그림 7-27> KISS의 상세검색 화면

e-Book은 주로 독자층이 제한되어 상업성이 없다고 출판사에서 기피하는 전문학술도서, 컬러사진이 많아 도서가격이 고가인 도감, 사전, 색인집 등 데이터베이스화가 필요한 자료를 주문형 출판(POD: Publishing On Demand)으로 하고 있다.[3] 출판은 독자 주문형이나 매체 주문형으로 이루어지는데, 전자는 독자가

요구하고 주문하면 비록 소량이라도 요구하는 때에 다양한 형태로 출판하고, 후자는 독자가 요구하는 매체(CD-ROM, e-Book, v-Book 등)로 자료를 제작해서 제공한다. 그리고 검색은 키워드 검색방법 뿐 아니라 KDC 분류와 출판사 분류체계로도 검색할 수 있다.

조선일보와 동아일보 아카이브 서비스는 <그림 7-28>과 <그림 7-29>와 같이 창간부터 현재까지의 기사를 날짜별, 기자(기고자)별, 기사유형별 등으로 다양하게 검색할 수 있도록 제공하고 있다.

<그림 7-28> KISS의 조선일보 아카이브 서비스 화면

3) Books I & I <http://ebook.kstudy.com/>

<그림 7-29> KISS의 동아일보 아카이브 서비스 화면

3.3 과학기술학회마을

한국과학기술정보연구원(KISTI)에서는 국가차원의 학술정보 종합 유통체제 구축의 필요성을 인식하고 1996년부터 학회정보화지원사업을 시작하였다. 학회는 국내외 학술활동과 교류를 통해서 방대한 양의 학술자료를 생산하여 보유하고 있는 첨단 과학기술정보의 보고로서 국가 연구개발 활동의 중추적인 역할을 수행하고 있다. 이러한 중요한 역할을 수행하고 있는 학회는 정보화를 담당하는 인력과 인프라 및 재정적 취약으로 인하여 적극적인 정보화 추진이 어려운 실정이다. 이에 KISTI에서는 학회의 학술활동 활성화와 기술혁신 제고로 과학기술 경쟁력 향상에 기여하기 위하여 학술자료를 디지털화 하고 검색·활용이 가능하도록 지원하여 국내학술정보의 One-Stop 서비스체제를 구축하고 있다. 이를 위하여 학술자료 수집 및 서지, 원문 DB 구축 및 관리, 구축된 학회 학술 정보에 대한 한/영 검색 서비스 제공(KRISTAL 기반), KISTI-ACOMS(웹기반 논문투고관리시스템) 보급 및 운영지원, 학회홈페이지 구축 및 관리, 학회 소유 도메인네임 서비스 지원, 대용량 이메일 서비스 지원, 기타 학회정보화에 필요한 기술 및 인프라를 지원한다.

과학기술학회마을 웹사이트는 <그림 7-30>과 같이 6개의 메뉴(논문검색, 학술지검색, 학회정보화지원사업, 학술논문투고관리시스템, 게시판, HotLinks)를 제공하고 있는데, 논문검색은 기본검색과 고급검색이 있다. 전자는 <그림 7-31>과 같이 제목, 초록, 키워드, 저자를 선택하여 불리언연산자(AND, OR)를 조합하여 검색할 수 있고 발행년도와 자료유형의 제한조건도 제공한다. 후자는 <그림 7-32>와 같이 검색식을 입력하여 검색하는데 기본검색과 마찬가지로 발행연도와 자료유형을 제한할 수 있다. 그리고 학술지검색은 학술지별(키워드검색, 자모검색), 학회별(키워드검색, 자모검색), 주제별(DDC 분류) 검색이 제공된다.

<그림 7-30> 과학기술학회마을의 초기화면(http://society.kisti.re.kr/)

<그림 7-31> 과학기술학회마을의 기본검색 화면

<그림 7-32> 과학기술학회마을의 고급검색 화면

4. 일반 검색엔진

4.1 구글

구글(goolge)은 스탠포드 대학교의 Larry Page와 Sergey Brin이 1999년 6월에 구축 완료하여 서비스를 시작한 검색엔진이다. 'goolge'이란 용어는 10의 100승이라는 의미로 인터넷의 광대한 정보를 구글이 모두 담겠다는 의미에서 사용하고 있다. 구글의 메인화면은 <그림 7-33>과 같이 매우 간결한데, 이것은 기존의 검색엔진이 포털을 지향하고 있는 반면, 구글은 순수한 정보 검색엔진으로서 기능에 충실하고자 하기 때문이다. 구글의 특징을 살펴보면 다음과 같다.

- Page Rank 기술 : 500개의 변수와 20억개 이상의 용어로 된 세밀한 공식을 사용함으로써 웹페이지의 중요도를 객관적을 평가한다.
- 검색엔진 중에서 가장 방대한 색인을 보유하고 있다.
- 검색속도가 빠르고 30개국의 언어로 된 정보를 검색할 수 있다.
- 동의어를 자동으로 검색해 주고 검색로봇이 검색한 모든 정보를 분야에 관계없이 연관성이 높은 것부터 차례로 보여준다.
- 페이지 내의 검색어 위치에 중요성을 두어 검색어가 서로 가까이 있으면 결과화면에서 순위가 높게 평가된다.
- 웹페이지 이외에도 이미지, 뉴스그룹, 디렉토리 검색서비스도 제공한다.

구글의 검색기법으로 우선 검색어 사이의 공백은 기본적으로 AND 연산자를 지원하므로 단어를 제한하여 좀 더 정교한 검색결과를 얻으려면 단순히 단어를 추가하면 된다. 다음으로 대소문자를 구별하지 않고 정확한 검색결과를 제공하기 위하여 절단연산자(*, ?)를 지원하지 않는다. 반면에 구검색(" ")과 OR 및 NOT 연산자는 지원한다.

이 외에도 개인 홈페이지(iGoogle), Maps, 구글 어스(Google Earth), 구글 캘린더 등의 서비스를 제공한다.

<그림 7-33> 구글의 초기화면(http://www.google.co.kr)

4.2 야후

야후(yahoo)는 'Yet Another Hierarchical Officious Oracle'의 약자로서, 1994년 스탠포드대학의 전기공학과 박사과정에 있던 David Filo와 Jerry Yang이 웹서버 주소목록을 취미로 시작했다가 하나의 사업으로 발전시킨 대표적인 주제별 검색엔진이다. 야후의 모든 사이트는 전문서퍼에 의해 분류되는데, 전문서퍼는 등록 신청이 들어온 웹사이트를 둘러본 후, 어떤 디렉토리의 카테고리에 해당 사이트를 등록시켜야 할 것인가를 결정하여 분류하고 등록시키는 역할을 한다. 야후의 모든 사이트 설명도 서퍼에 의해 작성된 것이므로 로봇 프로그램으로 자동검색을 수행하는 다른 검색엔진에 비해 양질의 정보를 기대할 수 있다. 야후의 초기화면은 <그림 7-34>와 같이 검색대상이 웹문서, 지식, 커뮤니티, 사전, 뉴스, 이미지, 동영상, 뮤직, 쇼핑 등으로 매우 다양하고 인물정보, 전화번호, 지도, 날씨정보, 증권정보 등도 제공한다. 야후는 다음과 같은 특징을 가진다.

- 체계적인 링크정보를 제공한다.
- 20만개 이상의 사이트를 14개의 주제로 계층적인 정리를 한 데이터베이스를 소유하고 있다.

- 주제별 디렉토리 검색서비스를 제공하므로 14개의 대분류 항목에서 시작하여 대분류 → 중분류 → 소분류의 계층적인 형식으로 검색한다.
- 메뉴검색 중 언제든지 키워드 검색이 가능하므로 좀 더 효율적으로 검색할 수 있다.
- 키워드 입력시 불리언 연산자(AND, OR, AND NOT) 사용이 가능하다.
- 야후에 등록된 홈페이지는 하루 간격으로 변화여부를 체크해 정보를 갱신하기 때문에 클린 링크가 거의 없다.

이 외에도 '야후! 거기'는 실생활에 필요한 모든 지역정보를 대화하듯 검색할 수 있는 서비스이다. 동네 곳곳의 업소 정보, 관광지 정보, 부동산 정보를 단순 나열하는 것이 아니라, 이용자의 생생한 이용후기와 평가정보를 한눈에 보일 수 있도록 하여, 익숙하게 알고 있는 곳을 중심으로 반경 검색함으로써 실제적인 위치 찾기가 가능하다. 그리고 '허브'는 태그(내 관심사를 나만의 언어로 표현하는 키워드)로 내 컨텐츠와 타인의 컨텐츠를 모아주는 세상의 모든 관심사들을 모아놓은 곳이다. 또한 '야후! 툴바'를 이용하여 원하는 웹페이지의 URL 담기, 내 웹브라우저의 북마크 불러오기가 가능하여 마이 허브 안에서 모든 정보들을 저장·검색할 수 있다.

<그림 7-34> 야후의 초기화면(http://kr.yahoo.com)

4.3 네이버

네이버(naver)는 삼성 SDS 정보기술연구소의 검색엔진팀인 웹 글라이더팀이 사내 벤처 프로그램으로 독립하여 제작한 검색엔진으로 1997년 11월부터 서비스를 시작하여 현재는 인터넷 포털사이트로 운영되고 있다. 2001년 9월에는 NHN(주)로 회사명을 바꾸었는데, NHN은 Next Human Network의 머리글자이다.

네이버는 navigate(항해하다)와 사람을 뜻하는 접미사 -er의 합성어이다. 네이버는 통합검색, 디렉토리, 웹문서는 물론 이미지, 동영상, 리포트, 지도, 사전검색, 지식iN 등 다양한 서비스를 제공하고 회원들에게는 이메일, 카페, 블로그 등의 서비스를 제공하고 있다. 그밖에 온라인 게임사이트인 한게임, 어린이 전용

포털인 주니어네이버, 온라인 기부 포털인 해피빈 등도 운영하고 있다.

네이버의 초기화면은 <그림 7-35>로 14개의 주제별 키워드형 검색엔진으로 검색하거나 웹페이지 본문을 대상으로 전문(全文)을 검색할 수도 있다. 그 밖에 12가지 연산자와 복합명사 분석기능을 제공하며 국내외 웹페이지뿐 아니라 그림파일, 음악파일, 신문도 검색할 수 있다. 그리고 2000년 8월부터는 단순 검색 방식을 사용하는 기존의 한글 검색엔진과 달리, 입력된 검색어별 검색의도를 분석해 차별화된 검색결과를 찾아주고 네티즌과 대화를 나누는 방식의 양방향 검색을 지원하는 지능형 검색서비스인 넥서치(Nexearch) 기능을 도입하여 쉽고 편리한 검색서비스를 제공하고 있다.

네이버는 불리언 연산자(AND, OR, NOT)와 절단검색(NEAR, WITHIN) 등의 검색 연산자를 제공하는데, 연산자와 검색어 사이에는 반드시 빈 칸을 두어야 한다. 네이버의 특징은 다음과 같다.

- 자연어 검색을 지원한다. 검색어를 문장형태로 입력한 경우 자동으로 색인어를 추출하여 그에 가장 유사한 결과를 찾아준다.
- 디렉토리 검색과 키워드 검색을 동시에 제공하고 웹페이지 외에도 이미지, 동영상 검색이 가능하다.
- 특정 단어를 검색할 경우, 그와 관련된 연관 단어들을 제공해주는 연관검색을 지원한다.
- 실시간 온라인 트렌드를 파악하여 실시간 검색순위를 제공함으로써 현재 온라인에서 가장 이슈가 되고 있는 정보를 바로 확인할 수 있다.
- 이용자가 검색어를 입력할 경우, 검색어의 좌측 글자부터 이용자가 입력하는 단어와 일치하는 검색어를 제공하는 자동완성기능을 제공한다.

이 외에도 네이버 사전, 국회도서관 자료검색, 네이버 특허 등의 서비스도 제공한다.

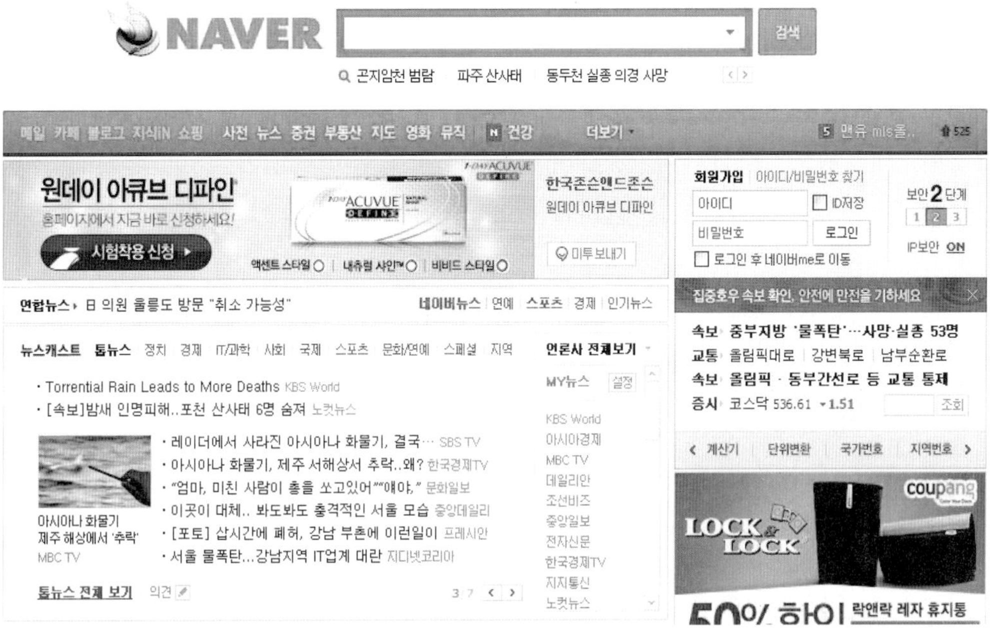

<그림 7-35> 네이버의 초기화면(http://www.naver.com)

5. 세계적인 학술정보원

5.1 OCLC FirstSearch

OCLC는 Dublin, Ohio에 소재하고 있으며, 1966년 미국 오하이오주에 소재한 54개 대학협의회인 오하이오 대학협회에서 대학교육과 연구를 공동으로 지원하기 위해서 만들었으며, 정보 이용자들이 전 세계적인 차원에서 정보에 쉽게 접근할 수 있도록 노력하고 있는 비영리기관(운영은 영리와 다름없음)이면서 회원제로 운영하고 있는 도서관 봉사 및 연구기관이다.[4]

OCLC FirstSearch는 학술 전 주제 분야를 망라한 80여종의 데이터베이스에 단일 인터페이스로 통합검색 및 원문을 다운로드 할 수 있는 온라인 참고서비스

4) 이경호, 정보학(대구 : 인쇄마당, 2008), p.356-7.

로서 정확한 서지사항 및 소장처를 확인할 수 있으며, 검색화면에서 바로 상호대차신청도 가능하다. 2007년부터는 SCIPIO: Art and Rare Book Sales Catalogs를 비롯한 RLGEureka service의 12개 데이터베이스도 함께 서비스하고 16만여종의 학술지, 대중잡지, 백과사전, 전화번호부, 비즈니스 디렉토리 등의 초록과 서지정보를 제공한다. OCLC FirstSearch의 특징은 다음과 같다.

- OCLC FirstSearch는 전 세계 18,747기관에서 한국어, 영어, 불어, 스페인어, 일본어, 중국어간체, 중국어 정체 등 7개 언어로 인터페이스를 제공한다.
- WorldCat 검색결과에서 자관 도서관, 그룹별, 국가별 소장처 컬렉션을 표시해 주고 소장기관 수에 따라 검색결과를 표시해 주며 ILL 또는 DDS로 링크가 가능하다.
- 이용자지향적인 인터페이스의 구성으로 이용하기가 쉽고 단일 인터페이스로 데이터베이스의 교차검색이 가능하며 단순검색에서 복합검색까지 다양한 검색을 지원한다. 그리고 광범위한 주제 분야의 서지정보 및 초록과 더불어 원문을 제공한다.

OCLC FirstSearch의 탐색은 탐색자의 수준에 따라 기본탐색과 고급탐색, 전문가 탐색으로 나누어진다. 초보자 탐색용인 기본탐색은 OCLC FirstSearch DB를 선택할 때 나타나는 기본검색으로 하나의 검색어와 색인이용이 가능하다. 고급탐색은 세 개의 검색어와 다양한 색인 이용이 가능하며 불리언 연산자로 세 개의 검색어 조합이 가능하다. 아울러 Limit to에 Year(년), Document Type 등 다양한 옵션으로 검색을 제한할 수 있다. 전문가탐색은 색인어와 불리언 연산자를 이용하며, 직접 검색식을 입력하여 검색할 수 있다.[5)]

5) 박준식, 정보서비스론(대구 : 계명대학교출판부, 2007), p.254, 257.

5.2 ProQuest

ProQuest는 Bell & Howell Information and Learning(구 UMI)에서 제작한 데이터베이스 시스템으로 웹을 통하여 이용가능하다. ProQuest는 학술 전 분야에 걸쳐 8,000종 이상의 정기간행물, 신문, 논문 등의 서지정보 및 초록과 원문(full-text)으로 구성되어 있다. 저작권은 20,000종 이상의 정기간행물과 약 7,000종의 신문에 대해서 약 8,000개의 기관과 계약을 맺고 있다. 또한 전자화되어 있지 않은 논문에 대해서는 원문신청도 가능하다. ProQuest의 특징은 다음과 같다.

- 전문을 다양한 형태(아스키, 아스키와 이미지, 이미지)로 제공한다.
- 제공되는 자료 중 원문이 없는 경우, 온라인으로 주문하면 FAX 또는 우편 등으로 전달받을 수 있다.
- CD-ROM 버전과 온라인버전을 병용할 수 있다.
- 다양한 요금체계를 가진다.

ProQuest는 각 대학도서관 홈페이지 및 RISS 학술정보서비스, 그리고 본인이 소속된 도서관에서 이를 구독하고 있다면 자유롭게 이용할 수 있다. 검색방법은 Basic, Advanced, Browse가 있다.

기본검색(Basic Search)은 <그림 7-36>과 같이 키워드 입력창에 단어나 문장을 입력하는데, 각 키워드 사이에 불리언 연산자(AND, OR, AND NOT)를 이용하거나 구검색(" "), 단어의 단복수나 어근변형을 보완하는 '*'을 지원한다. 그리고 'Database'에서 검색 데이터베이스를 지정하거나 'Data range'에서 검색 대상의 기간을 제한할 수 있다. 'Limit result to'는 검색결과를 제한하는 도구로 peer reviewed를 포함한 학술저널에 수록된 기사만 보고 싶다면 'Scholarly journals, including peer reviewed'를 선택한다.

추가적으로 'More Search Options'의 다양한 옵션(논문 제목, 저자명, 학교명, 주제, 논문언어, 박사/석사 논문 제한, 검색결과 목록 정렬방법)을 지정하여 검색할 수 있다. 특히, 검색결과는 최신성(most recent) 또는 적합성(relevant) 순서에 따라 정렬할 수 있다.

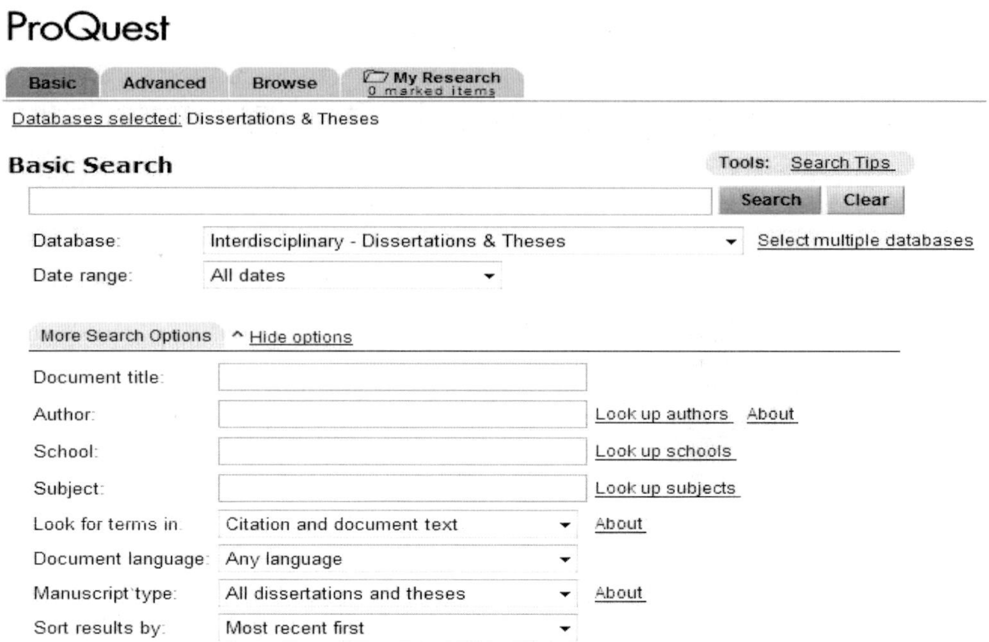

<그림 7-36> ProQuest의 Basic 검색화면

그리고 고급검색(Advanced Search)은 <그림 7-37>과 같이 'Add a row'로 검색 필드(논문 제목, 저자명, 지도교수, 학교, 학위, 주제 분야 등)를 추가하여 정확하게 검색할 수 있고, 'More Search Options'에서 보다 다양하며 세밀한 검색식을 구성하여 검색할 수 있다.

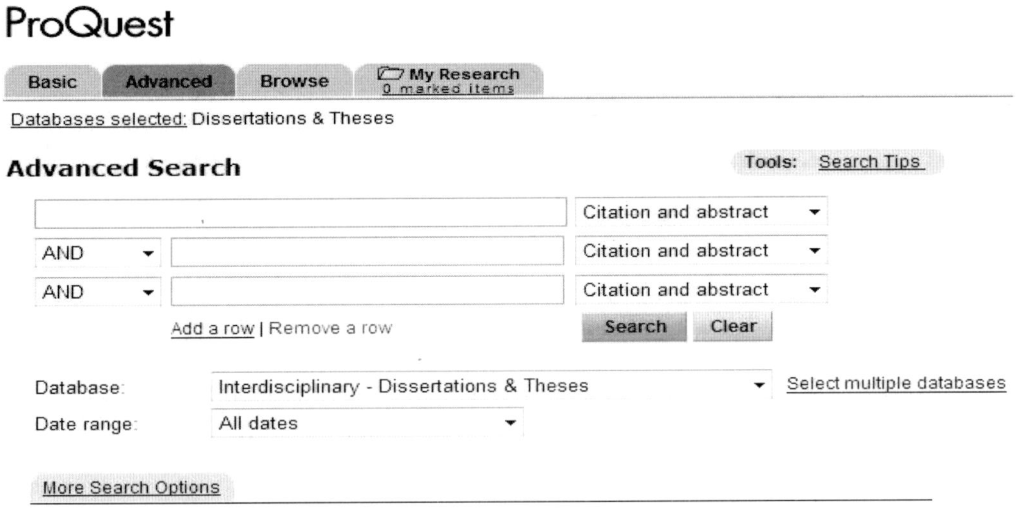

<그림 7-37> ProQuest의 Advanced 검색화면

마지막으로 브라우즈(Browse)검색은 <그림 7-38>과 같이 주제별(By Subject)이나 지역별(By Location)로 탐색이 가능한데, 전자는 '주제 - 국가 - 학교' 순으로 탐색하고 후자는 '국가 - 학교 - 주제' 순으로 한다.

그 외에도 'Set Up Alert'는 개인이 자주 검색하는 키워드, 작가명 등 특정 검색어를 저장함으로써 수시로 업데이트 되는 최신 정보를 등록된 이메일로 받아 볼 수 있는 서비스이다. 또한 'create RSS Feed'는 ProQuest에서 검색된 자료나 블로그 등에서 업데이트 되는 최신정보를 주기적으로 받아 보는 서비스이다.

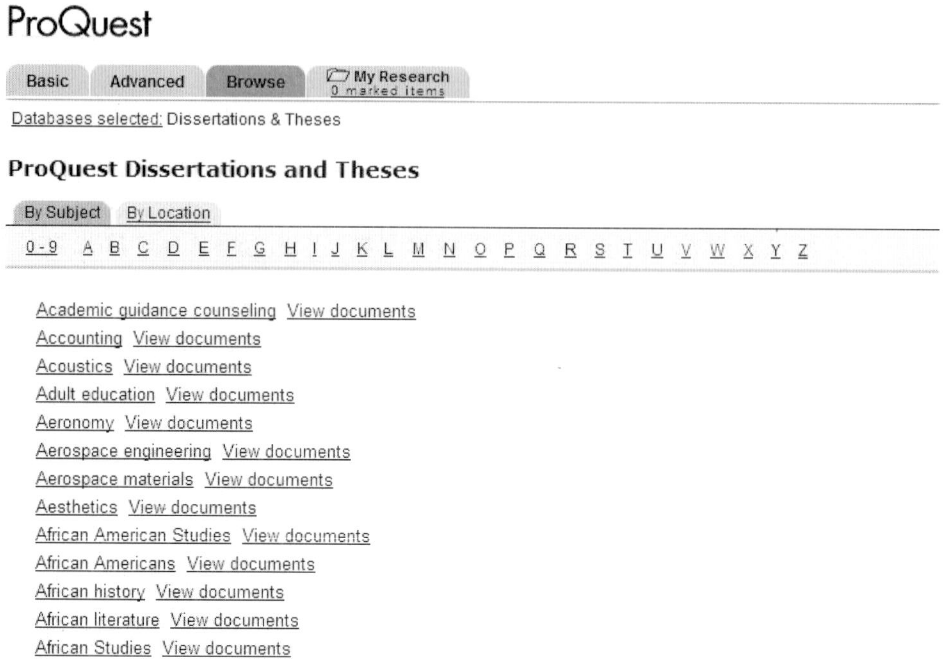

<그림 7-38> ProQuest의 Browse 검색화면

ProQuest에서 제공하는 PQDT(ProQuest Dissertations and Thesis)는 전세계 주요 1,440여개 대학에서 수여된 석·박사학위논문의 서지정보 및 초록을 제공하는 데이터베이스이다. 매년 북미지역에서 수여되는 학위논문의 90% 이상과 수천편의 유럽 및 아시아 지역의 논문을 제공하는데, 연간 약 4만5천에서 5만5천여권의 학위논문이 추가 수록된다. 그리고 최신의 논문을 보다 신속히 제공하기 위하여 자료가 주별로 업데이트 된다.

PQDT는 박사학위논문의 경우는 1861년부터 현재까지 그리고 석사학위논문은 1988년부터 현재까지의 논문에 대한 색인 및 초록정보를 제공하고 있는데, 1997년 이후의 논문에 대하여 인터넷상에서 논문의 원문 중 첫 24페이지까지는 무료(PDF 이미지)로 제공해 주기 때문에 논문 주문 전에 실제 논문의 일부분을 볼 수 있다. 또한 키워드(핵심어), 저자, 혹은 출판번호 등으로 검색하고자 하는 논문을 신속하게 검색할 수 있다. 현재 국내에서는 KERIS에서 제공하고 있다.

5.3 EBSCOhost

EBSCOhost는 저널구독대행, 데이터베이스 제공, 전자자원 관리, 전자저널 컨소시엄, E-book 구독대행 등의 다양한 서비스를 제공한다.

<그림 7-39>의 기본검색에서 'Choose Databases'는 다른 EBSCOhost 데이터베이스를 검색하거나 2개 이상의 데이터베이스를 검색할 수 있다. 그리고 구검색을 지원하고 불리언연산자(AND, OR, NOT), 제한검색, 확장검색, 절단검색[6]을 지원한다. 'Search Options'에서 제공하는 기능은 다음과 같다.

- Search modes : 검색모드 설정
  - Boolean/Phrase : 불리언 연산자 검색/구검색
  - Find all my search terms : 두 단어 이상 입력시 자동 AND 검색
  - Find any my search terms : 두 단어 이상 입력시 자동 OR 검색
  - Smart Text Searching : 초록 및 문장으로 검색 (자연어 검색)

- 확장자 (Expanders)
  - Apply related words : 동의어, 유의어, 복수형태 등 검색
  - Also Search within the full text of the articles : 색인 및 초록 뿐만 아니라 원문에 포함되어 있는 단어 검색

- 제한자 (Limiters)
  - Full Text : 원문을 제공하는 기사만 검색
  - Publication : 특정 저널에 수록된 기사만 검색

고급검색은 저자명, 저널명, 기사명 등 최대 12개까지의 다양한 검색필드와 제한자를 제공하여 구체적이고 정확한 검색이 가능하다. 그리고 검색어의 필드

---

6) Wild card(?) : 하나의 문자를 대체 (ne?t 입력시 next, neat, nest 등 검색)
Truncation(*) : 여러 문자를 대체 (nurs* 입력시 nurse, nursing 등 검색)

값을 설정할 수 있어 상세한 검색이 가능하다.

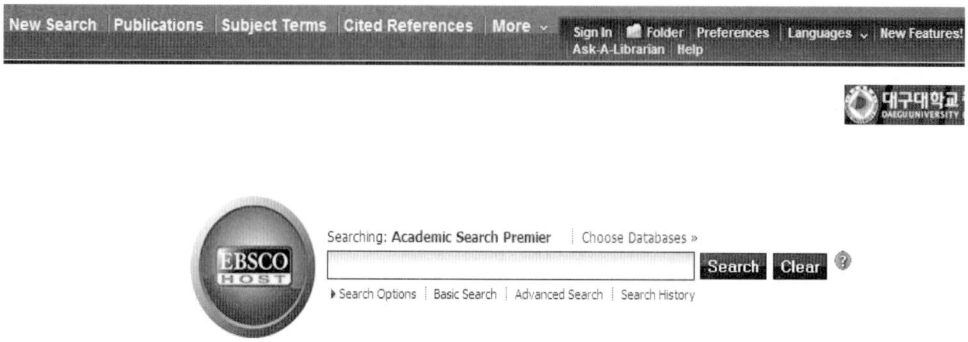

<그림 7-39> EBSCOhost의 Basic 검색화면

저널명 검색을 통한 검색방법은 <그림 7-40>과 같이 전체 수록 저널 리스트 보기 및 저널명을 통해 해당 저널의 발행연도, 권/호 단위 기사 열람이 가능하다.

- Alphabetical : 알파벳순으로 검색
- By Subject & Description : 저널의 주제 분야로 검색
- Match Any Words : 검색어와 매치되는 저널명으로 검색

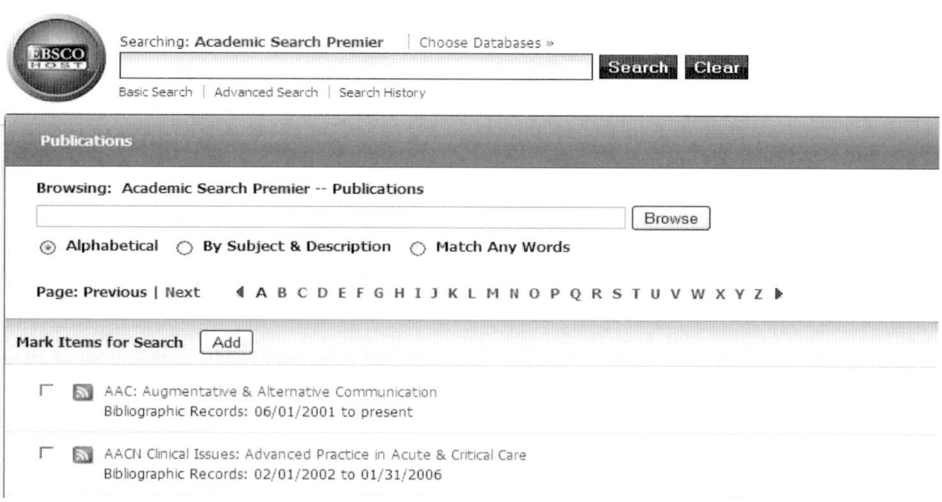

<그림 7-40> EBSCOhost의 Publications 검색화면

주제어 검색을 통한 검색방법은 <그림 7-41>과 같이 많은 양의 정보 중에서 적합한 정보만을 검색할 수 있게 도와준다. 개념을 정확히 나타내어 동의어 및 유의어로 인한 불분명한 검색을 차단하고 상위 주제 및 하위 주제와 관련된 기사를 포함하여 검색을 가능하게 한다. 다수 주제어를 불리언 연산자로 조합하여 상세한 검색결과를 출력한다.

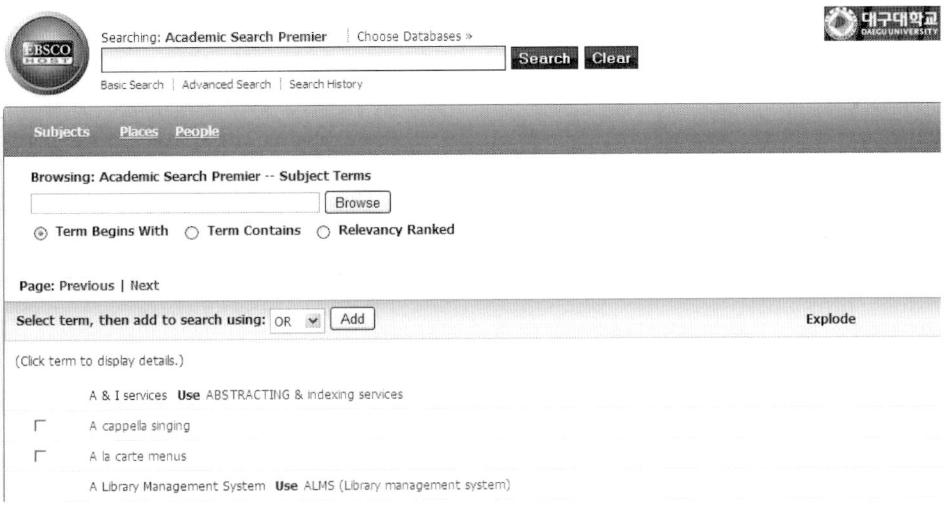

<그림 7-41> EBSCOhost의 Subject Terms 검색화면

5.4 ScienceDirect

ScienceDirect는 Elsevier가 제공하는 세계 최대의 전자저널 원문 데이터베이스로 2,500여종의 저널과 11,000여권의 단행본 등을 제공한다. 그리고 1995년 이전에 발행된 논문을 전자화 하는데도 힘쓰고 있는데, 현재 1823년도에 발행된 논문까지 전자화 하였다. 주로 전 세계의 과학·기술·의학(STM) 분야에서 생산되는 자료들을 서비스 한다.

ScienceDirect 웹사이트는 <그림 7-42>와 같이 6개의 메뉴(Home, Browse, Search, My settings, My alerts, Sopping chart)를 제공하고 있는데, 논문의 키워드를 입력하여 간략하게 검색하거나 제목이나 주제별로 브라우즈하여 검색할 수 있다.

ScienceDirect의 브라우즈 검색화면은 <그림 7-43>과 같이 저널명과 도서명을 알파벳순으로 검색할 수 있고 주제별이나 관심 있는 저널과 도서명으로도 검색할 수 있다. 그리고 ScienceDirect의 검색화면은 <그림 7-44>와 같이 전체를 검색하거나 저널, 도서, 이미지로 한정하여 검색할 수도 있다.

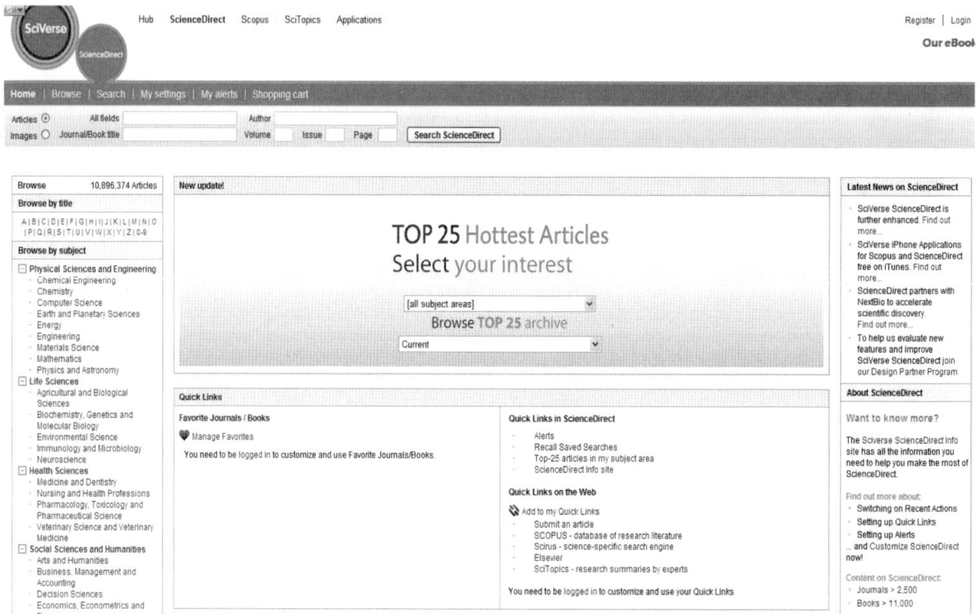

<그림 7-42> ScienceDirect의 초기화면(www.sciencedirect.com)

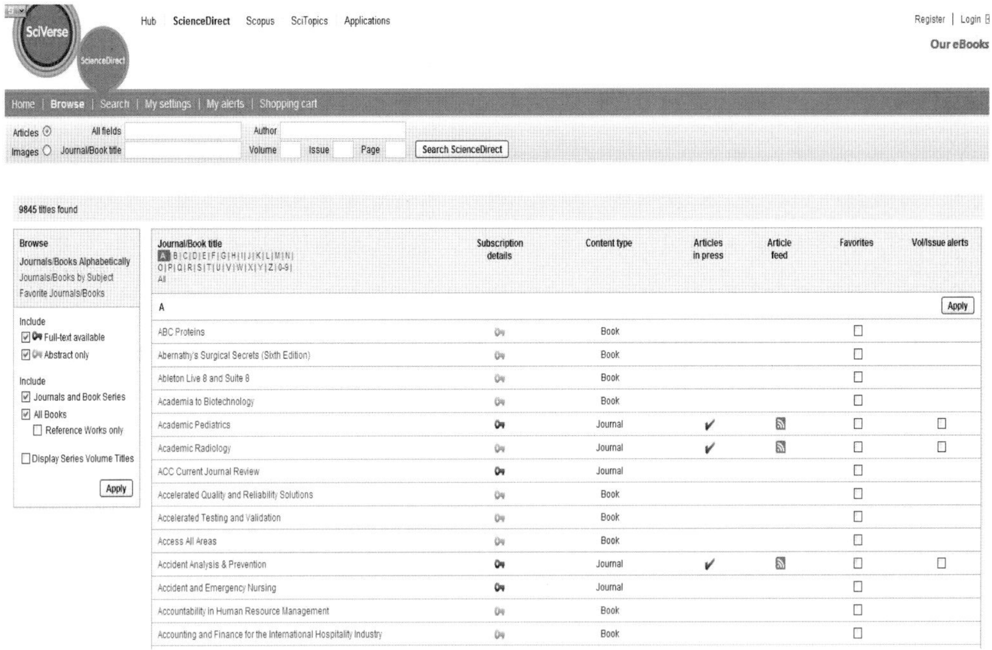

<그림 7-43> ScienceDirect의 브라우즈 검색화면

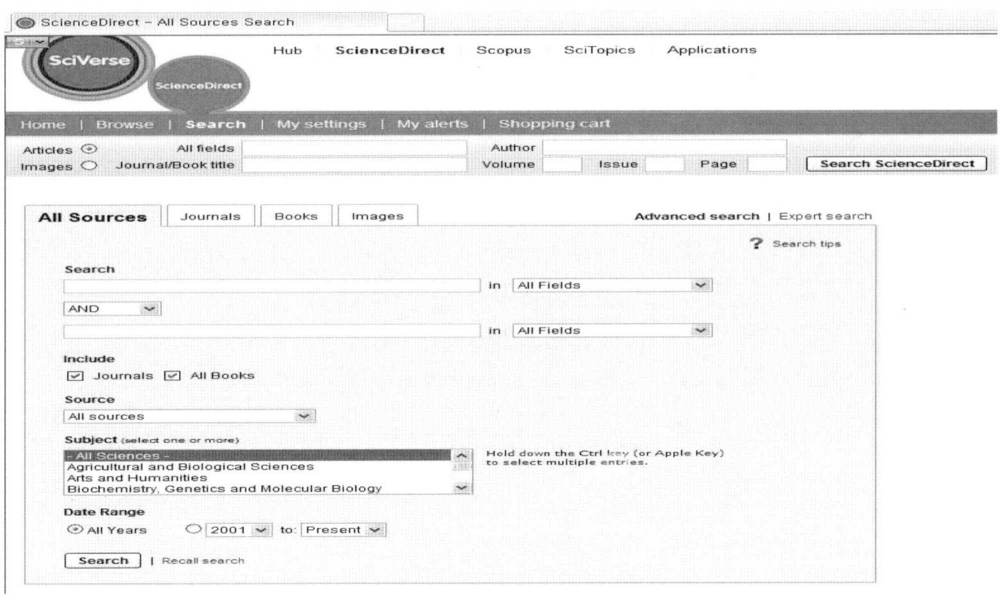

<그림 7-44> ScienceDirect의 검색화면

5.5 Scopus

Scopus는 과학·기술·의학·사회과학 분야를 포함하는 세계 최대 규모의 초록·인용 데이터베이스로 포괄적인 검색, 최신 학술문헌 정보에 접근, 인용 분석을 제공하며, 연구자와 기관의 연구 활동 평가 등을 제공한다. 다양한 연구 활동에 활용하는 내용은 다음의 <표 7-3>과 같다. 그리고 Scopus는 5,000여 출판사에서 발간하는 약 18,000여종의 peer-reviewed 학술정보, 약 17,000여종의 peer-reviewed journals, 약 350권의 book series, 약 360만건의 회의자료 등을 수록하고 있다. Scopus의 주요 기능에 대해서 살펴보면 다음의 <표 7-4>와 같다.

<표 7-3> 다양한 연구 활동에서 Scopus 활용 예

구분	내용
연구	· 최신 정보를 빠짐없이 입수 · 특정 저자와 기관의 동향 파악 · 팀 멤버의 평가와 교육 · 공동연구자의 선정
논문심사(Peer-review)	· 최적의 논문 심사자 선정 · 투고자의 논문경향 분석 · 투고자의 참고문헌 조사
연구기금 신청	· 신청자의 논문과 피인용 정보수집 · 연구테마의 관련 정보를 신속하게 파악 · 연구기금을 신청하기 위한 자료작성에 용이
논문투고	· 연구테마에 관한 시장조사 · 논문집필을 위한 정보수집 · 투고할 저널의 후보선정

<표 7-4> Scopus의 주요 기능

구분	내용
검색결과의 요약정보	저널, 저자, 출판연도, 주제, 기관분석 등의 기준으로 분류
참고문헌 및 피인용 문헌 제공	피인용 정보를 통한 관련있는 논문파악 용이
Citation Overview	연도별 피인용 분석
다양한 논문반출 형식	EndNote, Refworks, Excel 형식으로 제공
저자정보	특정 연구자의 연구현황 정보제공
기관정보	특정 기관의 연구현황 정보제공
최신의 정보제공	검색어, 인용정보의 E-mail, RSS Feed 알림서비스 제공
저널분석	저널간의 다양한 기준으로의 비교 분석

Scopus 검색화면은 <그림 7-45>와 같이 6개의 메뉴(Search, Sources, Analytics, My alerts, My list, My settings)를 제공한다.

- Search : 논문, 저자, 기관, 상세 검색
- Sources : 저널목록을 타이틀 또는 주제 분야로 브라우징
- Analytics : 관심 저널(최대 10종)간의 비교·분석
- My Alerts, My List, My Settings : 로그인 후 이용하는 개인서비스

그리고 원하는 검색유형(Document search, Author search, Affiliation search, Advanced search)에 따라 검색할 수 있다. 검색창에 키워드를 입력하고 검색범위를 지정한 뒤에 출판연도와 주제에 대한 제한검색을 제공한다. 검색결과는 출판연도(최신 순)로 정렬되고 논문제목, 저자명, 인용횟수로 재정렬이 가능하다. 또한 검색어 수정, 검색어 저장, 해당 검색어에 대한 E-mail 알림 서비스(개인계정 등록자에 한함), 검색어의 알림 서비스를 RSS Feed로 구독하고 검색기록 확인 등의 서비스를 제공한다. 논문과 관련된 키워드 및 동의어 제공, 참고문헌 목록, 피인용 정보[7], 해당 논문과 참고문헌, 공저자, 키워드를 공유하고 있는 논문의 검색을 제공한다.

7) 검색한 논문이 다른 논문에 의해 인용되는 정보제공 (가장 최근 2건의 논문표시)

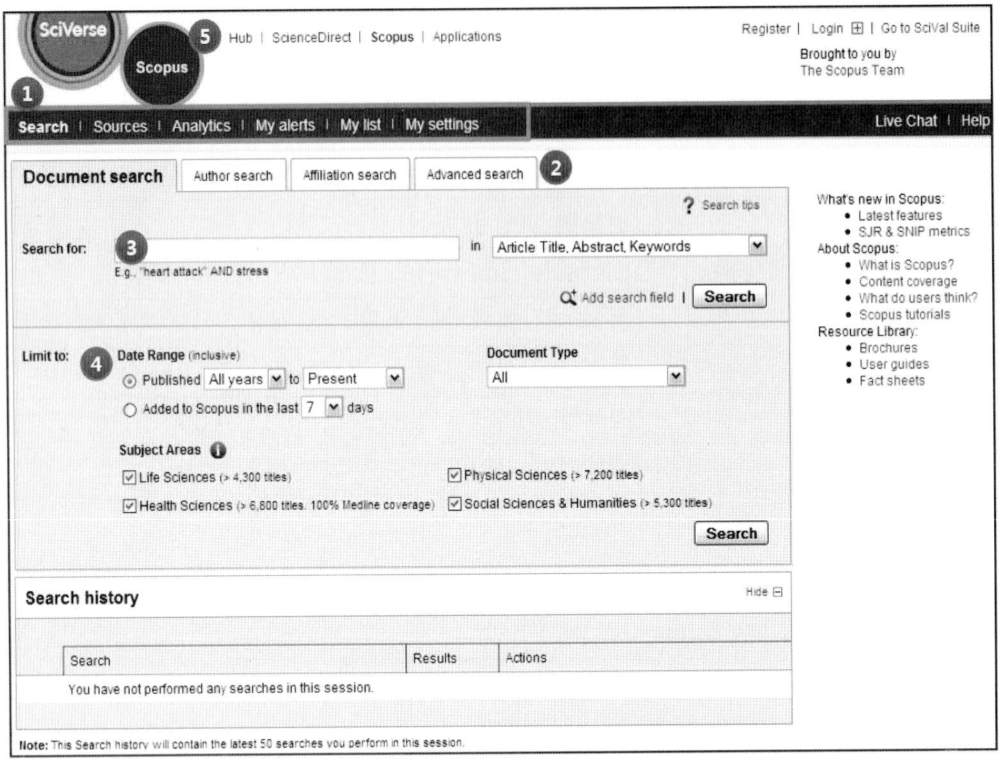

<그림 7-45> Scopus 검색화면(http://www.scopus.com)

① 아래의 기능을 이용할 수 있다.

- Search : 논문, 저자, 기관, 상세 검색
- Sources : 저널목록을 타이틀 또는 주제분야로 브라우징
- Analytics : 관심 저널(최대 10종)간의 비교·분석
- My Alerts, My List, My Settings : 로그인 후 이용이 가능한 개인화 서비스

② 원하는 검색 유형에 따라 선택적으로 검색

③ 키워드를 입력하고, 검색 범위를 지정

④ 키워드의 출판연도, 주제 분야를 대상으로 제한검색

⑤ 화면 상단에 Hub, ScienceDirect 링크가 표시되어 하나의 플랫폼에서 원하는 컨텐츠로 바로 이동

6. 주제별 학술정보원

6.1 법률 - 법제처

법제처는 입법정보를 총괄·조정하는 국무총리 산하의 중앙행정기관으로 법령심사, 법령해석, 법령정비 및 법령정보 제공을 통해 대한민국의 법치주의를 확립하고 이를 기반으로 법치행정을 실현하는 곳이다. 법제처의 초기화면에는 <그림 7-46>과 같이 법령, 판례, 행정규칙, 자치법규 등 모든 법령정보를 한 번에 검색할 수 있는 '국가법령정보센터'와 일상생활과 밀접한 법령정보를 국민들이 쉽게 찾아볼 수 있는 '찾기 쉬운 생활법령정보'를 제공한다.

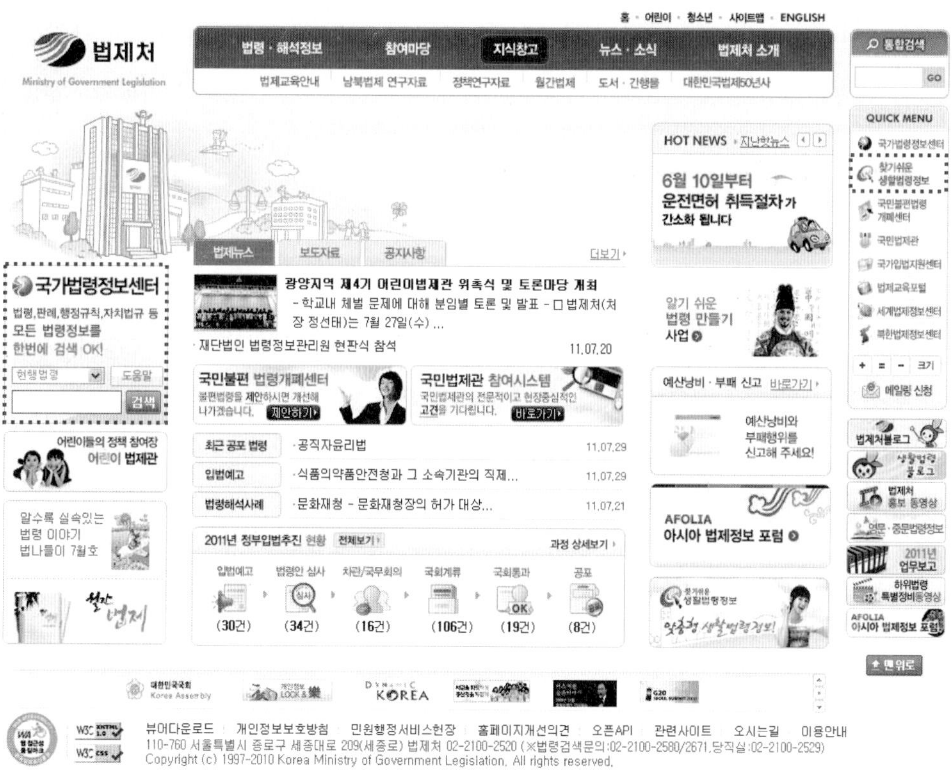

<그림 7-46> 법제처의 초기화면(www.moleg.go.kr)

국가법령정보센터는 <그림 7-47>과 같이 우리나라의 모든 법령, 생활법령, 행정규칙, 자치법규, 판례, 법령해석례, 행정심판례, 헌재결정례, 별표서식, 조약, 법령용어를 한 번에 검색할 수 있다. 검색방법은 먼저 키워드 검색을 불리언 연산자(AND, OR)와 문자열 검색방법으로 제공하고 분류검색(기관별, 분야별)도 제공한다. 검색결과는 전체 법령에 대한 검색결과가 나오고 법령, 생활법령, 행정규칙, 자치법규, 판례, 법령해석례, 행정심판례, 헌재결정례, 별표/서식, 조약, 법령용어을 클릭하면 해당 법령의 전체 리스트를 확인할 수 있다.

그리고 찾기 쉬운 생활법령정보는 <그림 7-48>과 같이 우리 생활에 필요한 정보를 검색하고 궁금한 것이 있으면 질문하여 답변을 얻을 수도 있다.

<그림 7-47> 법제처의 국가법령정보센터 웹사이트

<그림 7-48> 법제처의 찾기 쉬운 생활법령정보 웹사이트

6.2 정책 - 대한민국 정책포털(공감 코리아)

대한민국 정책포털은 정부정책 공개창구 및 국민여론을 수렴하는 정부의 대국민 정책 커뮤니케이션 수단이며, 각 부처에 분산된 각종 정보를 한눈에 파악할 수 있도록 다양한 정책정보를 제공한다. 그리고 정부부처와 공공기관에서 제공하고 있는 각종 민원, 경제, 직업, 여가, 생활정보 관련 사이트도 한 곳에 모아 이용자의 편의성을 높여 정책정보를 '원스톱-멀티서비스'로 제공하고자 노력하고 있다. 요컨대 대한민국 정책포털은 정책 커뮤니케이션 포털로 다음과 같은 특징을 가진다.

- 정부정책 공개창구로서 정부정책 디지털 백과사전의 기능을 수행한다.
- 정책기자마당의 콘텐츠 강화로 정보공유의 기능을 수행한다.
- 정책 이외에도 실용적인 생활, 경제 관련 정보제공기능을 수행한다.

대한민국정책포털 웹사이트의 전문자료 검색은 <그림 7-49>와 같이 전체 검색과 주제별(경제, 사회, 문화, 외교/안보), 유형별(정책자료, 동향자료, 연구자료, 참고자료), 출처별(부처, 청, 위원회) 검색을 제공한다. 그리고 키워드 검색창을 제공하는데, 전체 검색 뿐만 아니라 제목, 내용, 첨부파일로 제한하여 검색할 수 있고 상세검색은 주제, 검색어, 등록일, 출처, 유형, 파일타입을 제한하여 검색할 수 있다. 그 외에 청와대 정책소식지, 연감·백서, 대통령 업무보고 등의 정보도 제공한다.

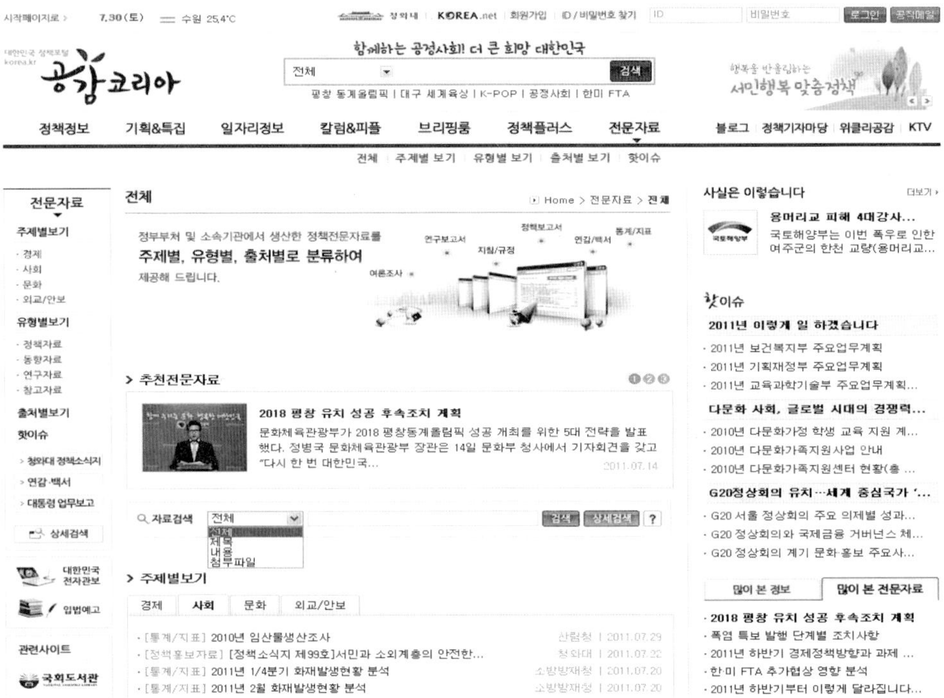

<그림 7-49> 대한민국 정책포털(www.korea.kr)

6.3 신문기사 - 미디어가온(카인즈)

미디어가온은 미디어 관련 전문자료를 한 곳에서 편리하게 통합검색 할 수 있도록 모든 한국 언론계가 공동으로 참여하여 만든 한국언론재단의 새로운 서비스이다. '미디어가온'이라는 이름은 '미디어'와 중심, 가운데라는 순우리말인 '가온'의 합성어이다. 즉, 미디어와 사용자의 가운데서 연결 통로 구실을 담당한다는 사이트의 정체성을 의미한다.

미디어가온은 카인즈를 비롯해 여러 언론단체와 학회, 언론사 및 기타 언론관련 사이트 등의 콘텐츠를 한 곳에서 통합검색 할 수 있어 이용자는 간단한 검색을 통해 미디어 뉴스, 단행본, 논문, 토론회 자료 등 다양한 형태의 정제된 고품격 자료를 검색할 수 있다. 특히 카인즈(KINDS: Korean Integrated News Database System)는 국내 최대 최고의 뉴스 전문검색 사이트로 언론의 전문성을 제고하고 일반인에 대한 뉴스의 공공성 확대를 목적으로 구축·서비스하고 있다. 카인즈의 특성은 다음과 같다.

- 국내 최대 규모의 뉴스 검색 아카이브 : 1990년 1월 1일 이후 서울지역 종합일간지 기사를 비롯하여 25개 서울지역 외 종합일간지, 6개 경제일간신문, 3개 TV 방송뉴스, 9개 인터넷신문, 2개 영자일간지, 5개 지역주간신문, 고신문 및 90년대 이전신문 등을 포함한 1,200만 건이라는 최대 규모의 기사 DB를 구축하고 있다.

- 쉽고 빠르고 정확한 검색서비스 : 모든 매체에 대한 통합검색이 가능하며 검색어를 AND, OR, NOT, 인접검색(Nearby), 구절검색(Exact Phrase), 순차검색(Order Preservig)으로 조합하여 검색할 수 있고 신문명, 발행일, 주제별, 글자수에 따른 제한검색도 가능하다. 특히, 서울종합일간지의 경우 기고자명, 고정물명, 면종, 기사유형, 1면만 검색 등 세분화된 검색기능이 있다.

- 다양한 뉴스 콘텐츠 : 종합일간지 뿐만 아니라 TV 방송뉴스, 인터넷신문, 지역신문, 각종 전문지까지 검색이 가능하며 1960년~1989년 신문의 이미지 파일 DB, 독립신문, 대한매일신보 등 고신문 검색기능까지 추가되어 전 분야의 미디어 및 과거와 현재를 아우르는 기사검색 서비스를 제공하고 있다.

- 검색조건 저장소 스크랩 등 나만의 KINDS

미디어가온의 기사통합검색 KINDS의 웹사이트는 <그림 7-50>과 같이 전체검색, 미디어뉴스, 사설모음 등 카테고리를 지정하여 해당분류에 해당하는 기사만을 대상으로 검색하거나 매체사별, 검색범위, 검색기간을 제한하여 검색할 수도 있다. 그리고 <그림 7-51>의 상세검색은 기고/기고자, 고정물, 매체선택, 면종, 장르, 세부조건, 결과조건보기로 제한하여 검색할 수 있다.

<그림 7-50> 미디어가온 초기화면(www.kinds.or.kr)

<그림 7-51> 미디어가온의 상세검색 화면

CHAPTER

학술논문작성법

8

1. 논문의 개념과 종류

1.1 논문의 정의와 성립요건

논문의 정의는 학자들마다 다르게 기술하지만 몇 가지를 살펴보면 다음과 같다.

첫째, 논문은 지금까지 밝혀지지 않은 진리를 밝혀내거나 잘못 밝혀진 것을 수정하는 글이다.

둘째, 논문은 어떤 주제에 관하여 조사, 연구한 결과로 얻어지는 여러 가지 사실과 이러한 사실에 대한 연구자 자신의 비판이나 평가를 종합한 것을 일정한 양식에 따라 방증을 갖추고 적절한 체제에 맞추어 제시한 것이다.

셋째, 논문은 어떤 문제에 대해 자기주장의 근거를 조사라는 합리적인 방법을 통해 입증하고자 하는 일정량의 글의 집합을 가리킨다.

요컨대 논문은 연구자가 기존의 연구결과를 바탕으로 창의적 측면에서 자기의 견해를 밝힘으로써 제3자로부터 논리적 설득력을 확보하는 것을 의미한다.

논문이 성립되기 위해서는 독창성이 있어야 하고 정확한 데이터와 자료를 제시해야 하며 적절한 연구방법을 사용하여 객관적이고 합리적으로 전개해야 한다. 그리고 논문이 타당성과 설득력을 가지기 위해서는 검증성 뿐만 아니라 적절한 인용문헌을 적합한 형식으로 기술해야 한다. 논문이 성립되기 위한 몇 가지 요소를 정리하면 다음과 같다.[1)]

(1) 독창성

논문의 가치는 무엇보다 독창성을 생명으로 삼는다. 원래 독창성은 새로운 발견과 발명 및 비판, 종합의 창조성을 의미하지만, 실제적으로 어떤 기준에 의한 독창성의 범위를 결정하기란 어렵다. 그러나 논문에 따라 정도의 차이는 있더라도 반드시 독창성이 포함되어야 함은 틀림없다. 따라서 논문이 독창성을 인정받을 수 있는 최소한의 경우 수를 살펴보면 다음과 같다.

---

1) 남권희, 이천효, 노진구, 유인순, 학술정보조사법(대구 : 정림사, 2001), p.299-302.

- 지금까지 알려지지 않은 새로운 사실의 발견과 발명
- 창의적 이론을 학계에 제출, 공식적으로 인정받은 새로운 학설
- 과거보다 우수한 새로운 연구방법의 개척
- 자료가치의 입증을 통한 새로운 자료의 사용
- 논리적 설득에 의하여 이끌어 낸 새로운 결론
- 기존의 관행에서 완전히 탈피한 새로운 해석이나 관점의 확립

이처럼 논문의 독창성을 확립하기 위해서는 근본적으로 연구자 자신의 주장이 있어야 한다. 다시 말하자면, 타인의 도서나 논문의 내용을 단순히 요약한 경우, 타인의 견해나 주장을 비판 없이 그대로 인용, 나열만 한 경우, 논리적 설득력이 부족한 견해가 담겨진 경우, 타인의 연구결과를 무단으로 사용하는 표절의 경우는 공식적 논문이라고 말할 수 없다.

(2) 객관성

논문은 철저하게 사실과 증거가 뒷받침되어야 하므로 연구자의 주관적인 생각이나 자료가 바탕이 되어서는 안된다. 그러므로 연구자는 연구과정을 통하여 얻은 데이터를 구체적으로 제시하여 객관성을 확보해야 한다. 그리고 연구자는 논문에 실린 자신의 주장을 널리 알리고자 하므로 논문의 내용이 논리적이고 실증적이라는 합리적인 근거를 객관적으로 제시해야 한다.

(3) 정확성

논문의 내용은 물론 데이터의 처리, 참고자료와 문헌의 제시 등에도 정확성이 있어야 한다. 특히 연구자는 통계자료와 논문에 인용된 자료들을 각주나 참고문헌을 통하여 정확하고 통일성 있게 기입하여야 한다.

(4) 검증성

검증성은 특히 과학분야의 논문에서 많이 요구되는데, 실험방법을 묘사할 때에는 다른 사람이 충분히 재현할 수 있도록 간결하면서도 명확하게 설명하여야야

한다. 즉, 다른 사람에 의해서 논문내용의 진위를 관찰하고 측정가능하며 확정적 기술이 가능해야 하는 것을 의미한다.

(5) 불편성

논문에 있어서 연구자는 편견이나 착각 혹은 선입관에서 완전히 자유로워야 한다. 그러므로 연구자는 항상 공평하고 불편부당한 태도에 의하여 진리를 규명하지 않으면 안된다. 예를 들어 서로 다른 주장이나 학설이 있을 경우 이들을 모두 공평하게 다루어야 한다.

(6) 평이성

논문은 가능한 읽기 좋도록 씌어져야 한다. 읽기 좋은 논문이 되기 위해서는 무엇보다 먼저 문장이 명확하고 간결해야 한다.

1.2 논문의 종류

논문의 종류는 그 수준과 내용에 따라서 달라진다. 논문의 종류를 제출목적과 연구방법 및 내용에 따라 구분하면 다음과 같다.

(1) 제출목적에 따른 구분

① 연구논문

연구논문(research paper)은 연구자가 주로 자신의 성과를 발표하기 위해 학술잡지에 게재하는 학술논문으로서 독창적인 주장이 있고 그에 대한 논거를 제시하여 논증하는 과정이 수반되는 글을 의미한다. 연구논문은 '학술논문'이라고도 하는데, 연구자들이 발견한 새로운 사실들을 알리고 잘못된 부분은 비판받음으로써 그 분야의 지식확장에 기여한다.

② 학위논문

학위논문(thesis, dissertation)은 대학이나 대학원의 학생들이 학사, 석사, 박사 등의 학위취득을 목적으로 대학에 제출하는 논문이다. 일반적으로 학위논문은 Master thesis, Doctoral dissertation이라고 하는데, 석사학위논문은 thesis, 박사학위논문은 dissertation을 의미하지만 엄격한 구분없이 혼용되는 경우도 있다. 학위논문이 어떤 특정 주제에 관해 연구가 이루어진다는 점에서 연구논문과 유사하지만, 학위취득을 목적으로 지도교수의 지도 아래 논문이 작성되고 엄격한 심사가 이루어지며 엄격한 형식적 요건을 갖추어야 한다는 점에서 차이가 있다.

③ 리포트, 텀페이퍼

리포트(report)와 텀페이퍼(term paper)는 주로 대학이나 대학원에서 수업을 받는 학생에 의해서 작성된 글이라 할 수 있다. 리포트는 교과담당 교수가 부여한 과제에 대해 수강생들이 제출하는 과제물로 교수자가 구체적인 주제를 정해주거나 학생들이 지정된 몇 가지 주제 중에서 선택하여 작성되는 경우가 많다. 텀페이퍼는 특정과목의 수강자가 자신의 능력이나 흥미에 적합한 주제를 선택하여 그 주제에 대해 자기 나름대로 자료를 수집·분석·종합하여 작성하는 논문이다. 텀페이퍼는 일반적으로 대학이나 대학원의 한 학기 강좌가 끝날 무렵 담당교수의 요구에 따라 제출한다.

(2) 연구방법 및 내용에 따른 구분

① 실증적 연구논문

실증적 연구논문은 실험, 면담, 질문지, 컴퓨터 처리내역 분석, 관찰 등을 통하여 직접 데이터를 수집하여 의미 있는 사실을 밝히는 방법을 통해 작성된 논문이다.

② 이론적 연구논문

이론적 연구논문은 관련 주제를 다룬 기존 문헌들을 참고하면서 논의를 전개하여 의미 있는 사실을 밝히는 방법을 통해 작성된 논문으로 인문학 분야에서 많이 행해지고 있다.

2. 논문의 준비와 작성

논문은 필요한 정보를 수집·조사하는데서 그치는 것이 아니라 조사한 정보를 활용해서 자신의 의견이나 사상, 이론 또는 연구 결과를 글로 표현하는 것이다. 즉, 정보를 단순히 조사·정리하는 것이 아니라 저자의 지적능력이 결합되어 찾은 정보를 비평하고 평가하여 자신의 주장에 타당성을 부여하는 과정까지 결합된 것이다. 논문의 준비과정과 구성에 대해서 살펴보면 다음과 같다.

2.1 논문의 준비

(1) 주제선정

논문에 있어서 가장 중요한 것은 주제이므로 논문의 성패를 좌우한다. 이러한 주제를 선정할 때 고려해야 할 사항은 바로 문제의 유형이다. 왜냐하면 이것에 의하여 연구방법의 차이는 물론 논문의 성격이 달라지기 때문이다. 문제의 유형은 다음과 같이 3가지로 나누어진다.[2)]

첫째, 사실 확인의 문제이다. 이것은 검증적 관찰이 가능한 개개의 사실과 그와 같은 사실 사이의 관계를 규명하는 문제이다. 즉, 무슨 일이 일어났으며 그것이 어떻게 왜 일어났는가를 규명하는 것이다.

둘째, 가치판단의 문제이다. 가치판단의 문제란 무엇이 바람직하고 어떤 일을 어떻게 평가할 것인가를 다룬다. 그런데 가치판단의 문제는 사실 확인의 문제와 밀접하게 관계되는 경우가 많다.

셋째, 기술에 관한 문제이다. 이것은 어떤 문제를 해결하여 원하는 목적을 달성하는 수단과 관계가 있으므로 수단에 관한 문제라고도 한다.

그리고 논문의 주제 선정시 고려해야 할 요소들은 다음과 같다.[3)]

---

2) 상게서, p.305.
3) 한상완, 이지연, 이재윤, 최상희, 지식정보사회에서의 정보활용(서울 : 한국도서관학회, 2005), p.39-41.

① 연구용도

연구의 용도(purpose)가 무엇인가에 따라 연구에 필요한 정보의 종류, 양, 전문성이 달라진다. 연구의 목적이 1학년 교양과목 학기말 보고서 제출인가 또는 전공과목의 연구보고서인가, 학위논문인가 등에 따라 연구의 주제 전문성이나 복합성이 달라질 수 있다. 예를 들어 교양과목 보고서의 주제라면 교양으로 관심을 가질 수 있는 보편적인 소재들이 될 수 있고 이에 따라 보편적이고 개론적인 정보가 필요하게 된다. 반면, 전공과목의 주제라면 세부적이고 특수한 문제를 다루게 되는 경우가 많다. 연구방법에 관련된 정보도 훨씬 전문적인 정보가 필요하게 될 것이다. 연구용도를 고민할 때 다음과 같은 질문을 스스로 해 볼 필요가 있다.

- 학기말 보고서인가? 아니면 학위논문인가?
- 수업 발표용인가? 인쇄하여 제출하는 보고서인가?

② 관심도

관심도(degree of interest)에 따라 찾고자 하는 정보의 성격은 다양하게 달라지게 된다. 즉, 참조하고 싶은 수준의 정보만 찾아보고 싶은 것인지 아니면 전문적인 수준까지 정보가 필요한지에 따라 찾아야 할 정보가 달라진다.

- 간단히 개념을 파악하고 싶은 수준인가?
- 심층적으로 연구·조사하고 싶은 수준인가?

③ 연구논문의 길이

연구논문의 길이(length)는 정보의 양에 영향을 미치는 가장 중요한 요소이다.

- 5장 수준의 레포트인가?
- 20장 수준의 학술지 논문인가?
- 200장 수준의 책인가?

④ 연구기간

연구기간(time constraints)이 길어질수록 필요한 정보의 양은 늘어나게 되고 종류도 다양하게 늘어날 수 있다.

- 2주일 작성할 보고서인가?
- 2년 연구할 주제인가?

⑤ 이용가능한 정보원

아무리 중요한 연구주제라고 해도 그 주제에 대한 정보가 없으면 연구를 수행하기 어렵다. 따라서 연구주제를 선정할 때는 해당 주제에 대하여 정보가 얼마만큼 출판되어 유통되고 있는지 파악하는 것이 중요하다.

- 학술 정보원이 발달한 분야인가?
- 신뢰할 수 있는 정보제공자가 있는가?
- 도서관에서 해당주제분야 정보원을 제공하고 있는가?

위의 요소 중에서 한 요소가 다른 요소에 영향을 주기도 하므로 여러 요소를 결합하여 고려해야 한다. 예를 들어 기한이 2주인 교양과목 보고서 주제는 정보원을 쉽게 구할 수 있는 주제로 한정하는 것이 좋다.

연구주제는 일반적이고 개론적인 내용을 다루는 것보다 구체적인 요소로 초점을 맞추는 것이 중요하다. 연구주제를 세부적으로 좁혀나갈 경우 고려할 만한 제한 요소들은 시대, 지역적 범위, 연구대상 범위, 특정 인물, 특정 사건 등이 있다.

특히, 대학에서 교수들이 학생들에게 요구하는 리포트는 질적인 면에서 연구논문에 비하여 상대적으로 낮은 수준이다. 이는 리포트의 목적이 이미 밝혀진 지식을 요약·정리하는 과정에서 그 내용과 형식을 학습하게 하는데 있기 때문이다. 그렇지만 리포트도 논리전개의 합리성, 문장표현의 정확성, 자료 및 데이터의 정확성, 적절한 인용문헌의 제시 등이 요구된다. 따라서 좋은 리포트를 작성하기 위해서는 다음과 같은 원칙을 준수해야 한다.

- 리포트와 관련된 담당 교수의 지시사항을 기록한다. 어떤 내용을 다루고 어떤 자료를 참조하며 리포트의 양이나 작성방법에 어떤 제한점이 있는지를 자세히 메모한다.
- 교수가 제시한 내용 가운데 어떤 내용을 주로 다룰 것인지를 정한다. 내용을 잘 알지 못할 경우에는 용어사전이나 백과사전을 찾아 확실하게 파악한다.
- 자료를 수집한 다음에는 자신의 리포트 주제와 부합되는지 확인한다.
- 수집한 자료들에서 주제와 관련된 내용을 찾아 읽고 목차를 작성한 뒤 수정·보완하면서 글을 쓴다.
- 자료의 요지를 잘 파악·정리하되 인용한 문헌에 대해 주나 참고문헌에서 밝힌다.
- 작성한 글을 전체적으로 읽어본다. 전체적인 논의의 전개에 무리가 없는지, 불필요한 내용은 없는지, 오자가 있는지를 파악하여 수정·보완한다.

(2) 자료수집

논문의 주제가 결정되면, 자료수집을 해야 한다. 특히 자료수집을 하는데는 많은 시간이 소요되므로 효율성을 고려하여 시간을 단축시키는 것이 중요하다. 이를 위해서는 도서관의 정보이용방법을 숙지하는 것도 중요하지만 우선 선정한 주제가 타당한지를 평가하는 것이 바람직하다. 왜냐하면 자료수집이 끝난 뒤에 주제가 수정되거나 바뀌게 되면 애써 모은 정보들이 쓸모없게 되기 때문이다.

주제에 대한 기초 정보를 분석하기 위한 가장 좋은 정보원은 개론서와 백과사전이다. 개론서는 해당 주제분야의 기초 이론들을 소개하고 있고, 백과사전은 용어 개념이나 해당 주제의 역사적 배경, 관련 분야를 찾아보는데 적합하다. 그 다음 주제와 관련된 선행연구를 조사하는데, 유사 주제에 대하여 선행 연구자들이 어떻게 연구했는지 알아보는 것은 연구의 타당성을 제시하는데 매우 중요하다. 특히, 같은 주제를 이전에 연구한 사람은 없는지 또는 다른 시각에서 접근한 연구자는 없는지를 파악하는 것이 핵심이다. 선행연구 조사과정 중 연구문제의 결함을 파악하거나 이미 이전에 연구된 것을 알게 되는 경우가 빈번하게 발생한다.

선행연구 조사가 끝나면 필요한 정보를 찾기 위한 정보원을 파악해야 한다.

예를 들어 용어 개념을 알아야 한다면 백과사전이나 개론서가 효과적일 것이고, 최신 연구결과를 찾고자 한다면 학술지가 좋은 정보원이 된다. 따라서 필요한 정보와 정보원을 연결할 수 있는 능력은 매우 중요하므로 다양한 정보원의 유형과 특성을 알아 두는 것이 좋다.

마지막으로 논문의 주제와 관련된 주요 자료를 수집한 다음에는 자료가 자신의 논문주제와 내용상 부합되는지를 확인하여야 한다. 연구자는 수집한 자료 중에서 불필요한 것은 과감히 버리고 참고하거나 인용할 자료만을 선정하도록 한다.

2.2 논문의 구성

논문의 구성은 전체적인 글의 윤곽 내지는 골격을 짜는 것으로 글 전체의 논리성과 인과성을 결정해 주는 중요한 요소이다. 그 유형으로는 인과적 구성, 시간적·공간적 구성, 병렬적 구성, 확산적·점진적 구성으로 구분할 수 있는데, 목차작성의 통일성, 균형성, 논리성으로 보완할 수 있다. 학문이나 연구방법에 따라 글의 구성방법이 다르지만, 일반적으로 서론, 본론, 결론의 3단 구성을 기본으로 한다.

(1) 서론

서론에서는 논문의 목적, 연구의 필요성, 개략적인 연구사, 논의의 범위, 연구방법 및 순서 등을 간결하게 밝힌다. 즉 조사나 연구를 수행해야 할 목적을 명백히 제시하고 작성의 중요성을 강조하며 연구자의 의도를 명백히 밝힌다. 서론이란 용어는 서문, 서언, 머리말, 들어가는 말, 문제의 제기 등으로도 사용한다. 서론을 작성할 때에는 다음의 표현원칙에 따라야 한다.

- 표현의 정확성 : 사고의 명확성과 정확성, 문장의 문법성, 어휘의 정확성
- 애매하고 중의적인 내용의 지양
- 객관적인 서술태도의 유지

- 인칭대명사 사용, 감성적인 표현, 단정적이고 강한 표현, 자화자찬적인 평가의 조심
- 평의하고 간결한 문장
- 정확한 어휘의 사용

(2) 본론

본론은 연구자가 연구결과의 정당성을 논증하는 부분이다. 그러므로 연구자는 다른 사람의 연구결과를 분석하면서 충분한 논거와 증거로 자신의 견해와 주장에 대한 설득력을 확보한다. 이를 위해서는 먼저 수집한 자료를 논제에 맞추어 순서대로 정확하게 제시한다. 아무리 아까운 데이터일지라도 주제와 상관이 없다면 과감하게 버려야 한다. 다음으로 다른 사람의 의견이나 학설을 분석하여 연구자의 견해나 연구방법을 제시한다. 마지막으로 논지를 전개할 때에는 큰 문제로부터 차츰 범위를 좁혀서 작은 문제로 전개시켜나가는 것이 편리하다. 즉, 연역적인 방법 보다는 귀납적인 방법으로 진행하는 것이 일반적이다.

본론 작성시 유의해야 하는 표와 그림은 문장으로 전달하기 어려운 내용을 효과적으로 전달하고 전체적인 논의의 과정을 한눈에 정리하여 명료하게 전달하며 같은 항목에 대해 둘 이상의 사항을 일목요연하게 비교하거나 대조하는데 사용한다. 표와 그림의 작성시 유의점을 살펴보면 다음과 같다.

- 캡션달기 : 표나 그림의 제목을 달아준다.
- 해설하기 : 본문에 표나 그림의 설명을 하나 이상의 문장으로 해설한다.
- 번호달기 : 표와 그림의 번호는 구분하고 일반적으로 꺾쇠로 표현한다.
- 배열하기 : 일반적으로 중앙에 배열한다.
- 단위달기 : 표에서는 칼럼에 사용된 측정단위를 부제표목으로 기입한다.
  예시. (단위 : 원, %)

(3) 결론

결론에서는 서론에서 제기한 문제에 대해 본론에서 논의한 내용을 바탕으로

이에 합당한 마무리를 한다. 즉, 논문의 중요한 사실이나 논지의 전개에 따라 순서대로 재정리하고 간명하게 요약한다. 결론이란 용어는 결문, 결언, 맺는말, 나오는 말 등으로도 사용한다. 그리고 경우에 따라 본론에서 철저하게 규명하지 못하여 반론의 가능성이 있는 부분이나 앞으로의 연구방향이나 예상되는 전망을 제시한다.

3. 인용 및 참고문헌

일반적으로 논문에 참고한 자료는 두 가지 유형으로 제시된다. 하나는 본문 중에서 인용문이나 또는 주(註)의 형태로 제시하는 것이고, 다른 하나는 본문에서 인용된 모든 자료를 참고문헌 형식으로 제시하는 것이다. 연구논문에서는 기본적으로 이 두 가지 형식을 병행하여 사용하는 것이 보통이지만 때로는 어느 하나의 형식을 사용하는 경우도 있을 수 있다.[4)]

다른 사람이 쓴 글을 인용하면서 출처를 밝히지 않으면 글을 도둑질하는 것과 같으므로 표절에 해당한다. 표절이란 '저작자가 저작물의 창작과정을 통하여 다른 저작자의 저작물 내용을 일부 또는 전부를 직·간접적으로 인용하고 있음에도 이에 관련된 서지사항을 밝히지 않음으로써 마치 저작자 자신이 창작한 것처럼 발표하는 행위'를 말한다. 이러한 표절행위를 한 경우에는 도의적인 비난은 물론이고 저작권 침해라는 법률상의 책임문제까지도 거론될 수 있다.

3.1 인용

(1) 인용의 목적

인용(quoting, quotation)이란 자신의 글이나 연구에서 제시하는 주장을 뒷받침하고 신뢰성을 높여주기 위하여 부득이 다른 연구자의 주장이나 연구, 이론, 의

---

4) 연세대학교 연구처, 새논문작성법(서울 : 연세대학교출판부, 2006), p.93.

견 등을 가져다 자신의 글안에 쓰는 것이다. 따라서 인용하고자 하는 내용이 논리적 증거로서 충분한 가치를 지녀야 하고 이러한 인용내용에 대한 정확한 해석으로 논문에서의 합리성을 확보하여야 한다. 이러한 인용의 목적에 대해서 구체적으로 살펴보면 다음과 같다.

① 자신과 같은 의견을 가진 다른 사람들이 있다는 것을 보여줌으로써 자기 논리가 타당하다는 것을 정당화하기 위한 것이다.
② 현재 자신이 하고 있는 연구의 이전 이론이나 연구결과를 정리하여 연구 주제에 대해 배경정보를 제공한다.
③ 같은 연구 주제에 대해 다양한 시각 및 사례를 제공할 수 있다. 다양한 견해를 제시하면서 자신의 연구 깊이와 폭을 넓힐 수 있다.
④ 남의 주장, 이론, 연구 등을 분석하고 차이점을 제시하면서 자신의 주장을 설득력 있게 기술하고 현재 연구의 가치를 강조한다.
⑤ 자신의 주장, 이론, 연구와 참조한 것을 확실히 구분하기 위해서 이다.

(2) 인용의 유형

인용의 종류에는 직접 인용과 간접 인용이 있다.

직접 인용은 원문을 그대로 가져다 쓴 것으로 한 문장이나 한 단락처럼 적은 범위에만 적용 가능하다. 즉, 인용한 부분이 두 줄이나 세 줄을 넘지 않으면 본문 속에 넣어 따옴표(" ")로 표시해 주고, 그 이상이면 단락을 구분하여 표시해 준다. 이때에 쉼표(,)와 마침표(.)는 마감하는 따옴표(" ")보다 앞서는 것을 원칙으로 한다. 그리고 외국어 정보원이면 완전 직역에 해당한다. 직접 인용은 가급적 원문 그대로를 가져다 쓰는 것이 원칙이지만 필요하지 않다고 생각되는 부분은 생략부호(6점 줄임표, 3점 줄임표)를 이용하여 생략할 수 있다.

<예 1 : 이용한 부분이 짧은 경우>

> 윤희윤은 그의 저서 '장서개발론'에서 "디지털 장서는 도서관이나 정보센터의 호스트 컴퓨터에 축적되어 있는 다종다양한 디지털 자료의 집성체, 즉 디지털 전문 DB를 말한다"라고 하였다(윤희윤 2007).

<예 2 : 인용한 부분이 긴 경우>

> 윤희윤은 그의 저서 '장서개발론'에서 다음과 같이 디지털 장서에 대해 설명하였다.
>
> "디지털 장서는 도서관이나 정보센터의 호스트 컴퓨터에 축적되어 있는 다종다양한 디지털 자료의 집성체, 즉 디지털 전문 DB를 말한다. 이 경우에 협의의 디지털 장서는 도서관 서버에 축적된 디지털 집성체를 의미하지만, 광의로 해석하면 라이선스 계약을 통하여 온라인 접근권리를 확보한 E-book, 웹 DB, 전자잡지 등도 포함시킬 수 있다. 다만 소장패러다임을 기준으로 삼으면 대다수의 유료형 디지털 DB는 그 전문이 출판사(학회)나 중개기관의 서버에 축적되어 있기 때문에 디지털 장서로 간주하는데 무리가 있다. 반면에 접근패러다임에 입각하면 도서관의 자료구입비를 지출한 전자잡지나 웹 DB도 당연히 디지털 장서개발의 대상에 포함될 수 있다. 오늘날 국내외 도서관계에 최대 난제로 부상한 전자잡지의 아카이빙 문제가 바로 디지털 장서에 대한 상반된 시각을 대변한다"라고 하였다(윤희윤 2007).

간접 인용은 원문을 일부 바꿀 수는 있으나 원저자가 하는 말의 의미를 변경하지 않고 전달하는 방법이다. 즉, 원문의 내용이 손상되지 않도록 주의하면서 자신의 표현으로 바꾸어 인용하는 것을 말한다. 간접인용의 방법에는 바꿔쓰기(paraphrasing)와 요약(summarizing)이 있다.

첫째, 바꿔쓰기는 연구자가 원문의 내용을 이해하여 자신의 언어로 재표현 하는 것이다. 따라서 연구자 자신의 주장을 표현한 것이 아니기 때문에 절대 원문의 내용을 변경해서는 안된다.

둘째, 요약은 원문의 내용을 읽고 핵심되는 부분만 압축, 정리하여 제시하는 방식이다. 따라서 요약도 자신의 말로 재표현 하는 경우에 속한다.[5]

(3) 인용의 원칙

연구자가 어떤 도서나 논문의 내용에서 인용하고자 할 경우에는 인용하고자 하는 내용이 논리적 증거로서 충분한 가치를 지녀야 하고 이러한 인용 내용에 대한 정확한 해석으로 논문에서의 합리성을 확보해야 한다. 인용을 효율적으로 하기 위한 원칙을 정리하면 다음과 같다.[6]

---

5) 한상완, 이지연, 이재윤, 최상희, 지식정보사회에서의 정보활용(서울 : 도서관협회, 2005), pp.95-102.
6) 한국외국어대학교 출판부, 논문 바르게 쓰기(서울 : 동출판부, 2004)

① 인용은 꼭 필요한 경우에만 해야 한다. 잦은 인용은 글의 흐름을 방해할 뿐만 아니라 논문작성자의 논지가 무엇인지를 잃어버리게 할 수 있다.
② 인용하는 자료는 권위가 있어야 한다. 권위와 타당성이 인정된 자료일수록 인용의 효과가 높다.
③ 이용하는 자료는 객관성과 보편성을 지녀야 한다. 자신의 의견만 지지하는 자료만을 인용하는 것은 바람직하지 않다.
④ 인용하는 자료는 정확해야 한다. 인용한 부분은 원문과 반드시 내용이 일치해야 한다. 반드시 원전을 구하여 읽거나 1차 자료를 이용해야 한다.
⑤ 인용한 자료는 다른 사람이 인용된 사항을 확인하고 검증할 수 있도록 서지사항을 상세하게 그리고 정확하게 밝혀야 한다. 출전을 밝히지 않는 경우는 표절에 해당한다.
⑥ 인용문의 내용에 대해서는 인용자가 책임져야 한다. 인용자는 인용을 통하여 글쓴이의 견해나 주장에 동의한다는 것을 의미하므로 그 내용의 옳고 그름이나 타당성에 대해 인용한 사람도 책임져야 한다.
⑦ 본문 내에 나타난 인용 정보원 출처는 반드시 주(註)의 형태나 참고문헌 목록에 포함되어야 한다.

(4) 인용문의 위치

인용문의 위치는 일반적으로 인용한 부분이 짧으면 본문 속에 넣고 인용한 부분이 길면 본문에서 따로 떼어 기술한다. 인용문의 출처를 밝히는 방법에는 여러 가지 서식이 있는데 The Chicago Manual of Style이 가장 일반적이다. 여기에는 인용 출처를 밝히는 방식을 크게 저자-연도 방식(author-data system)과 인용-주 방식(documentary-note system)으로 제시하고 있다. 전자는 내주를 기본으로 하는 방식으로 인용한 부분 뒤에 괄호를 표시하고 괄호 안에 저자, 발행년도, 쪽수만으로 출처를 간략하게 제시하는 방법이다. 후자는 각주를 기본으로 하는 방식으로 본문 속에 주석번호를 붙이고 해당면 아래쪽에 주석내용을 기입하는 방법이다. 내주를 기술하는 양식과 원칙에 대해서 살펴보면 다음과 같다.

① 정보원 출처 표시를 하는 가장 좋은 위치는 본문에서 사고의 흐름을 자연스럽게 할 수 있는 해당 본문이 끝나는 구두점 바로 앞이다.

② 인용문의 출처는 괄호 안에 '본문(저자명 연도, 쪽수)'의 양식으로 기재한다. 이 때 저자명과 발행년 사이에는 구두점을 사용하지 않는다.

> 아울러 전산환경에서 한자를 사용하게 되면, 한자를 선정하는데 많은 시간이 소요되고, 한자만을 한정어로 사용할 수 없는 경우와, 예상되는 배열 체계의 혼란 등 여러 가지 문제가 있을 수 있다(김태수, 최석두 1996, 26-27).

③ 이 위치가 비현실적이거나 혼란을 줄 수 있는 경우에는 문장의 논리적 위치에 인용문을 삽입한다.

> Some investigators(Jones and Carter 1980) have reported findings at variance with foregoing.

④ 인용문의 저자명에 해당하는 부분이 이미 본문에 포함되어 있을 때에는 괄호 속에 저자명을 반복하지 않고 발행년과 쪽수만을 기재한다.

> 이에 대해 Johnson과 Cochrane(1995, 79-82)은 계층 구조의 상단에 최상위 개념어를 고정하여 참조어의 위치에 관계없이 최상위 개념어를 확인할 수 있도록 하였다.

⑤ 분문의 단일 문단에서 동일 문헌의 상이한 쪽을 인용한 경우에는 그 문단의 앞이나 뒤에 한 번만 인용문을 표시한다. 첫 번째 인용문에 저자와 발행년을 포함하되, 후속 인용에서는 쪽수만을 기재한다. 이때에는 다른 정보와 혼동되지 않도록 앞에 쪽을 의미하는 'p.' 또는 'pp.'를 기재한다.

> Very recently Schamber et al.(1990) have produced an excellent review, re-examining the concept(s) of relrvance in IR research, and consequently the mesns for evaluation of IR interaction. Explicitly, they point to "the social, behavioural dimension of information seeking as an altemative to a more cognitive, individual approach"(p. 770).

⑥ 저자 관련 원칙

- 괄호 안 저자를 기재할 때 동양인명은 성과 이름의 순으로 기재하고, 서양 인명은 성만 기재한다.
- 저자가 2인이나 3인의 공저자인 경우에는 모든 저자명을 인용문에 기재하되, 쉼표(,)로 구분한다. 서양서의 경우, 2인일 때는 and로, 3인일 때는 마지막 저자를 쉼표(,)와 and로 구분한다. 동일한 성을 가진 저자가 쓴 저작물은 그 이름(성)을 반복 기재한다.

> (이경호, 김선호 1997)
> (정영미, 최석두, 서혜란 1997)
> (Finburn and Cosby 1990)
> (Smith, Wessen, and Gunless 2000)
> (Vickery and vickery 1980)

- 저자가 4인 이상인 경우에는 첫 번째 저자명만 기술하고 나머지 저자들은 '외' 또는 'et al.'로 첫 번째 이름 다음에 기술한다.

> (한상완 외 1995)
> (Caroll et al. 1959)

- 저자가 기관/단체인 경우는 기관/단체명이 저자명에 해당한다. 단체명은 그 정보원에 표시된 형식 그대로 기재하되, 필요에 따라 약어를 원괄호 속에 기재할 수 있다.

> (대구대학교 1995)
> (UNESCO 1976)
> (International Monetary Fund(IMF) 2004)

- 저자가 없고 편자나 역자만 있으면 '편(ed.)'이나 '역(tr.)'이라는 역할 표시를 하지 않고 저자와 동일하게 처리한다.
- 동일연도에 간행된 동일 저자의 상이한 자료를 인용하는 경우는 발행년 다음에 영문 소문자(a, b, c 등)를 부기하여 이들 자료를 구분한다.

(이경호 2011a, 21)
(이경호 2011b, 85)

▪ 한 인용문에서 둘 이상의 문헌을 참고하는 경우는 정보원의 출처를 세미콜론으로 구분하여 기술한다.

(김용숙 1982; 김용숙 1988; 서경희 2001)
(Piternick 1984, 444; Lancaster 1986, 89)

⑦ 쪽수와 특정 요소 표시

▪ 쪽수의 범위를 표기할 때는 다음 두 가지 방법 중 어느 것을 사용해도 좋으나 하나의 방법으로 통일하여 사용한다. 방법 1은 시작 쪽과 끝나는 쪽의 번호를 모두 기재하는 방식이다. 방법 2는 두 자리 이하인 경우는 모두 기재하고, 세 자리이면 두 자리, 네 자리이면 세 자리까지를 기재하는 방식이다.

방법 1) 1-10, 21-33, 266-278, 266-300, 1245-1248

방법 2) 1-10, 21-22, 266-78, 266-300, 1245-248

▪ 특정 절, 도표, 방정식 등을 인용한 경우는 발행년 다음에 쉼표(,)로 구분하고 이를 기재한다. 그리고 동일한 자료의 상이한 쪽이나 요소를 동시에 인용한 경우는 쉼표(,)로 구분하여 나열한다.

(Luker, Duwe, and Pinkerton 1967, fig. 5)
(Ingwersen 1955, 23, 43, 46-51)

3.2 참고문헌

참고문헌(bibliography)은 논문의 말미에 연구자가 인용한 문헌을 일정한 양식에 따라 기입, 정리한 목록을 말한다. 가장 일반적으로 사용하고 있는 The Chicago Manual of Style의 저자-연도 방식으로 내주-참고문헌 양식에 따라 살펴보면 다음과 같다.

(1) 참고문헌의 배열원칙

참고문헌은 저자의 성을 기준으로 자모순이나 알파벳순으로 배열한다. 국내서, 중국서, 일본서 등의 동양서가 섞여 있는 경우는 한글음의 순으로 배열하고, 동일 저자, 편자, 역자의 모든 저작물은 연대순으로 배열한다. 또한 사전이나 백과사전과 같은 참고도서를 인용한 경우에는 일반적으로 본문의 인용문에서는 판차 혹은 연도만 기술하고 참고문헌에서는 기재를 생략한다.

① 동일 저자의 저작이 연속적으로 배열될 때에는 두 번째 이하부터 3자리 전각 붙임표(———)를 사용하고, 동일 저자 내에서는 연도순으로 나열한다.

> Rosch, E. 1975. "Cognitive reference points." *Cognitive Psychology*, 7 : 532-547.
> ———. 1976. "Cognitive representations of semantic categories." *Journal of Experimental* Psychology, 104 : 192-233.

② 단일 저자의 저록이 동일 저자명으로 시작되는 공저자의 저록보다 앞서 배열된다.

> Brown, G. 1997. *Listening to spoken English*. London : Longman.
> Brown, G. and Yule. 1983. *Discourse Analysis*. Cambridge, England : Cambridge University Press.

③ 동일 저자가 같은 연도에 작성한 자료를 참고문헌으로 사용했다면 발행년 뒤에 영문 소문자(a, b, c 등)를 붙여 기술한다.

> 정영미. 1993a. "신문 시소러스 개발의 이론과 실제". 한국문헌정보학회지, 25: 51-81.
> ———. 1993b. 『정보검색론』. 서울: 구미구역.

④ 동일 저자가 상이한 저작물에서 역할을 달리한 경우는 저자 역할을 한 저작물을 먼저 기재하고, 그 다음에 번역이나 편(찬)저를 발행년의 순으로 기재한다.

⑤ 저자명을 확인할 수 없는 경우는 표제로 시작하고 그 다음에 발행년을 기재한다. 이 때 로마자 표제에서의 첫 번째 관사는 배열시 무시된다.

(2) 정보원별 참고문헌 작성방식

① 단행본

▪ 기재양식

: 저자명. 발행년. 서명. 부차적 역할표시(편자나 역자 표시). 판표시(판이 다를 경우). 총서명과 총서번호(총서인 경우). 발행지: 발행처.

㉠ 저자

▪ 저자명 : 표제지에 있는 그대로 기재하고, 동양서는 성이름으로, 서양서는 '성, 이름'으로 기재한다.

▪ 공저자 : 동양서는 저자명을 쉼표로 구분하고, 서양서는 첫 번째 저자명을 성, 이름으로 기술하고 두 번째 이하 저자는 도서에 기재된 형식 그대로 이름 성 순서로 기재한다. 반면, 4인 이상의 공저자의 경우, 본문의 인용문에는 첫 번째 저자명 다음에 '외' 혹은 'et al.'을 기재하고 나머지 저자명은 생략하지만, 참고문헌에서는 표제면에 있는 순서대로 모든 저자명을 기재한다.

> Merk, Jane. S., Ida J. Fogg, and Charles A. Snowe. 1987. *Astrology for the beginning meteorologist*. Chicago: Darkweather and Clere.

▪ 역자·편자 : 저자명 대신 편자나 역자가 있는 경우는 이를 저자명으로 대신하되, 참고 문헌에 편(ed./eds., comp./comps.)이나 역(trans.)을 저자명 다음에 기재한다. 그리고 저자명이 있는 경우는 저자명 아래 기재한다. 이 때 발행년은 편저나 역서의 발행년을 기재하고 편자명이나 역자명은 표제 다음에 편(Ed., Comp.)이나 역(Trans.) 또는 Edited(Compiled) by이나 Translated by로 기재한다.

> 김만중. 1970. 『구운몽』. 이가원 역. 서울: 연세대학교 출판부.
> Veeser, H. Aram, ed. *The New Historicism*. London: Routledge, 1989.
> 루트반, K. K. 『페미니스트 문학비평』. 김경수 역. 서울: 문학과 비평사, 1988.
> Foucault, Michel. *The Archeology of Knowledge*. Translated by A. M. Scheridan Smith. New York: Harper & Row, 1972.
> Melville, Herman. 1973. *Moby Dick*. Edited by J. P. Small. Boston: Houghton.

▪ 저자가 기관이나 단체인 경우는 기관/단체명을 기재한다. 기관명이 표제에 포함되어 있거나 발행처로 기재된 경우에도 이를 저자명으로 기재한다.

> 서울대학교 중앙도서관. 1996. 『서울대학교 중앙도서관 전자도서관의 설계에 관한 연구』. 서울: 서울대학교 중앙도서관.
>
> American Library Association(ALA). 1978. *Young Adult Services Division, Services Statement Development Committee, Directions for Library Service to Young Adults*, Chicago: American Library Association.

㉡ 표제

▪ 표제는 정보원에 기재된 형식 그대로 기재하고 필요하다면 번자규정이나 약어규정, 대문자 표기규정 등을 적용한다. 동양서의 표제는 '『 』'로 구분하고 서양서는 이탤릭체로 기재한다.

▪ 너무 길거나 짧은 부제는 생략할 수 있다. 부표제는 쌍점(:)으로 본표제와 구분한다.

▪ 표제의 말미에 포함된 연도나 연대는 쉼표(,)로 본표제와 구분하고 표제에 포함된 숫자는 표제면에 있는 형식 그대로 기술한다. 그리고 표제 중에 포함된 구두점(인용 부호, 의문 부호, 감탄 부호 등)은 있는 그대로 기재한다.

▪ 번역 표제를 제시할 필요가 있는 경우는 원표제 다음에 원괄호 속에 기재한다.

> DeLor, Betty Jeanne. 1991. *Diplomacy in Latin America, 1981-1990.* New York : Hemisphere Press.
>
> Wereszyncki, Henryk. 1977. *Koniec sojuszu trzech cesarzy* (The end of the three emperors' league; summary in German). Warsaw : PWN.

㉢ 판 표시

▪ 초판 이외의 판 표시를 할 경우는 판차번호나 기타 판의 식별에 관련된 명칭을 정보원에 기재된 문자 그대로 표제 다음에 기재한다.

> 정영미. 1989.『도서관정보전산화론』. 개정판. 서울: 구미무역.
>
> Morton, W. Scott. 1994. Japan: Its *History and Culture.* 3rd ed. New York : McGraw-Hill.

㉣ 총서명

▪ 총서 중 한 권을 참고문헌으로 기재할 경우는 표제와 발행지 사이에 총서명과 총서번호를 기재된 형식대로 기술한다.

> 이강수. 1997. 『노자와 장자: 무위와 소요의 철학』. 길의 사상총서, 1. 서울: 길.
> Wolf Theta Holmes. 1938. *The Effects of Praise and Competition on the Persisting Behavior of Kindergarten Children*. Child Welfare Nomograph Series, no. 15. Minneapolis : University of Minnesota Press.

㉤ 발행사항

▪ 발행지와 발행처는 쌍점(:)으로 구분한다.

▪ 발행지명을 확인할 수 없는 경우에는 [발행지 불명] 혹은 [s.l.]로 기재하고, 둘 이상의 발행지명이 기재된 경우에는 중요하게 기재된 지명을 기술하며, 대등할 경우에는 첫 번째 발행지명을 기술한다.

▪ 발행처를 기입할 경우에는 법인을 지칭하는 용어(사단 법인)나 서양서의 발행처명 앞에 있는 정관사 'The' 그리고 발행처명 뒤에 있는 'Inc.', 'Ltd', 'S.A.', 'and Company' 등은 생략한다. 그러나 대학 출판부에서 대학이나 출판부를 생략하지 않는다.

▪ 발행처명을 확인할 수 없는 경우에는 [발행처 불명] 혹은 [s.n.]를 기재한다. 둘 이상의 상이한 발행처에서 동시에 간행된 문헌인 경우는 두 개의 발행처를 쌍반점(;)으로 구분하여 둘 다 기재한다.

▪ 발행년을 알지 못할 경우에는 [발행년 불명] 혹은 [n.d.] 기입한다.

② 학술지

▪ 기재양식 : 저자명. 논문제목. 기타 역할을 수행한 인물. 학술지명, 권호차(또는 간행월이나 계절): 수록 쪽수.

▪ 저자명은 단행본과 같은 형식으로 기재하고, 논문제목은 인용부호(" ") 안에 기술한다. 동양서의 학술지명은 '『 』'로 구분하고, 서양서는 이탤릭체로 기재하되 헤드라인 기술양식[7])으로 작성한다.

- 번역된 논문은 원제 다음의 원괄호 속에 그 논문명을 기재한다.
- 권차나 호차가 아라비아 숫자로 기재된 경우에 호차는 괄호 안에 표시하고, 권차 표시 없이 호차만이 기재된 경우는 학술지명 다음에 호차(예: '제2호' ; 양서는 'no.')를 기재한다. 'no.' 등이 없으면 호차 없는 권차로 간주한다.
- 수록 쪽수는 콜론기호 뒤에 표시한다.

> 이청자. 1984. "기업을 위한 기술정보관리의 기초이론과 실무지침". 『정보관리연구』, 17(4): 1-26.
>
> McCarthy, C. A. 1995. "Students' Perceived Effectiveness Using the University Library". *College & Research Libraries*, 56(3): 221-234.
>
> Grabowski, M. M. 1990. "After post-modernism". *Journal of the American Aesthetic Association*, no. 3: 39-47.

③ 학술회의자료

- 기재양식 : 저자명. 발행년. 논문제목. 회의명, 개최일. 개최지(있는 경우), 수록 쪽수(있는 경우).
- 학술회의자료가 단행본처럼 발행되면 단행본의 한 챕터로 표시하면 되고, 학술지처럼 정기적으로 발행되면 학술지처럼 표시한다. 보통 학술회의자료는 학술지처럼 발행되는 경우가 많기 때문에 학술지 유형으로 살펴보면 다음과 같다.

> 정혜욱, 문성빈. 1987. "HyTime을 이용한 하이퍼미디어 문헌 검색시스템 연구". 『제4회 한국정보관리학회 학술대회』, 1987년 8월 28-9일. 서울, 중앙대학교.

④ 학위논문

- 기재양식 : 저자명. 발행년. 논문제목. 학위명, 수여기관.
- 참고문헌의 학위명에는 '석사학위논문'(서양서는 Master's thesis) 또는 '박사학위논문'(서양서는 Ph. D. diss.) 이라는 어구를 기재한다.

7) 헤드라인 기술양식 : 단어의 첫 자를 모두 대문자로 작성하는 것

> 오선경. 2002.『대학도서관의 주제 게이트웨이를 위한 분류시스템 설계에 관한 연구』. 석사학위논문, 이화여자대학교 대학원, 문헌정보학과.
> Chakraborty, Amalendu K. 1992. *The Munshis and Sahibs : Bengal Muslim under British Rule*, 1855-1905. Ph. D. diss., University of Minnesota.

⑤ 기술보고서

- 기술보고서는 저자명 혹은 기관명으로 시작하고 보고서 번호를 포함한다.

> 최석두. 1982.『原子力關係技術報告書 檢索시스템』. [대전] : 한국에너지연구소. KAERI/PR-320/81.

⑥ 번역서

- 번역서를 인용한 경우에는 원저자명과 번역서의 발행년, 번역 표제, 역자명, 번역서의 발행사항의 순서로 기재하고, '원전': 혹은 'Originally published as' 다음에 원표제와 발행사항을 기재한다.

> 셰익스피어, 윌리엄. 1994.『햄릿』. 최종철 옮김. 서울: 민음사. 원전: *Hamlet*. The Arden Edition of the Works of William Shakespeare. Methuen, 1982.
> Roy, Cabrielle. 1947. *The Tin Flute*. Translated by Hannah Josephson. New York Reynal & Hitchcock.

⑦ 신문기사

- 국내신문을 참고문헌으로 작성할 때에 외부 기고자가 쓴 기사의 경우는 기고자를 밝히고 저자가 있는 양식으로 기재하지만, 소속기자가 쓴 기사의 경우는 기고자를 밝히지 않고 저자가 없는 경우로 기재한다.
- 저자가 있는 경우 : 저자명. 발행년. 기사제목. 신문명, 발행일.
- 저자가 없는 경우 : 신문명. 발행년. 기사제목. 발행일.
- 웹 신문기사인 경우에 기재요소는 저자가 있는 경우와 없는 경우를 그대로 적용하고 뒤에 기사가 실린 URL을 추가한다.

> Di Rado, Alicia. 1995. "Trekking through college: Classes explore modern society using the world of Star Trek". *Los Angeles Times, March 15.*
> 한겨레신문. 1998. "공포없는 정권", 2월 3일.

⑧ 웹 문서

▪ 저자명(알 수 있는 경우). 해당 웹페이지 제목(참고한 웹페이지가 일부인 경우). 전체 웹정보원 제목(이탤릭체나 밑줄로 표시). 발행일 또는 업데이트일. 기관명이나 스폰서명(있는 경우). URL(이용자가 참고문헌으로 이용한 날짜)

Lynch, Tim. 1996. Review of DS9 trials and tribble-ations. Psi Phi: Bradley's Science Fiction Club. http://www.bradley.edu/campusorg/psiphi/DS9/ep/503r.html [cited October 8, 1997].

⑨ 재인용[8)]

▪ 다른 저작에서 인용된 저작을 다시 인용하는 경우에는 원저자와 발행년, 원문의 서명과 수록매체를 기재한 다음에 '재인용: ' (양서에서는 Quoted in)으로 구분한 뒤, 실제 인용한 자료의 저자명, 서명, 발행사항, 해당 쪽수를 기재한다.

Barden, Bertta Rickenhrode. 1937. *Book Numbers: A Manual for Students with a Basic Code Rules*: 9. 재인용: 김명옥, 『자료분류법』. 서울: 구미무역, 1986. p. 223.

3.3 주

(1) 주의 유형

주(note)는 논문 내용에 대한 보충설명이나 관계자료의 출처를 밝히기 위하여 사용하는데, 그 내용에 따라 내용주, 참조주, 상호참조주로 구분하고 그 위치에 따라 각주, 후주(미주), 본문주로 나누어진다.

8) 인용은 일차적 전거(primary source)에서 하는 것이 원칙이다. 그러나 부득이 일차적 전거를 참고할 수 없을 때는 남이 인용한 것을 다시 인용하는 이른바 재인용(再引用) 또는 이차인용(secondary source citation)을 한다. 이런 경우 전거표시는 재인용이라는 사실이 밝혀져야 한다.

① 내용에 따라

- 내용주 : 개념의 정의 또는 역사적 배경 등과 같이 논문 내용에 대한 보충 설명을 하는 주이다. 본문에 나타나는 특수용어나 전문용어의 해설에 주로 사용한다.
- 참조주 : 직간접적으로 남의 글이나 내용을 인용하였을 때 그 출처를 밝히는 주이다. 이것을 통해 내용과 관련된 기존자료를 독자에게 소개하고 논지의 정당성을 제시하는 즉, 방증하는 주이다.
- 상호참조주 : 한 논문 안에서 어느 특정 부분을 참조하게 하는 주이다.

② 위치에 따라

- 각주 : 주가 필요한 본문에 일련번호를 부여하여 같은 쪽의 하단에 제시하는 방법이다.
- 후주(미주) : 주가 필요한 부분에 일련번호를 붙이는 것은 각주와 동일하나, 이를 일괄적으로 모아서 각 장이나 절 혹은 논문의 맨 마지막에 붙이는 방법이다.
- 본문주 : 본문 내에서 괄호 안에 인용한 문헌의 출처 확인에 필요한 식별정보인 저자, 발행년, 해당 쪽수를 간략하게 제시하고 완전한 서지정보는 참고문헌 형식으로 맨 마지막에 수록하는 방법이다.

(2) 각주의 기입양식

각주는 본문 가운데 주를 필요로 하는 부분에 번호를 숫자로 표시하고, 이에 상응하여 각주의 머리에 동일한 번호를 붙인 것이 각주번호이다. 각주번호는 일반적으로 논문전편을 통하여 일련번호를 매기는 것이 관례이다. 그런데 각주의 수가 많으면 편(編), 부(部), 장(章), 절(節) 단위로 매긴다. 그리고 각주번호는 가능한 문(文)의 끝이나 최소한 절의 끝에 모든 구두점이나 부호 다음에 붙인다.

① 단행본

- 저자명은 표제지에 나타나 있는 것을 그대로 기재하고, 저자명 다음에 쉼표(,)를 찍는다. 이 때 동양인명은 성과 이름의 순서로 기재하고, 서양인명은

보통 이름과 성의 순서로 기재한다.

- 공저자의 경우에 3명까지는 저자명을 모두 기재한다. 저자가 4명 이상인 경우에는 표제지에 대표저자가 기록되어 있다면 그것을 기재하고, 대표저자가 없다면 표제지에 기록된 최초의 저자명을 기재하되, 동양인명에서는 '등', 서양인명에서는 'et al.' 또는 'and other'을 기재한다.

1) 김형동, 문장작법(서울: 학지사, 1996), p.339.
2) David H. Li, *Accounting Computers, Management Information System*(N.Y.: MacGraw-Hill, 1968), p.311.
3) 한상복, 이문웅, 이광억, 문화인류학개론(서울: 서울대학교출판부, 1985), p.28.
4) Walter Edens, Jean E. Howard, and Marion F. O'Connor, *Teaching Psychology*(Princeton: Princeton UP, 1977), p.23.
5) 이승환 등, 대학영작(서울: 범한서적, 1972), p.88.
6) V. Butterfield and others, *Religion and Education*(Cambrige Mass.: Harvard University Press, 1945), p.134.

- 표제지나 판권지에 저자명 없이 편집자, 편찬자 등과 같은 저작역할어가 나올 경우는 저자명 다음에 '편', 'ed.', 'comp.' 등과 같이 저작역할어를 기재함으로써 원저자가 아님을 표시한다. 다만, 서양서에 편집자가 2명 이상이면 'eds.'로 기재하고, 편찬자도 'comps.'로 기재한다. 그리고 4명 이상인 경우는 'and others, eds.' 혹은 'et al., eds.'를 기재한다.
- 표제지에 저자명과 함께 편자나 번역자가 있는 경우는 본서명 다음에 쉼표(,)를 찍고 편자명이나 번역자명을 기재한다. 동양서는 '편' 혹은 "역"을 인명 다음에 기재하고, 서양서는 'ed.' 혹은 'trans.'를 인명 앞에 기재한다. 번역물의 경우는 원저자명으로 기입하고 번역자명을 표제명 뒤에 밝힌다.

1) K. K. 루트반, 페미니스트 문학비평, 김경수 역(서울 : 문학과 비평사, 1988), p.34.
2) Michel Foucault, *The Archeology of Knowledge*, trans. A. M. Scheridan Smith(New York : Harper & Row, 1972), p.132.

- 서양서에서 본서명의 첫 단어는 대문자로 시작하고, 전치사, 접속사, 관사, 조동사를 제외한 모든 단어를 대문자로 사용한다.
- 총서명은 서명 다음에 쉼표(,)를 찍고 기재한다. 한 저작이 2권 이상으로 구

성되어 있다면 3卷, 3冊, 3 vols.로 기재한다.

1) 김대환, 한국의 정치, 사회의 현실과 그 발전과제, 국가발전을 위한 지도자 보고서 82-1(성남 : 한국 정신문화연구원, 1982), p.147.
2) Davie Daiches, *A Critical History of English Literature*, 2nd ed. Vol. 2 (New York : Chelsea, 1973), p.230.

- 판차사항은 2판부터 서명 다음에 기재한다. 동양서는 개정판, 수정판, 증보판, 개정증보판 등으로, 서양서는 개정판을 'rev. ed.', 개정증보판을 'rev. & enl. ed.'로 각각 기재하고 2판은 2nd ed., 3판은 3rd ed.로 기재한다.

1) 張庚鶴, 法學通論, 改正版(서울 : 평화당, 1973), p.75.
2) H. L. Nostrand, D. W. Foster, and C. B. *Christensen, Research on Language Teaching: An Annotated Interna- tional Bibliography*, 2nd ed. (Seattle : University of Washington Press, 1965), p.53

- 출판사항 : 출판지, 출판사, 출판년 순으로 기재하고, 전체를 원괄호(( ))로 묶는다. 출판지는 보통 도시명만 기재하고 출판사의 'The', 'Inc.', 'Ltd.' 등은 생략한다. 한 도서를 두 출판사가 공동으로 출판한 경우는 쌍반점(;)으로 나누어 모두 적는다. 표제지나 판권지에서 출판지가 밝혀지지 않은 경우는 n.p.(=no place), '출판지불명'이라 표시하고, 출판사명이 밝혀지지 않은 경우는 n.p.(=no publisher), '출판사불명'이라 기재하며, 출판연도의 확인이 불가능할 경우는 n.d.(=no date), '출판연도불명'으로 표기한다. 이때에 출판지와 출판사가 모두 불명인 경우는 n.p.라고 한 번만 표기한다.
- 한 페이지만을 인용했을 경우에는 'p.'로, 복수일 경우에는 'pp.15로 기재한다.

② 학술잡지

- 저자명, "논문제목," 학술지명, 권, 호(연. 월), 인용페이지 순으로 기술한다.
- 논문제목은 동서양서 모두 따옴표(" ")를 붙인다. 그러나 표제 마지막에 쉼표(,)를 찍되, 쉼표는 따옴표 보다 앞서야 한다. 그리고 서양서의 학술지명은 이탤릭체로 표현한다.
- 권호는 아라비아 숫자로 표시하되, 숫자 앞에 '권' 혹은 'vol' 등의 표시를

하지 않는다. 권수 없이 호수만이 있는 경우는 학술지명 다음에 쉼표(,)를 찍고 호수를 표시하되 'No.'를 기재한다.

> 1) John R. Frey, "America and Her Literature Reviewed by Postwar Germany," *American German Review*, 20, No. 5(1954). 4-6.

- 페이지 : 'p.' 혹은 'pp.'다음에 아라비아 숫자를 기재한다. 다만, 권수표시가 있는 경우는 생략하지만, 호수만 있는 경우는 기재한다.

> *Library Quarterly*, 34(Dec. 1963), 113-125.
> *Canadian Literature*, No. 24(Spring 1965), pp.10-15.

③ 학위논문

> 1) 김성희, "行動問題兒童의 그림에 나타난 心理特性分析," 석사학위논문 (대구대학교 대학원, 1988), p.75.
> 2) Helen Margaret Reynolds, "University Library Buildings in the United States, 1890-1939," Master's Thesis (University of Illinois, 1946), p.80.

④ 신문기사

- 필자명이 밝혀진 기사는 정기간행물과 같이 첫머리에 필자명을 기재하고 기사명과 발행일을 기재한다.

> 1) "다시 읽는 우리 문학," 매일신문, 1996. 6. 11, p.13.
> 2) Lynn Lillston, "The Voice of Youth : They Know and They Talk," Los Angeles Times, 24 April 1966, sec. E, p.1.
> 3) Daniel S. Greenberg, "Ridding American Politics of Polls," Washington Post, Sept. 16, 1980, A17.

⑤ 반복되는 주의 기입

- ibid. : 라틴어 'ibidem(=in the same place)'의 생략형으로 '동일한 저자의 동일한 저서'를 의미한다. 바로 앞에 인용한 저자와 저서를 가리키는데 면수가 같으면 면수를 기재하지 아니하고 면수가 다르면 기재한다. 우리말의 '상게서', '상게논문'을 의미한다.
- op. cit. : 라틴어 'opere citato(=in the work cited)'의 생략형으로 '인용한 같

은 곳에'를 의미한다. 앞에서 인용한 저서를 다시 인용하고자 하나 중간에 다른 주(註)가 끼어 있어서 ibid.를 쓸 수 없을 때에 사용한다. 반드시 저자명을 곁들여야 하고 또한 페이지 수도 함께 기재해야 한다. 우리말의 '전게서', '전게논문'을 의미한다.

- loc. cit. : 라틴어 loco citato(=in the place cited)의 생략형으로 동일저자의 동일 페이지를 가리킬 때에 사용한다. 하지만 페이지 수는 함께 기재하지 않는다.

> 1) 최창록, 소설과 시의 문체미학(대구 : 대구대학교 출판부, 1990), p.527.
> 2) 상게서, p.432.
> 3) 김명기, 독도와 국제법(서울 : 화학사, 1987), p.196.
> 4) 최창록, 전게서, p.321.

⑤ 재인용주

> 1) 坂本 太郎, 大化改新の 硏究, p.253, 李弘稙, "日本書紀所載 高句麗關係 技士考," 韓國古代史의 硏究(서울 : 신구문화사, 1971), p.197에서 재인용.
> 2) Gerald Zaltman, Robert Duncan, and Jonny Holbeck, *Innovations and Organizations*(New York : Wiley, 1973), p.55, quoted in (or cited by) Miriam A. Drake, "Managing Innovations in Academic Libraries," College and Research Libraries, 40, No. 6 (Nov. 1979), p.503.

3.4 참고문헌기입과 각주기입의 비교

참고문헌과 각주는 논문과 관계되거나 직접 인용된 문헌의 서지요소로 구성되어 있다는 동일한 성격을 지니고 있으나, 엄밀한 의미에서 기능의 차이도 있고 기입의 양식도 다르다. 각주에서는 어떤 저술에 대한 정보가 부분적으로 다루어지는데 비하여, 참고문헌목록에서는 어떤 저술에 대한 총체적 정보가 다루어지는 것이다. 그리고 각주와 참고문헌목록의 기입형식은 다르게 기술한다.

① 저자명이 서양인명인 경우, 각주에서는 이름과 성의 순서로 기재하지만 참고문헌에서는 성과 이름의 순서로 기재한다.

② 서지요소 간에 사용되는 구두점이 다르다. 각주에서는 중간에 쉼표(,) 쌍점(:) 등이 사용되더라도 마침표(.)는 맨 끝에 한번만 사용된다. 이와는 달리

참고 문헌은 저자명, 서명, 출판사항으로 구분되고, 이들 요소 사이에는 마침표가 사용되기 때문에 독립적인 성격을 지닌다.

③ 기입하는 행의 indention이 달라진다.

④ 각주에는 참조, 인용한 문헌의 정확한 페이지가 기재되지만, 참고문헌에서는 이를 표시하지 않는다. 다만 연속간행물 혹은 단행본의 경우 제한된 부분, 즉 한 장(章)만을 참고하였을 경우에는 페이지를 표시하는데 해당부분의 처음과 끝을 숫자로 표시한다.

4. 도서관과 저작권법

4.1 저작권의 개념

저작권이란 인간의 사상이나 감정을 창작적으로 표현한 저작물을 보호하기 위해 그 저작자에게 부여한 권리를 말한다. 여기서 말하는 저작물은 「저작권법」 제2조 1호에 '문학, 학술, 또는 예술의 범위에 속하는 창작물'로 규정하고 있다. 그리고 동법 제4조 1호에는 저작물을 다음과 같이 예시하고 있다.

① 소설·시·논문·강연·연설·각본 그 밖의 어문저작물
② 음악저작물
③ 연극 및 무용·무언극 그 밖의 연극저작물
④ 회화·서예·조각·판화·공예·응용미술저작물 그 밖의 미술저작물
⑤ 건축물·건축을 위한 모형 및 설계도서 그 밖의 건축저작물
⑥ 사진저작물(이와 유사한 방법으로 제작된 것을 포함한다)
⑦ 영상저작물
⑧ 지도·도표·설계도·약도·모형 그 밖의 도형저작물
⑨ 컴퓨터프로그램저작물

그러나 저작물은 이러한 예시에 국한되지 않으며, 문화·예술 활동이 늘어나고 기술이 발전함에 따라 새로운 저작물이 계속해서 늘어날 것이다. 반면에 저작권법에 보호받지 못하는 저작물은 다음과 같다.

① 헌법·법률·조약·명령·조례 및 규칙
② 국가 또는 지방자치단체의 고시·공고·훈령 그 밖에 이와 유사한 것
③ 법원의 판결·결정·명령 및 심판이나 행정심판절차 그 밖에 이와 유사한 절차에 의한 의결·결정 등
④ 국가 또는 지방자치단체가 작성한 것으로서 제1호 내지 제3호에 규정된 것의 편집물 또는 번역물
⑤ 사실의 전달에 불과한 시사보도

따라서 저작권의 보호란 저작물의 창작자에게 자기 저작물의 이용에 관한 배타적인 권리를 부여하고, 그 저작물을 다른 사람이 이용할 때에는 저작권자의 허락을 필요로 하며, 그러한 허락을 얻지 않고 이용하는 행위를 위법으로 규정하는 것을 뜻한다. 다시 말하면 저작권은 저작자가 자기의 저작물에 갖는 권리이자 저작자에게 부여하는 배타적이 권리로 소설이나 시, 음악, 미술 등과 같은 저작물을 창작한 사람이 자신의 창작물을 복제, 공연, 전시, 방송, 전송하는 등 법이 정한 일정한 방식으로 스스로 이용하거나 다른 사람들이 그러한 방식으로 이용하는 곳을 허락할 수 있는 권리이다.

현재 국내에 적용되는 저작권의 기본 개념은 다국간 저작권을 보호하기 위해 맺은 최초의 조약인 베른 조약(Berne Convention for the Protection of Literary and Artistic Works)의 내용을 기반으로 하였다. 베른 조약은 1886년 스위스 베른에서 성립된 것으로 한국은 1996년에 가입하였고 현재 가맹국은 150여개국이다. 베른 조약에서 표방한 기본 개념은 무방식주의, 속지주의, 내국민 대우인데, 이 개념들은 국제 저작권 조약들의 기초가 되었으며 각국 저작권법의 기초 방향을 제시하였다.[9]

9) 한상완, 이지연, 이재윤, 최상희, 지식정보사회에서의 정보활용(서울 : 도서관협회, 2005), pp.111-3.

- 무방식주의 : 저작권은 저작한 때부터 발생하며 어떠한 절차나 형식의 이행을 필요로 하지 아니한다.
- 속지주의 : 가맹국 내에서 발표된 것만 효력을 발생한다. 가맹국 국민의 저작물이라도 가맹국 이외의 장소에서 최초로 발표된 것은 보호를 받지 못한다.
- 내국민 대우 명시 : 보호를 필요로 하는 외국인의 저작물에 대해서도, 그 국가가 자국민 저작물에 대하여 부여하고 있는 것과 같은 보호를 해야 한다. 상대국의 보호기간이 자기 나라의 기간보다 짧을 경우에는 짧은 쪽의 기간만큼만 보호하면 된다. 이것을 보호기간의 상호주의라 한다.

저작물에 대하여 저작권자가 가지는 저작권에는 저작재산권과 저작인격권이 있다. 저작재산권이란 저작자가 자신의 저작물로부터 경제적 이득을 얻을 수 있는 권리이며, 저작인격권은 저작자 자신의 명예나 평판 등 인격적 이익을 보호함을 목적으로 하는 권리이다. 이를 구체적으로 살펴보면 다음과 같다.[10)]

첫째, 저작재산권에는 저작물을 인쇄, 사진, 녹음 등의 방법으로 복제할 수 있는 복제권과 공연권, 공중송신권, 전시권, 배포권, 대여권 및 2차적 저작물작성권 등이 있으며 각 권리의 개별적인 이용 허락이 가능하다.

둘째, 저작인격권에는 저작물의 공표권, 성명표시권, 동일성유지권 등이 있다. 저작인격권은 곧 저작자가 자신의 저작물을 타인에게 알릴 것인지 말 것이지(공표여부)를 결정할 수 있어야 하고 공표된 저작물에 자기의 창작품임을 표시(성명표시)할 수 있어야 하며 또 자기의 창작품에 대해 타인이 마음대로 변경하는 것을 금지(동일성유지) 시킬 수 있어야 한다.

셋째, 저작인접권은 저작권에 인접하는 저작권과 유사한 권리를 말하며 실연, 음반, 방송에 그 권리가 있다. 즉 일반 대중이 저작물을 향유하게 할 수 있도록 하는 자들에게 주어진 권리를 말한다. 예를 들어 최초로 음악이 만들어질 때에는 작사, 작곡, 편곡자들이 곡을 만들고 이는 저작행위로 저작권에 속한다. 하지만 이렇게 만들어진 음악은 가수에 의해 실연이 되고 음반제작자에 의해 음반

10) 곽동철, 노영희, 학술정보의 탐색 및 활용(고양 : 조은글터, 2008), p.118-9.

이 만들어지게 되어 판매가 되며 방송사업자에 의해 방송이 된다. 저작인접권은 이러한 실연, 음반제작자 및 방송사업자들의 권리를 보호하기 위한 것이다. 즉 가수의 실연권, 음반제작자의 복제권, 방송사업자의 전송권 등을 저작권법 상에서 보호하는 것이다.

따라서 저작권은 표절과 같이 저작물을 불법적으로 이용하는 것에 대하여 저작자의 권리를 보호할 수 있다.

4.2 저작권법의 목적과 법적 성격

(1) 저작권법의 목적

「저작권법」 제1조에는 저작권법의 목적에 대해 '이 법은 저작자의 권리와 이에 인접하는 권리를 보호하고 저작물의 공정한 이용을 도모함으로써 문화의 향상발전에 이바지함을 목적으로 한다'고 명시되어 있다. 이것을 통해 저작권 제도의 목적은 저작권자의 권리를 보호하여 훌륭한 저작물의 창작을 유인하고 창작된 저작물이 일반 공중에 의하여 널리 이용하게 함으로써 궁극적으로는 문화발전에 이르기 위한 것임을 알 수 있다. 저작권법의 목적은 <표 8-1>과 같다.

<표 8-1> 저작권법의 목적

개인의 이익보호	공공의 이익보호	궁극의 목적
· 저작권 · 저작인접권	· 저작재산권의 제한 · 강제허락 · 보호기간의 제한	· 문화발전

① 저작자와 저작인접권자의 이익보호

저작자는 저작물을 창작한 사람을 의미하고, 저작인접자는 저작자가 창작한 저작물을 공중에게 전파하는 역할을 하는 사람을 이른다. 저작인접권자는 비록 저작물의 창작에 관여하지는 않았지만 음반이나 영상 같은 창작물을 효과적으로 전송·배포하는 역할을 하는 저작자와 이용자를 잇는 중간단계자라고 볼 수 있다. 저작인접권자의 보호기간도 50년이나 보호기간이 시작되는 시기는 저작자의 사후가 아니라 실연 또는 방송된 시기부터 50년을 보장한다. 저작인접권은 저작재산권과는 별도이므로 실연, 음반 또는 방송의 대상이 되는 저작물의 저작재산권자의 승인이 필요하다.

② 공정한 이용의 도모

저작자의 창작물은 그 창작성이 인정된다 하더라도 선인들의 문화유산의 바탕 위에서 이루어진 것으로 저작물의 이용을 저작자에게만 맡기는 것은 불합리하다. 특히 학문의 연구 또는 비평 등을 위한 저작물은 어느 정도 범위 내에서는 일반 공중이 자유로이 이용할 수 있어야 한다. 따라서 저작권법은 저작자와 저작인접권자의 이익을 우선 보호하지만 그 보호는 무한한 것이 아니고 일정한 범위 내로 제한시키며 공정한 이용을 도모한다. 이를 위하여 저작권법은 지적재산권의 제한, 강제특허, 존재기간의 제한 등 여러 가지 구체적인 규정을 두고 있다.

③ 문화의 향상발전에 이바지

저작권법의 주된 관심은 창작물에 일정 기간 동안 독점권을 부여함으로써 저작자의 창작의욕을 고취시키는 한편 그 보호가 지나쳐 창작물 독점으로 이어지는 것을 방지하여 사회가 충분히 창작물을 공유할 수 있도록 하는데 있다. 저작권에 대한 보호가 불충분하면 저작자의 창작의욕을 고취할 수 없게 되고, 반대로 그 보호가 과도하게 이루어지면 사회·경제적으로 유용한 지적재산의 과실을 저작자만이 독점하게 되어 불합리한 상태가 발생하게 된다. 따라서 저작권법은 저작자의 이익과 이용자의 이익을 어떻게 조화롭게 보호할 것인가를 다루는 것이다. 그러므로 저작권법을 다룸에 있어서 창작자의 이익 뿐만 아니라 이용자의 권리에 대하여 항상 관심을 기울여야 한다.

저작권법의 궁극적인 목적이 문화의 향상발전이라고 하여 학술성이나 예술성에 있어서 우수성을 가진 창작물이 저작권법의 보호를 받는 것은 아니다. 저작물의 학술성 또는 예술성 보다는 개개의 창작물의 문화적 가치는 전적으로 공중의 비판과 평가에 위임되어 있다고 해석해야 할 것이다.

(2) 저작권법의 법적 성격

「저작권법」 제1조에서 권리라는 용어를 사용한다. 권리란 일반적으로 '법에서 인정하는 힘'이라고 정의할 수 있는데, 이러한 권리는 크게 공권과 사권으로 나뉜다.

저작권 역시 법적으로 보장되는 하나의 권리이며 저작자 개개인의 권리를 보호하기 위해 부여된 것이므로 사권에 해당된다. 그리고 사권은 재산권과 인격권으로 나눌 수 있는데, 개인의 재산적 경제적 이익을 보호하기 위한 재산권에는 민법상의 물권과 채권이 대표적이며 양도나 상속이 가능한 반면, 인격권은 개인의 인격적 이익을 보호하기 위한 것으로 개인의 일신에 전속하고 양도나 상속을 할 수 없다.

반면에 저작권자의 개별적인 허가 없이도 이용자가 저작물을 이용할 수 있는 저작재산권에 제한을 받는 경우는 재판절차 등에서의 복제, 정치적 연설 등의 이용, 학교교육 목적 등에의 이용, 시사보도를 위한 이용, 시사적인 기사 및 논설의 복제, 공표된 저작물의 인용, 영리를 목적으로 하지 아니하는 공연·방송, 사적이용을 위한 복제, 시험문제로서의 복제, 시각장애인 등을 위한 복제, 방송사업자의 일시적 녹음·녹화, 미술저작물 등의 전시 또는 복제, 번역 등에 의한 이용, 출처의 명시 등이 있다. 이 가운데 도서관 등에서의 복제 등에 대한 사항은「저작권법」 제31조 1호에 다음과 같이 규정하고 있다.

최근에 문제가 되는 저작권법의 내용은 주로 전송과 관련된다. 전송권은 인터넷 등의 네트워크를 통하여 이용자들이 수신하거나 접근하여 이용할 수 있도록 저작물 등을 송신하거나 이용에 제공할 배타적 권리이다. 하지만 이용자가 저작물을 이용하고자 할 때 개개인의 저작권자에게 연락을 하여 이용허락을 얻는다는 것은 현실적으로 대단히 번거롭고 시간과 비용이 많이 소요된다. 그래서 복사와 전송에 관한 저작권을 집중 관리하여 이용자가 적법, 신속, 간편, 저렴한 비용으로 이용할 수 있도록 2000년 한국복사전송권협회가 설립되었다.

① 「도서관법」에 따른 도서관과 도서·문서·기록 그 밖의 자료(이하 "도서 등"이라 한다)를 공중의 이용에 제공하는 시설 중 대통령령이 정하는 시설(당해시설의 장을 포함한다. 이하 "도서관 등"이라 한다)은 다음 각 호의 어느 하나에 해당하는 경우에는 그 도서관 등에 보관된 도서 등(제1호의 경우에는 제3항의 규정에 따라 당해 도서관 등이 복제·전송받은 도서 등을 포함한다)을 사용하여 저작물을 복제할 수 있다. 다만, 제1호 및 제3호의 경우에는 디지털 형태로 복제할 수 없다.

1. 조사·연구를 목적으로 하는 이용자의 요구에 따라 공표된 도서 등의 일부분의 복제물을 1인 1부에 한하여 제공하는 경우
2. 도서 등의 자체보존을 위하여 필요한 경우
3. 다른 도서관 등의 요구에 따라 절판 그 밖에 이에 준하는 사유로 구하기 어려운 도서 등의 복제물을 보존용으로 제공하는 경우

② 도서관 등은 컴퓨터를 이용하여 이용자가 그 도서관 등의 안에서 열람할 수 있도록 보관된 도서 등을 복제하거나 전송할 수 있다. 이 경우 동시에 열람할 수 있는 이용자의 수는 그 도서관 등에서 보관하고 있거나 저작권 그 밖에 이 법에 따라 보호되는 권리를 가진 자로부터 이용허락을 받은 그 도서 등의 부수를 초과할 수 없다.

③ 도서관 등은 컴퓨터를 이용하여 이용자가 다른 도서관 등의 안에서 열람할 수 있도록 보관된 도서 등을 복제하거나 전송할 수 있다. 다만, 그 전부 또는 일부가 판매용으로 발행된 도서 등은 그 발행일로부터 5년이 경과하지 아니한 경우에는 그러하지 아니하다.

④ 도서관 등은 제1항 2호의 규정에 따른 도서 등의 복제 및 제2항과 제3항의 규정에 따른 도서 등의 복제의 경우에 그 도서 등이 디지털 형태로 판매되고 있는 때에는 그 도서 등을 디지털 형태로 복제할 수 없다.

⑤ 도서관 등은 제1항 1호의 규정에 따라 디지털 형태의 도서 등을 복제하는 경우 및 제3항의 규정에 따라 도서 등을 다른 도서관 등의 안에서 열람할 수 있도록 복제하거나 전송하는 경우에는 문화체육관광부장관이 정하여 고시하는 기준에 의한 보상금을 당해 저작재산권자에게 지급하여야 한다. 다만, 국가, 지방자치단체 또는 「고등교육법」 제2조의 규정에 따른 학교를 저작재산권자로 하는 도서 등(그 전부 또는 일부가 판매용으로 발행된 도서 등을 제외한다)의 경우에는 그러하지 아니하다.

⑥ 제25조 제5항 내지 제9항의 규정은 제5항의 보상금의 지급 등에 관하여 준용한다.

⑦ 제1항 내지 제3항의 규정에 따라 도서 등을 디지털 형태로 복제하거나 전송하는 경우에 도서관 등은 저작권 그 밖에 이 법에 따라 보호되는 권리의 침해를 방지하기 위하여 복제방지조치 등 대통령령이 정하는 필요한 조치를 하여야 한다.

⑧ 「도서관법」 제20조의 2에 따라 국립중앙도서관이 온라인 자료의 보존을 위하여 수집하는 경우에는 해당 자료를 복제할 수 있다.

한국복사전송권협회는 이용자로부터 저작권 사용료를 징수하여 저작권자에게 분배하는 일을 한다. 이를 통하여 저작권자에게는 새로운 창작을 가능하게 하고, 출판권자에게는 출판활동의 활성화에 매진할 수 있게 하며, 이용자에게는 적법한 범위 내에서 편의를 제공하게 된다. 그리고 적법한 범위 내에서 저작물을 이용함으로써 저작권 인식이 제고되기도 하며 저작물에 대한 정보를 법적으로 보호하여 문화산업발전에 기여하게 된다.

(3) 도서관보상금제도

도서관보상금 제도는 전자도서관의 구축과 서비스에 필수적으로 동반되는 저작물의 복제와 전송에 관련된 권리 처리를 보다 손쉽게 함으로써 전자도서관 서비스를 지원하고, 이로 인하여 침해될 수 있는 저작권자의 경제적 이익을 보호하기 위하여 도입되었다. 다시 말하자면, '저작권 보호'와 '디지털 도서관 활성화' 라는 두 가지 목표를 적절히 조화시키기 위해 도입되었다. 이 제도에 따라 저작권자의 허락이 없이도 도서관에서 자료 출력과 도서관간 자료 전송(일부)이 가능하게 되었으며, 저작권자들은 그러한 출력과 자료전송에 대하여 일정한 보상을 지급받게 되었다.

문화관광부는 2003년 7월 26일 도서관보상금 기준을 제정·고시하였다. 도서관은 조사·연구 목적으로 하는 이용자의 요구에 따라 일부분의 복제물을 1인 1부에 한하여 컴퓨터 등을 이용하여 이용자가 다른 도서관 안에서 열람할 수 있도록 보관된 도서를 복제하거나 전송할 수 있고, 문회체육관광부 장관이 고시하는 기준에 의한 보상금을 저작재산권자에게 지급하도록 규정하고 있다. 그 대상이 되는 것은「저작권법」제31조에 의한 시설에서 소장한 저작물을 원문 DB로 구축하여 자관 출력 및 다른 도서관으로 복제·전송한 경우에 해당한다.

보상금 수령단체인 한국복사전송권협회는 보상금 징수의 방법 및 절차, 보상금 분배, 보상금 관리에 대한 전반적인 업무를 담당하며, 투명하고 정확하게 보상금을 산정하여 모든 저작권자에게 분배할 수 있도록 하며, 보상금 수령단체는 그 구성원이 아니더라도 보상 권리자로부터 신청이 있을 때에는 신청자를 위하여 그 권리 행사를 거부할 수 없으며, 이 경우 수령단체는 자기 명의로 재판상 또는 재판 이외의 행위를 할 권한을 가진다.

보상금 지급 절차는 <그림 8-1>과 같다.

<그림 8-1> 도서관 보상금 지급 절차

① 보상금 지급관련 약정체결 신청
도서관보상금 제도를 이용하고자 하는 개별도서관은 약정 및 이행각서(대리지급자 없는 경우 제외) 체결 신청을 한다.

② 보상금 지급관련 약정서 및 이행각서 접수 및 확인
도서관의 보상금 지급관련 약정서 및 이행각서를 접수하고 도서관 보상금 제도를 이용할 수 있는 도서관인지의 여부를 확인한다.

③ 원문 DB 제공기관 IP 등록 신청
도서관의 정보 및 IP를 원문 제공 도서관에 등록 신청한다.

④ 원문 DB 이용 및 도서관보상금 지급 업무 개시
도서관은 원문 DB를 이용하고 이용내역에 따른 보상금을 납부시기에 따라 협회에 지급한다.

보상금 지급 기준과 금액은 <표 8-2>와 같이 자료를 판매용과 비매용으로 구분하여 판매용에 대해서는 1면당 5원을, 비매용에 대해서는 1면당 3원의 출력에 대한 보상금을 적용하였으며, 디지털 전송에 대해서는 판매용에만 파일당 20원의 전송에 관한 보상금을 지불하도록 규정하고 있다.

<표 8-2> 도서관 보상금 지급 기준

구분		출력	전송(전송을 위한 복제포함)
단행본	판매용	1면당 5원	1파일당 20원
	비판매용	1면당 3원	-
정기간행물	판매용	1면당 5원	1파일당 20원
	비판매용	1면당 3원	-

따라서 도서관은 저작물의 디지털 전송과 출력 내역을 확인하여 보상금을 산정할 수 있는 과금시스템을 자체적으로 구축하여야 함은 물론 저작권법이 정하는 도서관 면책을 인정받기 위해서는 다음과 같은 저작권 보호를 위한 기술적 조치를 비롯하여 대통령령이 정하는 필요한 조치를 구축하여야 한다.[11)]

첫째, 저작물의 불법적인 이용을 방지할 수 있는 기술적인 조치를 하여야 한다. 도서관은 법률이 허용하는 열람과 복제 이외의 방법으로 이용자가 저작물을 이용할 수 없도록 복제방지 장치와 암호화 장치를 설치하여야 한다. 또한 법률이 허용한 범위를 벗어난 이용을 확인할 수 있는 장치와 판매용으로 제작된 전자기록매체의 이용을 방지할 수 있는 조치를 함께 하여야 한다.

둘째, 도서관은 저작권 보호에 만전을 기하기 위하여 직원들에게 저작권 교육을 실시하여 저작권 침해를 예방하여야 한다.

셋째, 컴퓨터나 복제기기 등에 저작권에 대한 경고 표시를 부착하여 불법적인 복제를 최소화 할 수 있도록 노력해야 한다.

넷째, 보상금 산정을 위한 과금시스템을 설치하여야 한다.

11) 강혜영, 이태영, 서진원, 최상기, 이승채, 신경훈, 정보활용의 이해(대구 : 태일사, 2007), p.110.

색인 Index

・・・ 지은이 소개・・・

■ 이경호(khlee@daegu.ac.kr)

경북대학교 도서관학과 졸업
경북대학교 대학원 도서관・정보학과 석사
성균관대학교 대학원 문헌정보학과 박사
대구대신문사 주간
대구대학교 사회과학대학 학장
한국도서관정보학회 회장
한국도서관협회 대구경북지구협의회 회장
(현재) 대구대학교 문헌정보학과 교수

■ 오선경(sk2898@hanmail.net)

대구대학교 문헌정보학과 졸업
이화여자대학교 대학원 문헌정보학과 석사
연세대학교 대학원 문헌정보학과 박사
(현재) 대구대학교 외래교수

대학생활과 정보활용

초　판 | 2011년 8월 30일
지은이 | 이경호
펴낸이 | 홍덕률
펴낸곳 | 대구대학교출판부
경북 경산시 진량읍 대구대로 201
전화 053) 850-5661~2 | 팩스 053) 850-5669
http://press.daegu.ac.kr/
찍은곳 | 남경기획
ISBN 978-89-7794-573-9-93020
정가 | 14,000원